MA

TÉ

MATÉRIAUX POUR UN DESIGN PRODUIT ÉCO-RESPONSABLE

RI

AUX

L'édition originale de cet ouvrage a été publiée en langue anglaise sous le titre *Better Things* par Laurence King Publishing Ltd., Londres.

Published in Great Britain in 2023 by

Laurence King Student & Professional
An imprint of Quercus Editions Ltd
Carmelite House
50 Victoria Embankment
London EC4Y 0DZ

An Hachette UK company

Dunod, Malakoff, 2024 pour la traduction française
ISBN 978-2-10-086017-3

Mise en page pour la traduction : Nord Compo
Adaptation couverture : Nicolas Wiel

Rédactrice en chef : Liz Faber
Rédactrice en chef du projet : Angela Koo
Conception du design : Daniel Liden
Mise en page : Jane Lanaway

Ouvrage imprimé en Malaisie par 1010

DUNOD

Les papiers utilisés par Quercus proviennent de forêts gérées durablement et d'autres sources responsables.

FSC www.fsc.org MIXTE Papier | Pour une gestion forestière responsable FSC® C016973

À ma fille Lärke, pour avoir toujours posé les grandes questions comme « De quoi tout est fait ? »

Et à George, qui a toujours osé tenter de répondre à ces grandes questions. Tu me manques, mon ami.

MATÉRIAUX POUR UN DESIGN PRODUIT ÉCO-RESPONSABLE

DANIEL LIDEN

TRADUCTION DE JEAN-LOUIS CLAUZIER

DUNOD

Sommaire

Avant-propos

Aux débuts du design industriel, tout processus créatif commençait par un croquis ; le choix des matériaux n'arrivait que par la suite. Actuellement, on a appris à utiliser les matériaux comme support narratif, et on s'en sert pour façonner l'expérience utilisateur des produits et des marques. De plus en plus, face à l'essor fulgurant de la production, ces récits et ces expériences insistent sur le développement durable ; or, les matériaux sont le principal moyen d'influence du designer qui cherche à limiter l'empreinte écologique des produits.

Pourtant, prendre les matériaux comme point de départ ne va pas de soi, car ceux-ci ne cessent d'évoluer on ne sait trop dans quelle direction, pour répondre à des objectifs eux-mêmes incertains. Les matériaux sont donc un sujet extraordinairement difficile à maîtriser pleinement. J'ai entendu récemment quelqu'un dire que les matériaux et le développement durable sont une sorte de Far West : un nouvel espace à défricher, auquel il faut s'adapter à mesure qu'on l'explore.

À cette complexité d'un champ en mutation très rapide, vient s'ajouter la charge émotionnelle liée aux questions d'environnement. Ainsi, on comprend pourquoi un designer hésite souvent à se lancer pour affirmer qu'un matériau est meilleur pour l'environnement qu'un autre : il craint que quelqu'un d'autre ne vienne exhumer un argument pour démontrer que son choix est discutable. « Laissez donc les petits chats tranquilles ! », répétait mon ami Ed Thomas à son équipe lorsqu'il était directeur du design des matériaux chez Nike. Il voulait dire par là qu'on peut laisser évoluer une idée inaboutie, même si ce n'est pas encore la solution optimale. Trouver le bon matériau peut s'avérer une tâche très délicate, ce qui conduit souvent le designer à prendre des décisions assez frileuses.

Sur le choix des matériaux, les avis sur ce qu'il faut faire, et surtout sur ce qu'il ne faut pas faire, sont légion. La durabilité ne se limite pas à choisir entre un matériau et un autre, et il n'y aura jamais une frontière nette entre un bon et un mauvais matériau. Pour le designer, rechercher la durabilité consiste à définir quelle approche est la plus adaptée à tel domaine ou à tel produit, à anticiper la durée de vie optimale et le flux de déchet prévu lors de l'élimination, pour optimiser les possibilités de récupération. Comprendre ces complexités et savoir en jouer est le secret pour parvenir au bon choix en matière de matériaux durables.

Dans ce Far West des matériaux et du développement durable, Daniel a toujours été un designer de pointe. Premièrement, il a su comprendre en profondeur le rôle des matériaux et de la durabilité dans le processus de conception et de développement d'un produit. Ensuite, il a su trouver un équilibre entre les exigences fonctionnelles des matériaux et leur valeur affective symbolique pour le client. Cet équilibre lui a permis de saisir le niveau d'information le plus adapté à ce livre. Pour les designers confrontés à la complexité des matériaux et de leur durabilité, accéder à cette information est essentiel.

Les livres sur l'environnement ne manquent pas, mais rares sont ceux qui l'abordent spécifiquement sous l'angle des matériaux et, en particulier, du design et du choix des matériaux. C'est pourquoi cet ouvrage, avec son organisation systématique par catégories de matériaux, vous aide à vous y retrouver, en proposant une pluralité de démarches et de stratégies à mettre en œuvre concrètement. Au terme de cet ouvrage, vous ne craindrez plus de vous aventurer dans la complexité des matériaux et de leur durabilité.

Chris Lefteri

Introduction

J'estime que la conception d'un produit doit commencer par les matériaux et les processus. Telle est la base de tout produit. Pourtant, malgré ce rôle central des matériaux, le designer a du mal à trouver des informations claires concernant leur empreinte écologique. Il est courant de trouver des matériaux avec la simple mention « sans plastique », « recyclé » ou « biosourcé », sans précisions réelles concernant leur origine ou leur impact sur l'environnement, ce qui prête souvent à confusion, et dans le pire des cas au *greenwashing*. Heureusement, une grille d'analyse est en voie de constitution, permettant d'évaluer l'empreinte écologique des matériaux. Ce mouvement s'opère avec le soutien des consommateurs, dans le cadre législatif de marchés clés, notamment l'Union européenne.

Ce livre réunit l'ensemble des informations et données utiles que j'ai pu trouver sur toute une gamme de matériaux ; il est organisé en sept chapitres abordant chacun une famille : matières plastiques, textiles, métaux, verre et céramiques, bois, papier, et enfin les nouveaux matériaux durables. Il mentionne les atouts et points faibles de chaque matériau d'un point de vue écologique et propose une introduction aux concepts et aux stratégies de durabilité. La durabilité est une notion complexe ; j'espère que ce livre contribuera à en élucider les contours et vous aidera à prendre des décisions éclairées dans le design et le choix des matériaux.

Mesurer l'impact sur l'environnement

De plus en plus, les fournisseurs sont tenus de mesurer l'impact environnemental des matériaux qu'ils vendent et de publier les résultats, en réalisant une analyse du cycle de vie (ACV) partielle, prenant en compte la partie amont du cycle. Ce type d'analyse, dite « *cradle to gate* » (« du berceau à la grille »), prend en compte les différentes étapes de la fabrication du matériau, depuis l'extraction et le raffinement de la matière première jusqu'à la sortie d'usine. Cette analyse se distingue d'une étude ACV complète, qui porte sur la totalité du cycle de vie, de la matière brute à la fabrication, et jusqu'à la mise au rebut du produit. Le schéma ci-contre donne un aperçu général des principales variantes d'ACV.

Les données environnementales concernant les matériaux présentées dans cet ouvrage s'appuient sur des analyses du « berceau à la grille » réalisées par des fournisseurs, des organisations professionnelles et d'autres sources, référencées en notes

Analyse de cycle de vie (ACV)

Les ACV du « berceau au berceau » et du « berceau au tombeau » couvrent toute la durée de vie des produits, tandis que les ACV partielles, telles que les études du « berceau à la grille » et de la « grille à la grille », portent sur des phases spécifiques, telles que la production des matériaux et la fabrication du produit.

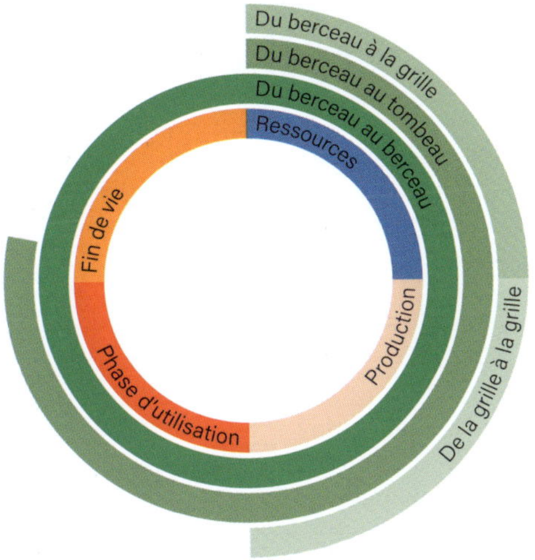

Ressources
Extraction et raffinement des matières premières en matériaux utilisables dans la production de biens.

Fabrication
Formation, finition et assemblage des produits, mais aussi conditionnement et distribution.

Phase d'utilisation
Consommation d'énergie et autres consommables lors de l'utilisation du produit, entretien et réparations.

Fin de vie
Collecte et traitement des déchets, ce qui, dans un cycle de vie du « berceau au tombeau », implique l'incinération ou la mise en décharge, tandis que les options du « berceau au berceau » supposent le démantèlement et le recyclage des produits, le compostage ou d'autres processus assurant le maintien en circulation des matériaux.

à la fin de l'ouvrage (voir p. 232-233). Quand on recherche des informations environnementales sur les matériaux, il est utile de comprendre les bases du modèle d'ACV, car les fournisseurs ont tendance à utiliser différents termes – outre l'analyse du « berceau à la grille », principalement l'inventaire du cycle de vie (ICV), la déclaration environnementale de produit (EPD) et l'ACV proprement dite.

Cet effort de transparence de la part des fournisseurs de matériaux mérite d'être salué. Il n'en reste pas moins que les chiffres présentés ici doivent être pris comme de simples indications et non comme des valeurs absolues. À ce jour, les ACV ne sont pas toujours standardisées, ce qui rend difficile toute comparaison précise entre différentes études, à moins d'être un expert dans le domaine. La Commission européenne a introduit une nouvelle méthodologie et une nouvelle norme pour les ACV, l'empreinte environnementale des produits (*Product Environmental Footprint*, ou PEF), qui devrait devenir obligatoire dans l'UE en 2024 et qui facilitera grandement l'interprétation et la comparaison des résultats d'ACV. En attendant, les données présentées dans cet ouvrage peuvent servir de guides ; vous pourrez ainsi vous concentrer sur les vrais problèmes, ceux pour lesquels on peut espérer réduire l'impact environnemental des produits. Je vous recommande vivement d'examiner à la fois chaque matière prise isolément et le contexte général, sous forme de statistiques et autres informations présentées au début de chaque chapitre et partie de l'ouvrage. Par exemple, on peut dire que les plastiques posent davantage un problème en termes de déchets que d'émissions. Inversement, les métaux posent un problème d'émissions plutôt que de déchets. En prenant en compte le contexte global, vous devriez cibler plus précisément les domaines les plus impactés par vos choix.

Une introduction approfondie à la méthodologie de l'ACV dépasse le cadre de cet ouvrage, mais si vous souhaitez en savoir plus, la liste des ressources (page 235) propose des liens vers des logiciels d'ACV, des supports d'apprentissage et des bases de données environnementales sur les matériaux accessibles au public. Je vous engage également à demander aux fournisseurs des données environnementales sur les matériaux et les qualités spécifiques que vous envisagez d'utiliser, car ils ne fournissent souvent ces données que sur demande.

Énergie, dioxyde de carbone et élaboration de matériaux

À ce jour, on peut raisonnablement affirmer que l'intérêt majeur le plus reconnu des ACV consiste à calculer les émissions de gaz à effet de serre (GES) et leur impact sur le réchauffement climatique. Le dioxyde de carbone (CO_2) est loin d'être le seul GES, mais le volume des émissions de CO_2 dans la fabrication des matériaux et son impact sur le réchauffement de la planète en font un sujet important dans ce livre. Pour bien comprendre le rôle du carbone pour la production industrielle et le réchauffement climatique, il faut étudier plus en détail le cycle du carbone, un processus naturel fondamental sans lequel aucune vie sur terre ne serait possible.

Le cycle du carbone comprend deux éléments : le cycle rapide et le cycle lent. Le premier relie toutes les formes de vie sur la planète en temps réel et d'une manière très concrète. Les humains et les animaux inspirent de l'oxygène (O_2) et rejettent du CO_2, tandis que les plantes absorbent du CO_2 et rejettent de l'O_2 dans l'atmosphère. Le cycle lent repose sur des processus chimiques et géologiques au cours desquels les matières organiques se fossilisent et séquestrent le carbone sous terre et au fond des océans au fil de centaines de millions d'années.

Lorsque nous extrayons de grandes quantités de ce carbone séquestré sous forme de pétrole, de gaz naturel ou de charbon et le brûlons pour produire de l'énergie, nous perturbons le cycle rapide du carbone en libérant dans l'atmosphère plus de CO_2 que ne peuvent en absorber les plantes à la surface du globe. C'est problématique car le CO_2, comme les autres GES, piège la chaleur dans l'atmosphère, ce qui réchauffe lentement la planète. Ce qui est vraiment effrayant avec celui-ci, c'est que si la végétation ne suffit pas à l'absorber, il reste dans l'atmosphère indéfiniment.

La relation entre l'industrie des matériaux, le CO_2 et le réchauffement climatique est au moins triple. L'essentiel des émissions de CO_2 issues de l'industrie des matériaux provient de l'énergie produite à partir du charbon, du gaz naturel et d'autres combustibles fossiles. Or, la production de matériaux consomme souvent beaucoup d'énergie. Mais le carbone est aussi un composant essentiel des matériaux. Un arbre est normalement constitué de 50 % de carbone, tandis que pour le plastique, c'est d'environ 80 %. Lors de l'incinération, le carbone incorporé dans ces matériaux est rejeté dans l'atmosphère sous forme de CO_2. Enfin, la surexploitation de matériaux issus de la biomasse peut conduire à la déforestation, réduisant ainsi la capacité d'absorption du CO_2 à travers le monde.

Le potentiel de réchauffement global (PRG) est une mesure de la quantité de chaleur que les différents GES piègent dans l'atmosphère, en utilisant le CO_2 comme étalon. Cette méthode permet de résumer toutes les émissions de GES en un seul chiffre, exprimé en équivalent CO_2, ou CO_2eq. Les émissions de GES des matériaux recensés dans cet ouvrage sont toutes indiquées sous forme PRG en kilos de CO_2eq par kilo de matière. Ces chiffres sont toutefois à manier avec prudence, en particulier si l'on compare l'impact de différents matériaux. Tout d'abord, en fonction des matériaux utilisés, un même produit ou une même pièce pourront avoir des caractéristiques très différentes : épaisseur des parois, nervures de renfort, ou encore volume global. De plus, la densité varie considérablement d'un matériau à l'autre : l'acier est environ trois fois plus dense que l'aluminium ; pour comparer les émissions de ces matériaux, il faut donc se baser sur le poids d'une pièce donnée, plutôt que kilo par kilo.

Enfin, si les émissions de gaz à effet de serre liés aux matériaux posent effectivement un réel problème environnemental, c'est loin d'être le seul. D'autres aspects de la fabrication des matériaux posent également des défis urgents qui appellent des solutions durables, notamment la surexploitation des ressources renouvelables ou non renouvelables, les ingrédients et sous-produits toxiques, ainsi qu'une montagne croissante de déchets. Regardons cela plus en détail.

L'origine des matières premières

Au niveau le plus général, on peut distinguer les matériaux renouvelables et non renouvelables. Vous verrez souvent que tout matériau renouvelable est vendu comme étant plus durable qu'un matériau non renouvelable ; or, en creusant un peu, on s'aperçoit que les choses sont plus complexes. Ainsi, les forêts sont bien une ressource renouvelable, mais en réalité, elles font souvent l'objet d'une exploitation irresponsable, voire de coupes illégales, qui finiront par provoquer des catastrophes écologiques si on n'y met pas un terme. Les forêts sont un élément essentiel du cycle carbone : la déforestation compromet fortement leur capacité d'absorber le CO_2. La surexploitation de celles-ci entraîne une érosion des sols, qui rend difficile de replanter des arbres (ou quoi que ce soit) et aboutit, à long terme, à la désertification. Plus récemment, les monocultures forestières, dédiées exclusivement à une seule essence d'arbre, ont été dénoncées pour leur impact énorme sur les écosystèmes et les populations locales. Il existe une tension entre deux impératifs contradictoires : d'un côté, la sylviculture commerciale vise à maximiser les rendements ; de l'autre, la vie de la forêt exige de laisser se dérouler les processus naturels, notamment la lente décomposition des arbres morts, qui servent de refuge aux champignons, insectes et autres animaux, tout en restituant des éléments nutritifs au sol. Nous suggérons qu'entre ces deux pôles, il existe une tension qui exige d'être gérée avec soin.

D'un autre côté, on voit que certains matériaux non renouvelables, le métal notamment, sont si largement recyclés que certains fournisseurs envisagent qu'à l'avenir la majorité des matières premières seront issues du recyclage. Les matières plastiques occupent une place à part dans ce contexte, car elles peuvent provenir de matières premières non-renouvelables ou renouvelables. Les volumes de production de plastique devraient augmenter fortement au cours des prochaines années. Comment, de façon réaliste, il sera possible de répondre à cette demande accrue avec des matières plastiques recyclées et renouvelables ?

D'autres matériaux sont considérés comme « abondants » même s'ils ne sont pas renouvelables (le sable par ex.). Le type de sable nécessaire à la production du verre et des céramiques (porcelaine, grès), et utilisé massivement pour fabriquer le ciment destiné à l'industrie mondiale du bâtiment, provient essentiellement du lit des rivières et des plages. Il résulte de l'érosion progressive de roches sédimentaires par le vent et l'eau de pluie, qui se décomposent en grains de sable et sont emportés par les cours d'eau du monde entier. Ainsi, bien qu'étant techniquement non renouvelable, le sable se reconstitue au fil du temps. Cependant, le rythme des extractions de sable est tel qu'il excède le temps nécessaire à sa formation, ce qui constitue une menace pour les rivières, les plages, voire même pour des côtes et des îles entières.

Il existe des certifications pour garantir l'extraction responsable de nombreuses matières premières. Demandez toujours à vos fournisseurs de confirmer l'origine de leurs matières premières et les certifications qui s'y appliquent.

Matériaux et toxicité

La toxicité est un sujet complexe, qui affecte toutes les étapes de la production des matériaux. Des matières premières et des ingrédients chimiques toxiques entrent dans la production de plastiques et de textiles synthétiques, mais cela ne signifie pas nécessairement que le matériau fini soit toxique. D'autres matériaux génèrent des déchets toxiques lors de leur élaboration, par exemple, les résidus miniers liés à l'extraction des métaux et des matières premières des céramiques. Dans d'autres cas, des matières toxiques sont utilisées pour le raffinage et le traitement des matières premières, comme le chlore pour blanchir les fibres du papier, ou le disulfure de carbone pour produire les fibres de viscose. De même, le plomb et le cadmium servaient autrefois couramment pour le glaçage des céramiques.

Les produits évoqués ci-dessus font en général l'objet de restrictions et de contrôles très stricts, ou bien sont remplacés par des équivalents non toxiques. Pourtant, l'histoire n'est pas avare de catastrophes industrielles provoquées par ceux-ci, aux conséquences dévastatrices pour la main-d'œuvre, les populations locales et les écosystèmes. Cet ouvrage répertorie les options moins toxiques ou non toxiques pertinentes pour chaque matériau ou catégorie de matériaux.

Pour les consommateurs, c'est sans doute le bon usage des matériaux qui joue un rôle central. De nombreux matériaux sont considérés comme sans danger tant qu'ils ne dépassent pas un certain seuil de température ou qu'ils n'entrent pas en contact avec certaines substances, comme l'eau ou certains produits chimiques. L'approbation des produits par la *Food and Drug Administration* (FDA) aux États-Unis et la législation européenne équivalente donnent des directives élémentaires d'utilisation, mais en réalité, on connaît très mal les effets des combinaisons complexes de produits chimiques utilisés dans la production des matériaux. À ce titre, les additifs utilisés dans les matières plastiques sont souvent pointés du doigt ; si la toxicité de certains d'entre eux, comme les bromures utilisés pour la résistance au feu et les phtalates servant à assouplir les PVC, est bien comprise, nos connaissances restent lacunaires. Une étude pionnière, publiée en 2019 par une équipe de scientifiques allemands et norvégiens dans *Environmental Science & Technology*, analyse divers échantillons d'emballages et de produits issus de huit types de plastique courants. L'étude révèle que, si certains plastiques sont peu ou pas toxiques, d'autres recèlent plusieurs composés toxiques encore inconnus ou non répertoriés. Ce résultat est préoccupant pour le recyclage des plastiques, car les procédés actuels ne permettent pas d'isoler les additifs potentiellement nocifs des matériaux plastiques récupérés. Une bonne pratique au départ consiste à vérifier que tous les matériaux, additifs et finitions que l'on prévoit d'utiliser sont conformes aux règlements européens REACH (enregistrement, évaluation, autorisation et restriction des substances chimiques) et SVHC (substances extrêmement préoccupantes). Dans ce livre, j'évite les matériaux ayant des effets toxiques connus ; je conseille de limiter additifs et traitements de surface au strict minimum, pour se protéger des effets combinés : dans l'état actuel de nos connaissances, la toxicité est difficile à prévoir.

Retour à la circularité

Même s'il n'y paraît plus du tout aujourd'hui, ce que nous appelons circularité était autrefois la règle et non l'exception. De nos jours, le système économique, les infrastructures et les solutions techniques en place permettent des volumes de productions auparavant inconcevables, dont seule une infime partie est récupérée et recyclée, compostée ou réintroduite dans le circuit. Ces conditions radicalement nouvelles contrastent avec un passé où les ressources étaient plus rares. En un sens, la recherche d'une économie plus circulaire constitue un retour en arrière, à l'époque où « réduire, réutiliser, recycler » était la norme, et non un slogan. En même temps, il serait illusoire de chercher à résoudre la crise environnementale en obligeant les habitants de la planète à revenir aux modes de vie qui prévalaient avant la révolution industrielle.

Cet ouvrage présente plusieurs stratégies de récupération des déchets et de circularité des matériaux, et les options possibles sont très variables selon leurs types. Un bon exemple est le recyclage. Avec les procédés actuels, certains matériaux sont plus faciles à recycler que d'autres, ce qui transparaît clairement dans les différences de taux de recyclage entre les catégories de matériaux – parfois même d'un matériau à l'autre, voire d'une qualité de matériau à l'autre. En outre, le recyclage est en soi un sujet complexe. Qu'entend-on exactement par « matériau recyclé » ? S'agit-il de déchets post-industriels (PIR) d'usine recyclés, parfois collectés dans les ateliers et réintégrés directement dans la production, ou bien de déchets recyclés après consommation (PCR) qui ont circulé un peu partout, avant d'être récupérés, triés et recyclés en de nouveaux matériaux ? Le premier cas est généralement beaucoup plus simple que le second ; c'est pourquoi, lorsque l'on évalue les avantages du recyclage pour l'environnement, il faut distinguer entre matériaux PIR et PCR. D'un autre côté, il existe de nombreux déchets PIR qui sont loin d'être faciles à recycler, en particulier les déchets miniers, pour lesquels le recyclage serait extrêmement utile et opportun.

Taux de recyclage des matériaux au niveau mondial.

Proportion de matériaux recyclés (PIR et PCR) utilisés pour la production de nouveaux matériaux, en millions de tonnes[1]. Remarque particulière pour les textiles : on estime qu'à l'heure actuelle, la quasi-totalité des textiles recyclés sont en polyester issu de bouteilles plastiques en PET récupérées.

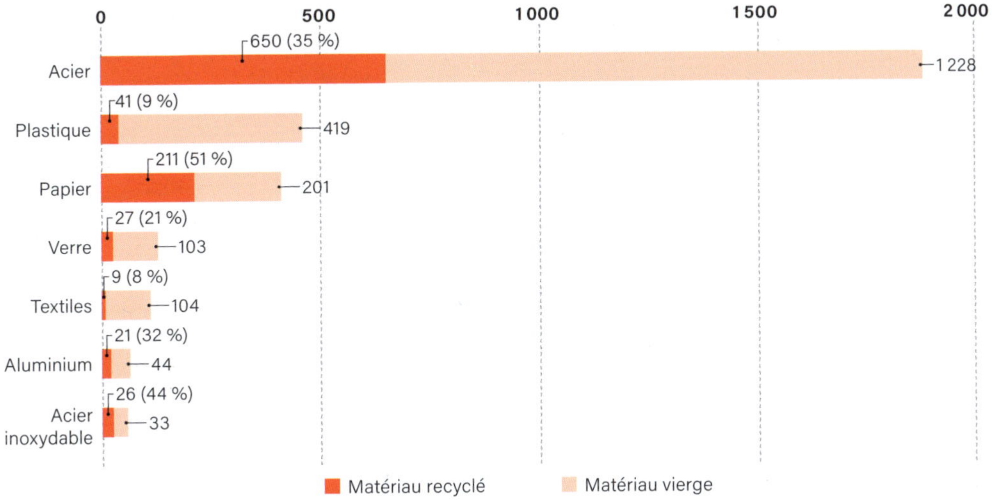

Autre élément à prendre en compte : la qualité du matériau recyclé. Un recyclage efficace passe par une séparation des matériaux, mais bien souvent, il faut aller plus loin et trier chaque matériau par type et par qualité. L'aluminium en est un bon exemple : si le recyclage mélange différents alliages, le matériau obtenu sera de qualité inférieure. Il en va de même pour les plastiques : de nombreux produits d'emballage contiennent des combinaisons de substances qui rendent impossible le recyclage en un nouveau matériau aux propriétés équivalentes qui pourra entrer dans des produits d'emballage. S'il est vrai que les entreprises de traitement et de recyclage assurent un tri, pour que le système fonctionne efficacement, il faut que les ménages, les institutions et les entreprises fassent aussi leur part du travail. C'est plus facile à dire qu'à faire, car on ne dispose pour l'instant d'aucun système d'étiquetage universel. Beaucoup de gens connaissent les codes de recyclage que l'on voit parfois sur les produits et les emballages, mais leur mise en œuvre est inégale, et pour les profanes, le système est sans doute trop technique, manquant d'indications claires sur la bonne manière de trier les déchets. Afin d'aider les consommateurs à trier correctement leurs déchets, certains pays, notamment le Danemark, ont instauré un système d'étiquetage, visible sur les produits, sur les bacs de recyclage et dans les centres de tri. Cet ouvrage propose une introduction au recyclage pour chaque type de matériau, ainsi que des stratégies de conception visant à améliorer la circularité.

Outre le recyclage, les matériaux biodégradables offrent une solution alternative à la fin de la vie d'un produit. Certaines matières, comme le papier, sont à la fois biodégradables et largement recyclées, combinant les avantages des deux. Il y a toutefois certaines choses à savoir concernant les matériaux biodégradables. D'abord, on l'ignore trop souvent, biodégradable n'est pas synonyme de compostable. « Biodégradable » signifie simplement qu'un matériau peut se dégrader sans effets négatifs sur l'environnement ; une matière est dite « compostable » si elle contient des nutriments et éléments qui enrichissent le sol, devenant ainsi un engrais au cours du compostage. D'autre part, d'un matériau à l'autre, les conditions nécessaires à la décomposition peuvent être extrêmement variables. Certains nécessitent un apport d'oxygène et des températures élevées dans un composteur industriel, tandis que d'autres se décomposent dans un compost domestique, voire en décharge. Sur les matériaux concernés, les entrées de ce livre proposent une synthèse des certifications et des exigences en la matière. En un mot, on devra toujours aborder avec prudence la question des matériaux biodégradables. Les déchets biodégradables risquent de provoquer les mêmes dommages environnementaux que n'importe quel type de déchets jusqu'à leur décomposition complète, ce qui, selon les conditions climatiques, peut prendre beaucoup de temps. C'est pourquoi il faut éviter de vanter les produits biodégradables en laissant entendre aux consommateurs que le rejet sauvage de déchets est plus ou moins acceptable. Les organismes les plus sérieux, notamment TÜV Austria, filtrent rigoureusement les demandes pour éviter d'accorder une certification à des produits qui ne sont pas biodégradables ou qui risquent d'être perçus comme un encouragement à jeter des ordures de manière irresponsable.

Un design qui privilégie la longévité

Aucun matériau n'est parfait ; chacun a ses inconvénients, que le designer s'efforce d'atténuer en adaptant ses plans, en combinant plusieurs matériaux, ou en utilisant un revêtement ou un traitement de surface pour répondre à des besoins fonctionnels spécifiques. Si à cela on ajoute la durabilité, les choses deviennent vite inextricables. Comme on l'a dit, de nombreuses associations courantes de matériaux, traitements de surface et techniques d'assemblage sont difficiles à séparer, rendant tout recyclage difficile, voire impossible. À l'inverse, des matériaux moins robustes peuvent avoir des effets très négatifs dans certaines applications, car on aura tendance à utiliser trop de matériau pour compenser des performances moindres.

Il ne faut pas oublier que les matériaux recyclés ont souvent des performances inférieures à celles des matériaux vierges : en conséquence, si l'on veut utiliser des matières recyclées plutôt que des vierges, il est nécessaire d'adapter le design du produit. Cela suppose par exemple de prévoir des parois plus épaisses ou d'ajouter des nervures de renforcement sur les moulages en plastique, ou encore de choisir un grammage plus fort si l'on utilise du papier recyclé.

Nous indiquons les principales qualités mécaniques et de résistance à l'environnement de chaque matériau, avec une synthèse de ses forces et de ses faiblesses. Le livre indique aussi les solutions spécifiques proposées de plus en plus fréquemment pour améliorer les propriétés des matériaux sans nuire à leur circularité.

L'esthétique de la durabilité

On a trop tendance à oublier que les matériaux durables sont souvent peu esthétiques. Cet aspect peut être lié aux processus de recyclage, comme pour les plastiques, où la séparation par couleur est encore assez rare ; les recycleurs se contentent en général d'ajouter un pigment noir ou gris foncé pour donner au matériau recyclé une couleur homogène. Mais tout comme les principes de design visant à améliorer la circularité risquent parfois de nuire à l'aspect esthétique, de même les apprêts décoratifs, certains apprêts ou traitements fonctionnels, risquent de nuire à la circularité des matériaux. Bien entendu, c'est aussi l'occasion d'explorer de nouvelles potentialités expressives des matériaux et de nouvelles expériences utilisateur. Une synthèse des considérations esthétiques pertinentes et des processus de finition compatibles est fournie.

Comment utiliser ce livre

J'espère avant tout que ce livre sera un outil de référence, qui vous aidera à identifier les moyens de réduire l'empreinte environnementale des matériaux que vous spécifiez en tant que designer. J'espère aussi qu'il vous aidera à découvrir d'autres matériaux et fournisseurs que ceux dont la liste est fournie dans cet ouvrage. En sachant à peu près où chercher, vous mènerez des recherches plus rapides et mieux ciblées que si vous commenciez simplement par un terme générique comme « plastiques durables ».

Chaque chapitre comprend quelques

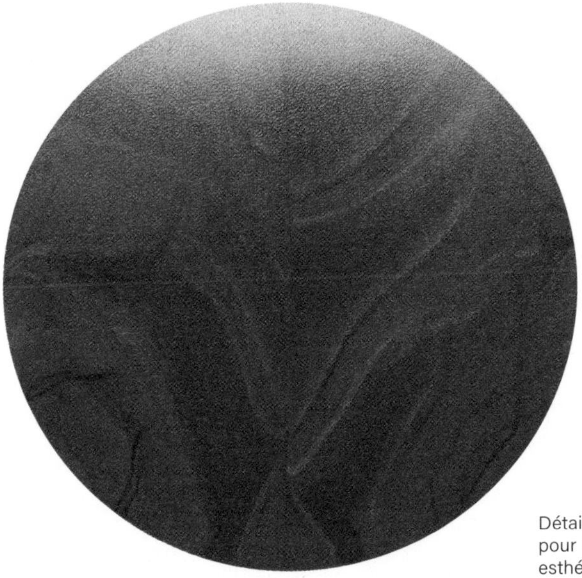

Détail de la Chaise S-1500 conçue par Snøhetta pour NCP (voir p. 129). Au sujet de l'aspect esthétique de la durabilité, les variations de couleur des déchets de plastique recyclés utilisés dans la chaise sont clairement visibles sur le produit fini.

fournisseurs, que vous pouvez contacter pour commencer votre recherche des matériaux adéquats. Je tiens à souligner que j'ai sélectionné les fournisseurs en fonction de leur volonté de transparence concernant l'impact environnemental de leurs matériaux, et de mon opinion personnelle sur leur excellence dans leurs domaines respectifs. Aucun des fournisseurs n'a payé pour figurer dans le livre, et j'ai utilisé les informations qu'ils m'ont fournies en toute bonne foi, en supposant qu'elles étaient complètes et exactes. Les fautes de frappe, les interprétations erronées et autres erreurs sont bien entendu de mon seul fait. Veillez donc à effectuer un suivi et à faire preuve de prudence avant d'établir une quelconque relation commerciale avec les fournisseurs mentionnés dans ce livre.

Pour ce qui est des fournisseurs, des statistiques et des études de cas, il est vrai que ce livre est nettement centré sur l'Europe. Ceci ne vient pas d'une décision délibérée de ma part – j'ai plutôt l'impression que les nombreux fournisseurs et études de cas européens présentés ici résultent eux-mêmes de la nouvelle législation en matière de durabilité et du *Green Deal* lancé par la Commission européenne, qui oblige les fournisseurs de matériaux et les marques à prendre en compte les matériaux durables bien davantage que ce qui se fait sur d'autres marchés. L'UE est également une mine de statistiques et de données, à la fois grâce à Eurostat, l'agence officielle de statistiques de l'UE, mais aussi par le biais des très nombreux rapports de grande qualité sur tous les sujets, de la gestion des déchets aux avantages des matières premières renouvelables, qui sont le fruit de projets menés par l'UE et par diverses organisations commerciales et institutions universitaires.

Enfin, chaque chapitre présente un entretien avec un designer, un chercheur ou un entrepreneur dont le travail redéfinit le design durable dans son domaine. Si l'objectif principal de cet ouvrage est de dresser un inventaire des matériaux actuellement disponibles, ces entretiens vous ouvriront à d'autres points de vue et vous donneront une idée de la manière dont les technologies des matériaux durables pourraient évoluer à l'avenir.

1 Matières plastiques

Plastiques. Par où commencer ? D'une part, les plastiques semblent être l'image même de la production non durable et de l'utilisation de ressources non renouvelables ; d'autre part, il est quasiment impossible d'imaginer le monde moderne sans cette famille de matériaux extrêmement utiles. Depuis que la production de masse de plastiques a commencé pour de bon au début du xxe siècle, le monde a connu une croissance fulgurante des produits en plastique et, par conséquent, une croissance fulgurante des déchets plastiques. Selon le rapport 2022 *Global Plastic Outlook* de l'OCDE, quelque 460 millions de tonnes de plastique ont été produites en 2019, et ce chiffre devrait atteindre 1 230 millions de tonnes d'ici 2060. Compte tenu de la montagne de déchets plastiques que nous semblons incapables de traiter aujourd'hui, l'avenir s'annonce plutôt sombre. Selon un autre rapport publié en 2016, l'industrie du plastique représentait environ 1 % des émissions mondiales de CO_2 en 2014, chiffre qui devrait atteindre 15 % d'ici à 2050. Ces chiffres mettent en évidence deux stratégies potentielles pour faire face à l'impact environnemental des plastiques : améliorer le recyclage pour traiter les déchets plastiques, et recourir aux matières premières renouvelables pour faire face à l'augmentation des émissions de l'industrie du plastique. La plupart des plastiques utilisés aujourd'hui sont dérivés de produits pétrochimiques – sous forme de pétrole brut raffiné ou de gaz naturel. Ces matières premières sont ensuite transformées pour en extraire des monomères, les éléments moléculaires constitutifs des plastiques. Divers procédés sont ensuite appliqués à ces monomères pour déclencher une réaction en chaîne appelée polymérisation, formant les longues chaînes de molécules qui constituent un polymère (qui n'est qu'un autre mot pour désigner le plastique). La complexité de ces procédés joue un rôle important dans l'intensité énergétique nécessaire à la production des plastiques et, par conséquent, dans les émissions générées. Les plastiques qui nécessitent moins de transformations et moins d'étapes de fabrication génèrent moins d'émissions et utilisent moins de ressources que ceux qui font appel à des procédés plus complexes. Plastics Europe est une association commerciale de fabricants de matières plastiques, et son ensemble d'« éco-profils » (disponible sur **plasticseurope.org**) fournit une excellente vue d'ensemble de certains des procédés de fabrication de matières plastiques les plus courants et de leur impact sur l'environnement.

Les plastiques – arbre généalogique

Vue d'ensemble des matières plastiques présentées dans ce chapitre.

Thermoplastiques rigides
Matériaux thermoplastiques utilisés dans les pièces plastiques moulées rigides et les films souples.

- PP (p. 28, 54)
- PE (p. 30, 56)
- PLA (p. 58)
- AC (p. 60)
- PET (p. 32)
- ABS (p. 34)
- PA (p. 38, 64)
- PC (p. 36, 62)

Élastomères thermoplastiques (TPE)
Les TPE sont des mélanges de thermoplastiques rigides et d'élastomères, ce qui leur confère des propriétés souples et flexibles (p. 40 à 68).

- TPU
- TPS
- TPA
- PTC

Thermoplastiques
Ces plastiques, qui deviennent souples lorsqu'ils sont chauffés, puis durcissent à nouveau en refroidissant, sont bien adaptés aux procédés courants de production de masse, notamment le moulage par injection, l'extrusion et le moulage par soufflage.

Thermodurcissables rigides
Les thermodurcissables rigides comptent parmi les plastiques les plus solides et les plus résistants en température.

- LER (p. 66)

Élastomères thermodurcissables
Matériaux de type caoutchouc souples et flexibles.

- Caoutchouc de silicone (p. 42)
- Caoutchouc naturel (p. 44, 70)

Thermodurcissables
Plastiques qui ne peuvent plus être retraités une fois qu'ils ont été mis en forme. Ils sont en général formés par coulage ou moulage par compression, puis figés (« durcis ») à l'aide de divers types de catalyseurs : réaction chimique, rayonnement UV ou chaleur.

Matières plastiques

La quasi-totalité des matières plastiques couramment utilisées aujourd'hui se classent en deux catégories : les thermoplastiques et les thermodurcissables. Les thermoplastiques constituent le groupe le plus important. Ils sont généralement fournis sous forme de granulés afin de pouvoir être facilement transformés traités par des procédés rapides et à grand volume : moulage par injection, moulage par soufflage ou extrusion. Les matériaux thermoplastiques peuvent être mis en forme plusieurs fois, et peuvent donc être recyclés : pour cela, il suffit de broyer les déchets, les réchauffer et les mettre en forme pour produire de nouvelles pièces. À l'inverse, les plastiques thermodurcissables se présentent en général sous la forme d'une résine liquide, qui est durcie par un catalyseur (par exemple, une réaction chimique, la chaleur ou la lumière UV) à l'aide de procédés de formage tels que le moulage et l'autoclavage. Une fois formées, les résines thermodurcissables ne peuvent plus être chauffées et retraitées. Les plastiques thermodurcissables ne sont donc pas facilement recyclables selon les mêmes procédés que les thermoplastiques. (Le diagramme en p. 17 donne un aperçu des matériaux thermoplastiques et thermodurcissables.)

On ajoute aux plastiques une multitude d'additifs pour leur donner une couleur ou obtenir d'autres effets esthétiques, ou encore pour améliorer les performances fonctionnelles – propriétés mécaniques renforcées, résistance aux intempéries ou au feu, etc. Certains de ces additifs ont un impact négatif bien connu, comme les produits ignifuges bromés, les substances perfluorées utilisés pour rendre les surfaces résistantes aux graisses et imperméables et les phtalates servant à assouplir le PVC. Pour minimiser l'utilisation d'ingrédients nocifs, interrogez toujours vos fournisseurs sur leur conformité au règlement REACH (Enregistrement, Évaluation, Autorisation et Restriction des substances Chimiques), en vigueur dans l'Union européenne depuis 2007, ainsi qu'à la Directive relative à la limitation des substances dangereuses (RoHS), une autre réglementation de l'UE concernant spécifiquement les produits électroniques. Pourtant, il n'est pas certain que ces mesures d'identification des additifs et ingrédients potentiellement nocifs contenus dans les plastiques soient suffisantes. Des organismes indépendants tels que l'International Pollutants Elimination Network, ou IPEN (réseau international pour l'élimination des polluants), ONG basée à Stockholm, publient régulièrement des rapports et des résultats d'études sur les plastiques et leur toxicité. Les recherches dans ce domaine sont encore largement insuffisantes, mais certaines ressources en ligne fournissent des informations sur les produits chimiques et leurs ingrédients, comme le site web de l'Agence européenne des produits chimiques (ECHA) et celui de son homologue aux États-Unis, le Chemical Abstracts Service (CAS).

Les éléments constitutifs des plastiques

Les ingrédients et les étapes de fabrication sont très variables d'un plastique à l'autre, ce qui affecte directement l'impact environnemental du matériau. L'aperçu simplifié ci-dessous donne deux exemples : le polypropylène (PP), un plastique dit « de base » relativement simple à produire, et le polyamide (PA), un plastique technique qui implique plusieurs étapes supplémentaires.

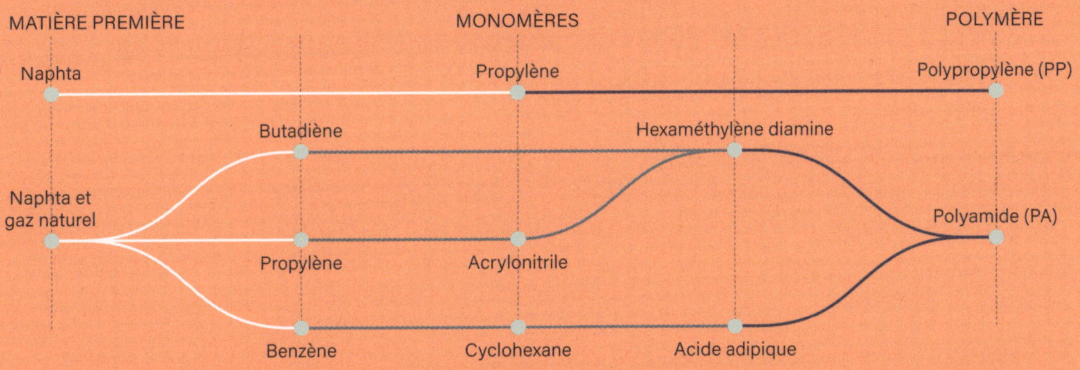

Potentiel de réchauffement global : plastiques de base et plastiques techniques

Comme on l'a dit, les plastiques de base sont en général assez simples à produire, tandis que les plastiques techniques, plus complexes à fabriquer, offrent de meilleures performances et une meilleure résistance à la température. Comme le montrent ces exemples tirés des deux catégories, la complexité du processus de fabrication a un impact direct sur le potentiel de réchauffement global (PRG) du matériau obtenu.

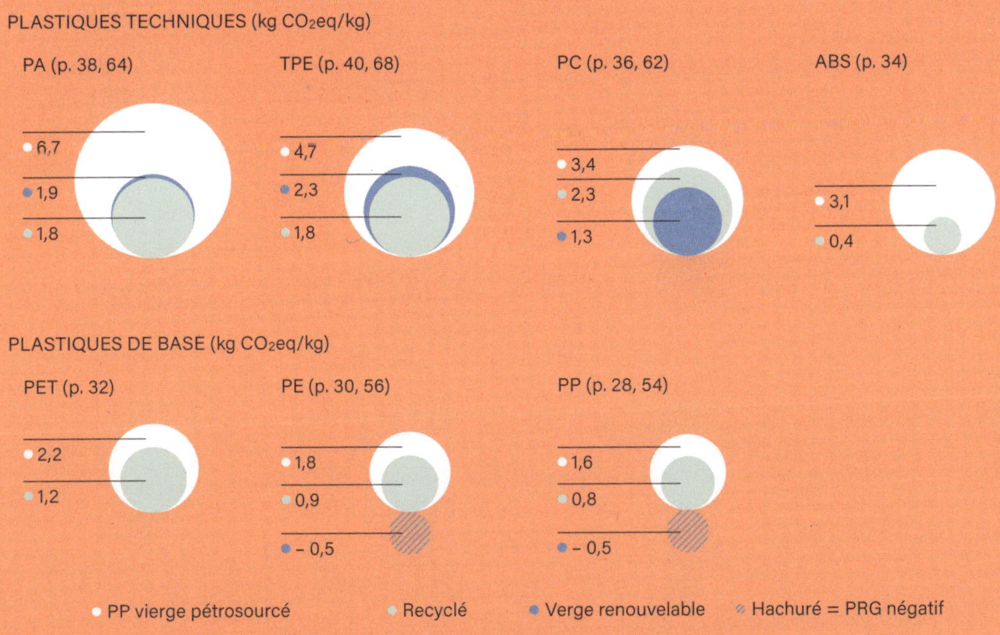

Recyclage du plastique

Les avantages environnementaux potentiels des plastiques recyclés sont évidents. Le recyclage de plastiques consomme moins d'énergie que la production à partir de matières premières vierges, ce qui réduit les émissions. Il permet en outre d'éviter que les déchets plastiques ne terminent en décharge, en incinérateur ou dans l'environnement. La plupart des plastiques utilisés de nos jours sont des thermoplastiques, qui deviennent souples et malléables lorsqu'ils sont chauffés, puis se solidifient en refroidissant. Le processus de recyclage du plastique le plus courant actuellement, dit recyclage mécanique, fonctionne exactement de cette manière.

Si le principe peut paraître simple, le recyclage mécanique est en réalité très complexe. Ironie du sort, bon nombre des propriétés qui ont fait le succès des plastiques compliquent aussi leur recyclage. En particulier, le faible coût des plastiques de base pèse fortement sur le recyclage, simplement parce qu'il est souvent beaucoup plus cher de recycler les plastiques que de les produire à partir de matières premières vierges. Les films plastiques minces et légers sont extrêmement efficaces comme matériaux d'emballage, mais ils sont fragiles, difficiles à collecter pour le recyclage. D'autres types de déchets, comme le plastique qui a été en contact avec des aliments ou des produits chimiques, sont souvent contaminés au point d'être difficiles à nettoyer pour pouvoir être recyclés et réintroduits dans le circuit.

Pour résoudre ces problèmes, diverses mesures d'incitation sont mises en place, comme la nouvelle législation proposée dans l'UE qui imposerait un taux de matériaux recyclés de 30 % dans les emballages en plastique d'ici à 2030. On espère que des initiatives de ce type contribueront à augmenter les taux de recyclage du plastique et à donner de la valeur au plastique recyclé, mais pour l'instant, les volumes de plastique recyclés sont encore assez faibles. Selon Eurostat, l'office statistique de l'UE, en 2018, seuls 32 % des déchets plastiques ont été recyclés dans l'UE. D'après une estimation du Programme des Nations unies pour l'environnement (PNUE), moins de 10 % de l'ensemble des matières plastiques produites sont recyclées. Ces chiffres sont déprimants, mais au-delà des nouvelles règles et de la législation proposées, il y a aussi beaucoup à faire pour améliorer notre compréhension des points forts et de points faibles du recyclage des plastiques, et de l'impact de nos décisions de design sur la recyclabilité des produits en plastique.

L'immense variété de plastiques d'usage courant constitue un défi fondamental : pour obtenir des plastiques de haute qualité par recyclage mécanique et éviter de se retrouver avec des matériaux mélangés, aux propriétés imprévisibles et à l'utilité douteuse, il faut séparer les plastiques par types et par qualités spécifiques. Un cas apparemment simple, comme le type de film plastique utilisé dans les emballages alimentaires, peut en réalité être constitué de plusieurs couches de matériaux différents qui sont difficiles, voire impossibles à séparer. De nombreux produits sont des assemblages complexes constitués de nombreuses pièces différentes, elles-mêmes composées de différents types de plastique (ou d'autres matériaux) qui, s'ils sont assemblés à l'aide d'adhésifs, de liaisons thermiques, de **surmoulage** ou d'autres procédés rendant les produits difficiles à démonter, sont également très difficiles à séparer et à recycler de manière efficace.

Taux de recyclage du plastique dans l'UE

Sur les quelque 53 millions de tonnes (Mt) de plastiques utilisées dans l'UE en 2020, environ 9 Mt ont été envoyées au recyclage[1]. Après les pertes au traitement et les exportations, seuls 4,6 Mt environ de plastiques recyclés après consommation ont trouvé leur place dans de nouveaux produits, souvent dans des industries n'ayant rien à voir avec leur secteur d'origine.

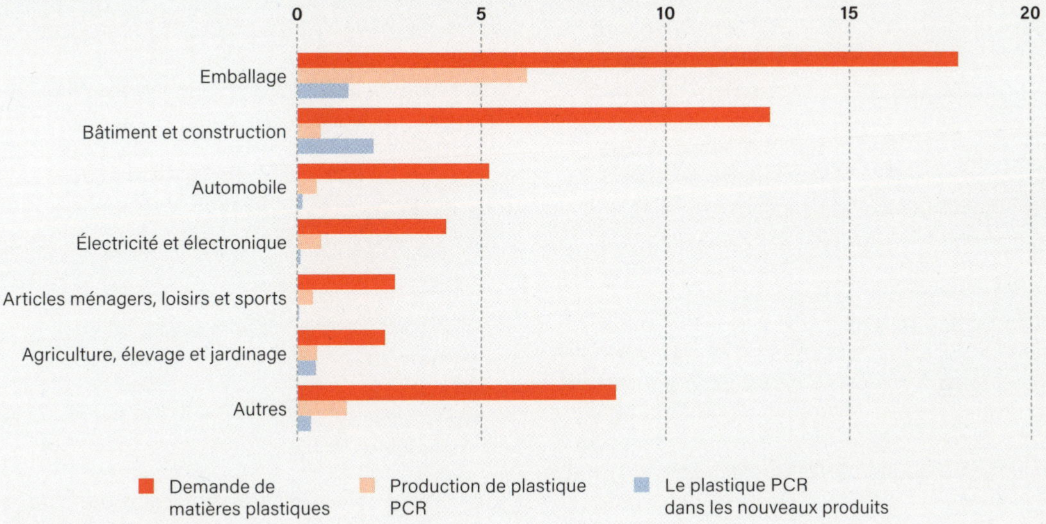

Capacité de recyclage du plastique dans l'UE

On estime que les recycleurs de plastique européens ont la capacité de recycler 8,5 millions de tonnes de plastique par an. Ce diagramme montre la part de cette capacité allouée aux différents types de plastiques en 2020[2].

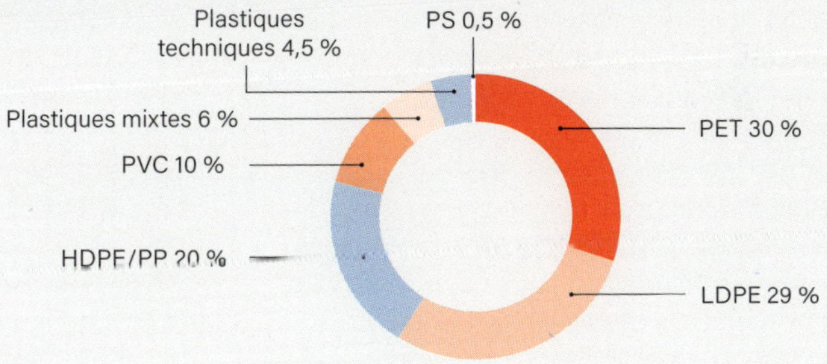

Taux de recyclage des plastiques spécifiques

Part des matériaux recyclés par rapport à la demande totale de quatre types de plastiques spécifiques pour lesquels on dispose de statistiques, en millions de tonnes[3].

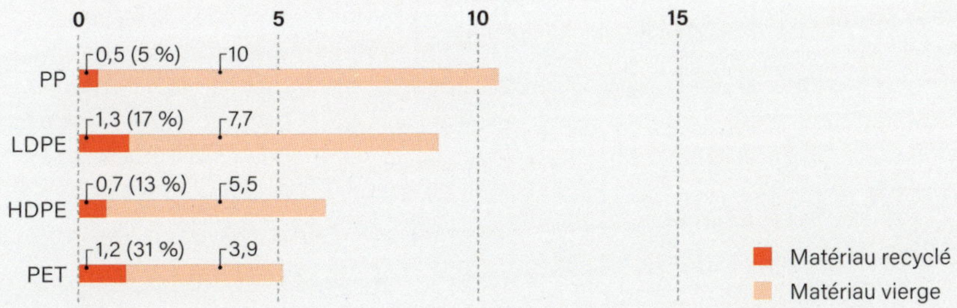

Pour ajouter à cette complexité, l'immense gamme d'additifs utilisés dans les plastiques peut poser d'autres problèmes lors du recyclage. Au niveau le plus élémentaire, si l'on broie et refond des déchets plastiques colorés, on obtient un mélange de couleurs qui sera presque toujours inacceptable si la pièce est visible dans un produit. Pour contourner ce problème, les recycleurs ajoutent en général un pigment noir ou gris foncé pour donner une couleur uniforme, mais pour les plastiques de couleur claire ou vive, un tri des déchets par couleur, beaucoup plus minutieux, est nécessaire. Avec les plastiques transparents, la moindre contamination est clairement visible dans le matériau final. Naturellement, lors du recyclage, plus le tri et le nettoyage sont minutieux, plus ils nécessitent d'énergie et de ressources, notamment l'eau. C'est pourquoi les plastiques recyclés transparents ou de couleur vives ont une empreinte environnementale plus grande que leurs équivalents noirs ou gris foncé.

Pour d'autres additifs, tels que les agents ignifuges indispensables dans les plastiques destinés à l'électronique grand public, le recyclage en circuit fermé est sans doute la seule solution viable, car ils contaminent le plastique recyclé et le rendent impropre (ou simplement interdit) pour des applications sensibles telles que les emballages alimentaires ou les jouets.

En résumé, pour favoriser le recyclage mécanique, le mieux est d'essayer de réduire le nombre de plastiques différents utilisés dans un produit, et si possible de fabriquer le produit entier dans un seul et même matériau. Pour améliorer la recyclabilité, le nombre d'additifs doit également être réduit au strict minimum. En ce qui concerne la décoration, les éléments de marque et les détails qui utilisent des finitions secondaires (revêtements, films ou éléments encastrés), sont à éviter, à moins qu'ils ne puissent être recyclés avec le matériau de base sans séparation.

La bonne nouvelle, c'est que de nombreux plastiques sont disponibles en différentes qualités, ce qui permet de créer des produits complexes à partir d'un seul matériau. La collection Mono Material de vestes et autres vêtements de la marque norvégienne Helly Hansen, par exemple, exploite pleinement la polyvalence du polyéthylène téréphtalate (PET ; p. 32-33), qui existe sous forme de fibres textiles, de duvet artificiel pour l'isolation, mais aussi de pièces moulées rigides comme les boutons et autres fermetures, par exemple. La chaussure de sport Cloudneo de la marque suisse On Running (ci-contre) est un autre exemple : elle comprend moins de dix composants, tous fabriqués avec des matériaux de la famille des polyamides, du textile de la tige à l'élastomère souple de la semelle, ce qui permet de rationaliser le processus de recyclage.

Heureusement, il existe de nombreux conseils sur les bonnes pratiques dans ce domaine. Le projet PolyCE a été lancé par la Commission européenne pour promouvoir le recyclage des plastiques. Son rapport de 2021, *Design for Recycling, Design from Recycling : Practical Guidelines for Designers* est une ressource extrêmement utile pour le design circulaire et le recyclage des plastiques dans les applications d'électronique grand public. Également basé en Europe, RecyClass est un organisme créé par l'industrie du plastique qui développe des méthodes pour définir la recyclabilité des plastiques et la qualité des matériaux recyclés, en mettant particulièrement l'accent sur les emballages.

Les capacités mondiales de recyclage des plastiques devraient augmenter fortement dans les prochaines années, en raison des objectifs et des règles concernant le contenu recyclé obligatoire des produits en plastique dans l'UE et sur d'autres marchés. Comme pour tout matériau recyclé, il faut toujours demander aux fournisseurs de confirmer si leurs plastiques recyclés sont fabriqués à partir de déchets recyclés post-industriels (PIR) ou de déchets recyclés après consommation (PCR). La plupart des normes d'évaluation de l'impact environnemental des matériaux recyclés établissent une distinction claire entre les matériaux PIR et PCR (p. 12). Au-delà du recyclage mécanique, plusieurs technologies alternatives de recyclage des plastiques sont également en train d'émerger, notamment le recyclage chimique (p. 226-227).

La chaussure de course Cyclon Cloudneo par On Running. La chaussure tout entière est constituée de différentes formes de polyamide : mousse moulée, élastomère, pièces rigides et tige en textile, ce qui permet un recyclage sans séparation.

Plastiques circulaires

Ce tableau donne un aperçu des plastiques disponibles sous différentes formes, qui peuvent être combinés dans des produits et ainsi recyclés sans séparation. Les adhésifs sont à éviter, sauf s'ils sont chimiquement compatibles avec le plastique utilisé. Les plastiques moussés doivent être moussés au gaz plutôt qu'au moyen d'agents moussants chimiques. Les revêtements secondaires et les additifs tels que les pigments faisant l'objet de restrictions d'usage, les agents ignifuges, stabilisants et plastifiants, doivent être proscrits. Pour une introduction détaillée aux directives en matière de design circulaire pour les matières plastiques, voir l'excellente publication de PolyCE intitulée *Design for Recycling, Design from Recycling*.

	PA	PP	PET	TPE	PLA	PE	PC	ABS
Rigide opaque	✓	✓	✓	✓	✓	✓	✓	✓
Rigide transparent/translucide	✓	✓	✓	✓	✓	✓	✓	
Film	✓	✓	✓	✓	✓	✓	✓	
Élastomère	✓	✓		✓				
Mousse expansée	✓	✓	✓	✓		✓		
Fibre textile	✓	✓	✓	✓	✓			
Composite auto-renforcé		✓	✓					
Adhésif	✓							

« Aucun matériau n'est durable en soi : tout dépend de l'usage que l'on en fait. »

Entretien avec Efrat Friedland, fondatrice de Materialscout, cabinet de conseil en matériaux, et cofondatrice de Positive Plastics, gamme de matières plastiques sélectionnées pour leur empreinte écologique réduite par rapport aux plastiques conventionnels. Pour en savoir plus, visitez materialscout.com et positiveplastics.eu.

Vous avez derrière vous une longue carrière dans le design et une vaste expérience dans le domaine des matériaux. Pouvez-vous me raconter vos débuts et me dire comment votre travail a évolué au fil du temps ?

Lorsque j'ai fondé mon cabinet de conseil, Materialscout, les questions et les problèmes que l'on me soumettait le plus souvent étaient du type : « Aidez-moi à trouver un matériau qui permettra à mon produit de se démarquer de la concurrence. », ou « Je paie tel prix pour mes matériaux ; aidez-moi à trouver des solutions moins onéreuses. ». Il y a environ cinq ans, nous avons décidé de nous centrer exclusivement sur la durabilité et de ne plus accepter de projets motivés uniquement par des questions de style ou de coût.

Ça a été pour nous le point de départ d'un travail de formation et d'évolution constante de notre réflexion sur la durabilité et l'économie circulaire. On est tenté de penser que la durabilité n'est qu'un attribut des matériaux parmi d'autres, mais nous voyons les choses autrement. Pour moi, il n'y a pas de matériaux durables – tout dépend de là où on les utilise et du traitement que l'on en fait. C'est pourquoi notre travail consiste essentiellement à voir où ces questions nous mènent, nous et nos clients, et à appliquer cette réflexion à notre travail.

Matériaux de la collection d'échantillons de Materialscout.

Outre Materialscout, vous avez contribué à fonder Positive Plastics. Les matières plastiques sont un sujet si épineux que je trouve épatant que vous preniez fait et cause pour une famille de matériaux aussi complexe.

Tous les matériaux de la collection Positive Plastics portent un engagement de durabilité. Tous ont une empreinte écologique réduite par rapport aux plastiques conventionnels issus de la pétrochimie. C'est un point auquel les co-fondateurs de Positive Plastics, Erik Moth-Müller, Markus Paloheimo et moi-même, attachons beaucoup d'importance : nous tenons à comprendre précisément l'origine des matériaux sélectionnés, leur production, leurs propriétés et à quelles utilisations ils sont adaptés.

Concernant les plastiques recyclés, tout dépend du niveau d'exigence en matière de fonctionnalité et d'esthétique. Les designers doivent comprendre que les plastiques recyclés ne sont pas identiques aux matériaux vierges : le choix de couleurs est en général réduit, et il faut compter avec certaines imperfections visuelles, notamment des marques de coulées. Du point de vue fonctionnel, il faut parfois adapter l'outillage à des sections de paroi plus épaisses pour compenser des performances moindres, etc. Certains fabricants misent sur le tri et le nettoyage pour produire des matériaux recyclés de très haute qualité, capables de remplacer les plastiques neufs. D'autres entreprises, moins exigeantes sur la sélectivité du tri et la pureté des matériaux, sont en mesure de proposer des matériaux recyclés dont l'empreinte écologique est moindre.

L'un des matériaux du portefeuille de Positive Plastics est produit par le fournisseur israélien UBQ Materials, qui fabrique un additif pour plastiques à partir de déchets ménagers non triés – nourriture, papier et carton, et d'autres déchets plastiques recyclés. Ce composant est ensuite mélangé à divers polymères vierges ou recyclés afin de réduire l'empreinte carbone globale du matériau. S'il ne peut pas rivaliser avec les plastiques techniques comme l'ABS ou le polyamide, le matériau ainsi obtenu convient pour une large gamme d'applications à moindres contraintes mécaniques. À l'autre extrémité du spectre, le fabricant LyondellBasell et la société de valorisation des déchets SUEZ ont lancé une coentreprise appelée Quality Circular Polymers (QCP) pour produire des matériaux de haute qualité avec un taux élevé de contenu recyclé basé sur un tri minutieux, permettant un bon choix de couleurs et d'excellentes propriétés mécaniques.

Il me semble qu'à l'heure actuelle, le recyclage du plastique est dans une phase très créative. Je pense que le potentiel technique des différents processus de recyclage est encore mal connu, ce qui donne lieu à toutes sortes d'expérimentations et ouvre de nouvelles possibilités.

Les entreprises proposent souvent du regranulé et des paillettes de plastiques de base, mais selon moi, les recycleurs les plus intéressants sont aussi formulateurs, et fournissent des matériaux directement utilisables en production. On peut citer MBA Polymers ; elle propose un catalogue très intéressant de matières plastiques à haute performance, principalement issus de déchets électroniques recyclés après consommation. Pour moi, l'objectif de base est d'éviter le plus possible que les déchets plastiques arrivent dans l'environnement. Si cela conduit à explorer de nouveaux matériaux hybrides ou de nouvelles méthodes, comme le recyclage chimique, j'y suis entièrement favorable. Mais il faut savoir ce que contiennent exactement ces matériaux et leurs mérites écologiques doivent être clairs. L'introduction de normes contraignantes pour les plastiques recyclés dans de nombreuses industries et catégories de produits nous oblige à plus de transparence et de traçabilité. En fait, il faudrait que chaque matériau possède un passeport numérique contenant toutes ces informations, afin d'éclairer les designers, les ingénieurs et les responsables de produits dans le choix de leurs matériaux.

Matériaux du Kit Positive Plastics 2.

DuraPET™ 0624
PCR ST
ALFATER XL® ECO
A75I 2GP0001 BK
GP1015
VDI 30
VDI 36

Polypropylène (PP) recyclé

Avec le PE et le PET (p. 30-31 et 32-33), le PP est l'une des matières plastiques les plus recyclées actuellement, et plusieurs fournisseurs le proposent dans différentes qualités.

Fournisseurs et matériaux	- Fortum Circo® PCR PP - Vogt-Plastic PCR PP - Borealis Borcycle™ PCR PP - LyondellBasell CirculenRecover PCR PP	
Origine des matières premières	Déchets d'emballages rigides et souples, pièces automobiles extérieures et intérieures, meubles et accessoires, déchets de chantiers. De nombreux matériaux en PP recyclés contiennent un mélange hétérogène de résidus PCR et PIR, ainsi que des matériaux vierges. Demander aux fournisseurs de fournir les certifications ISCC PLUS, SCS Recycled Content ou toute autre certification qui précise la proportion de contenu recyclé pour une qualité donnée.	
	PP PCR Circo® Fortum[4]	**PP vierge d'origine pétrochimique**[5]
PRG	Env. 0,8 kg CO_2eq/kg	1,6 kg CO_2eq/kg
Consommation d'énergie	Pas de données	77,1 MJ/kg
Consommation d'eau	6,8 l/kg	86,1 l/kg
Toxicité	Vérifier que chaque qualité de PP recyclé convient spécifiquement aux applications en contact avec les aliments, l'eau et la peau ; une contamination risque de se produire au cours du recyclage, sauf si les opérations de tri et de nettoyage sont conduites à un niveau de soin garantissant la qualité du matériau. Demander la fiche de données de sécurité et demander aux fournisseurs de confirmer que chaque matériau spécifique est bien conforme à la réglementation REACH.	
Circularité	En 2018, le PP recyclé représentait environ 5 % de la demande totale de PP en Europe, soit environ 500 000 tonnes[6]. Pour un aperçu des taux de recyclage et des instructions en matière de conception circulaire pour les matières plastiques, voir p. 23.	
Propriétés mécaniques	Le PP vierge est très polyvalent, très léger, robuste et résistant aux chocs. En revanche, le PP recyclé peut parfois offrir des performances réduites. Demander une fiche technique pour préciser les performances de certains types de matériaux recyclés.	
Résistance environnementale	Bonne résistance thermique, avec une **température élevée de fonctionnement en toute sécurité**, comprise entre 90 et 120 °C. Bonne résistance à l'humidité et à certains produits chimiques, mais faible résistance aux UV.	
Formage	Compatible avec les principaux procédés thermoplastiques courants : moulage par injection, moulage par soufflage, extrusion et **thermoformage**. Cependant, le PP recyclé peut exiger des ajustements au traitement et à la conception pour compenser des performances inférieures à celles du matériau vierge. Demander aux fournisseurs les directives de traitement.	
Finition	La majorité des matériaux en PP recyclé ne sont disponibles qu'en noir ou en gris foncé. Les matériaux en PP recyclés de couleur plus claire et translucide sont moins courants, parce qu'ils nécessitent un tri et un nettoyage minutieux au cours du recyclage. Si la plupart des qualités de PP résistent mal aux rayures, il existe des qualités ayant une bonne résistance à l'abrasion pour des surfaces durables et brillantes.	

Bac de rangement Toolbox RE, conçu par Arik Levy pour Vitra, fabriqué en polypropylène PCR fourni par Vogt-Plastic.

vitra.

Polyéthylène (PE) recyclé

Comme le PP et le PET (p. 28-29, 32-33), le PE est l'une des matières plastiques les plus largement recyclées de nos jours. Il en existe deux variétés principales : le polyéthylène haute densité (PEHD) et le polyéthylène basse densité (PEBD), tous deux disponibles auprès de plusieurs fournisseurs de PE recyclé.

Fournisseurs et matériaux	- Fortum Circo® PCR PE - LyondellBasell CirculenRecover PCR PE - PE PCR SABIC TRUCIRCLE™	
Origine des matières premières	Emballages souples et rigides, meubles et applications industrielles (par ex. tuyaux). De nombreux matériaux en PE recyclés contiennent un mélange hétérogène de déchets PCR, PIR, et matériaux vierges. Demander aux fournisseurs de fournir les certifications ISCC PLUS, SCS Recycled Content ou toute autre certification qui précise la proportion de contenu recyclé dans des qualités spécifiques.	
	HDPE PCR Fortum Circo®[7]	**HDPE vierge d'origine pétrochimique**[8]
PRG	0,9 kg CO_2eq/kg	1,8 kg CO_2eq/kg
Consommation d'énergie	Pas de données	79,3 MJ/kg
Consommation d'eau	7,3 l/kg	105,5 l/kg
Toxicité	Vérifier que chaque qualité spécifique de PE recyclé convient pour les applications en contact avec les aliments, l'eau et la peau - une contamination peut se produire au cours du processus de recyclage, sauf si le tri et le nettoyage sont effectués à un niveau garantissant la qualité du matériau. Demander la fiche de données de sécurité et demander aux fournisseurs de confirmer que chaque matériau est spécifiquement conforme à la réglementation REACH.	
Circularité	En 2018, le HDPE recyclé représentait environ 14 % de la demande totale de HDPE en Europe, soit environ 700 000 tonnes[9]. Pour un aperçu des taux de recyclage et des instructions en matière de conception circulaire pour les matières plastiques, voir p. 23.	
Propriétés mécaniques	Le PEHD vierge présente une bonne rigidité et une bonne résistance à la traction, tandis que le PEBD, plus souple, convient bien aux films ; toutefois, il est possible que certaines qualités de PE recyclé soient moins performantes. Demander la fiche technique pour vérifier les performances de certaines qualités recyclées.	
Résistance environnementale	Bonne résistance à la chaleur et à l'humidité, ainsi qu'à certains produits chimiques, mais faible résistance aux UV.	
Formage	Compatible avec les principaux procédés thermoplastiques courants : moulage par injection, moulage par soufflage, extrusion et thermoformage. Cependant, le PE recyclé peut nécessiter d'apporter des ajustements au traitement et à la conception pour compenser des performances inférieures à celles du matériau vierge. Demander aux fournisseurs les directives de traitement.	
Finition	La majorité des matériaux en PE recyclé ne sont disponibles qu'en noir ou en gris foncé. Des matériaux PE recyclés de couleur plus claire sont disponibles, mais moins abondants, parce qu'ils nécessitent un tri et un nettoyage minutieux au cours du recyclage. Le PE résiste assez mal aux rayures, ce qui le rend inadapté aux surfaces durables et brillantes.	

Chaise Butter, conçue par Sarah Gibson et Nicholas Karlovasitis (DesignByThem). Fabriquée à partir de PEHD PCR 100 % recyclé, la collection Butter est stable aux UV, imperméable et disponible dans une gamme de couleurs. Pour réduire l'empreinte de son transport, le design part de feuilles de matériau plates, que l'on plie à la main pour les rendre rigides.

Polyéthylène téréphtalate (PET) recyclé

En raison des grandes quantités de déchets produits par les bouteilles en PET transparent, le PET est un matériau intéressant pour le recyclage dans de nouveaux produits transparents, ou pour obtenir une large gamme de couleurs, car des pigments peuvent facilement être ajoutés au matériau transparent.

Fournisseurs et matériaux	- PET PCR Deja™ Indorama - PET PCR CleanPET® Veolia	
Origine des matières premières	Bouteilles de boisson, plateaux d'emballage et blisters, mais aussi pièces automobiles et industrielles. De nombreux matériaux en PET recyclés contiennent un mélange hétérogène de déchets PCR, PIR, et matériaux vierges. Demander aux fournisseurs de fournir les certifications ISCC PLUS, SCS Recycled Content ou toute autre certification qui précise la proportion de contenu recyclé pour une qualité donnée.	
	PET PCR Deja™ Indorama (granules)[10]	**PET vierge d'origine pétrochimique**[11]
PRG	1,2 kg CO_2eq/kg	2,2 kg CO_2eq/kg
Consommation d'énergie	Pas de données	69,6 MJ/kg
Consommation d'eau	Pas de données	95,8 l/kg
Toxicité	Vérifier que chaque qualité donnée de PET recyclé spécifiquement aux applications en contact avec les aliments, l'eau et la peau - une contamination peut se produire au cours du recyclage, sauf si le tri et le nettoyage sont effectués à un niveau de soin garantissant la qualité du matériau. Demander la fiche de données de sécurité et demander aux fournisseurs de confirmer que chaque matériau est spécifiquement conforme à la réglementation REACH.	
Circularité	En 2021, le PET recyclé représentait environ 26 % du volume total de PET produit en Europe[12]. Outre les plastiques, le PET recyclé peut également être utilisé dans la production de textiles en polyester, comme indiqué p. 80-81. Pour un aperçu des taux de recyclage et des instructions en matière de conception circulaire concernant les matières plastiques (p. 23).	
Propriétés mécaniques	Le PET présente de bonnes propriétés mécaniques d'ensemble, avec un bon rapport poids/résistance et une bonne résistance aux chocs, mais le PET recyclé peut parfois présenter des performances dégradées. Demander la fiche technique pour vérifier les performances de certaines qualités recyclées.	
Résistance environnementale	Bonne résistance aux produits chimiques, à l'humidité et aux rayons UV, mais moins bonne résistance aux températures élevées, notamment au contact de l'eau bouillante.	
Formage	Hormis pour les bouteilles moulées par soufflage et les plateaux thermoformés, le PET peut être difficile à former par moulage par injection. Les spécialistes du formage du PET devraient être en mesure d'apporter une aide en ce qui concerne les besoins spécifiques.	
Finition	Une grande partie des déchets de PET provient de bouteilles transparentes, ce qui facilite la production de PET recyclé de couleur claire et transparente par rapport à de nombreux autres flux de déchets plastiques, fréquemment constitués d'un mélange de couleurs opaques. Cependant, le PET transparent issu du recyclage nécessite toujours un nettoyage assez intensif, ce qui augmente son coût et son empreinte écologique. Le PET présente une bonne résistance aux rayures, ce qui le rend adapté aux surfaces polies et brillantes.	

Boîte de rangement Kuggis par IKEA.
La boîte est fabriquée à partir de déchets de PET recyclés.

Acrylonitrile butadiène styrène (ABS) recyclé

Grâce à ses performances élevées et à son coût relativement faible, l'ABS est l'un des polymères techniques les plus répandus. C'est également l'un des matériaux les plus largement recyclés de cette famille, et plusieurs fournisseurs proposent des matériaux recyclés de qualité supérieure.

Fournisseurs et matériaux	- ABS PCR MBA Polymers - ABS PCR ECO INEOS Styrolution Terluran® - ABS PCR INEOS Styrolution Novodur®	
Origine des matières premières	Électronique grand public, appareils électroménagers, pièces automobiles et jouets, etc. De nombreux matériaux en ABS recyclés contiennent un mélange hétérogène de déchets PCR, PIR, et matériaux vierges. Demander aux fournisseurs de fournir les certifications ISCC PLUS, SCS Recycled Content ou toute autre certification qui établit la proportion de contenu recyclé pour une qualité donnée.	
	ABS PCR MBA Polymers[13]	**ABS vierge d'origine pétrochimique**[14]
PRG	0,4 kg CO_2eq/kg	3,1 kg CO_2eq/kg
Consommation d'énergie	Pas de données	90,6 MJ/kg
Consommation d'eau	Pas de données	22 l/kg
Toxicité	Vérifier que chaque qualité spécifique d'ABS recyclé convient bien aux applications en contact avec les aliments, l'eau et la peau – une contamination peut se produire au cours du recyclage, sauf si le tri et le nettoyage sont effectués à un niveau de soin garantissant la qualité du matériau. L'ABS recyclé risque également de contenir des additifs ignifuges et de dégager des fumées toxiques lorsqu'il est chauffé à plus de 200 °C. Demander la fiche de données de sécurité et demander aux fournisseurs de confirmer que chaque matériau spécifique est conforme à la réglementation REACH.	
Circularité	Malgré l'absence de statistiques à ce jour, on peut raisonnablement supposer que l'ABS recyclé est l'un des plastiques techniques les plus largement recyclés, compte tenu de son ubiquité sur le marché. Pour un aperçu des taux de recyclage et des instructions en matière de conception circulaire pour les matières plastiques, voir p. 23.	
Propriétés mécaniques	L'ABS vierge présente de bonnes performances mécaniques générales, avec une excellente résistance aux chocs et aux rayures et une grande rigidité ; à l'inverse, l'ABS recyclé peut parfois présenter des performances amoindries. Demander la fiche technique pour vérifier les performances de chaque qualité donnée.	
Résistance environnementale	Bonne résistance à certains produits chimiques, associée à une bonne résistance aux UV, à l'humidité et à la chaleur.	
Formage	Compatible avec les principaux procédés thermoplastiques courants : moulage par injection, extrusion et thermoformage. Cependant, l'ABS recyclé peut exiger des ajustements au traitement et à la conception pour compenser des performances inférieures à celles du matériau vierge. Demander aux fournisseurs les instructions concernant le traitement.	
Finition	La plupart des ABS recyclés ne sont disponibles qu'en noir ou en gris foncé. Les matériaux en ABS recyclés de couleur claire sont moins courants, parce qu'ils nécessitent un tri et un nettoyage minutieux au cours du recyclage. L'ABS présente une bonne résistance aux rayures, ce qui le rend adapté aux surfaces polies et brillantes.	

Aspirateur Pure D9 Green par Electrolux.
Le boîtier extérieur comprend 70 % d'ABS recyclé.

S-BAG
Electrolux
PURED9
S-BAG
MIN
MAX
GREEN

Polycarbonate (PC) recyclé

Comme la plupart des plastiques techniques, le PC n'est actuellement que peu recyclé, mais il présente l'avantage d'être souvent transparent, ce qui facilite la production de matériaux recyclés translucides et transparents.

Fournisseurs et matériaux	- PC PCR Covestro Makrolon® - PC PCR TRINSEO™ EMERGE™ ECO	
Origine des matières premières	Meubles et accessoires, électronique grand public, pièces automobiles et vitrages architecturaux, entre autres. De nombreux matériaux en PC recyclés contiennent un mélange de déchets PCR et PIR, ainsi que des matériaux vierges. Demander aux fournisseurs de fournir les certifications ISCC PLUS, SCS Recycled Content ou toute autre certification qui établit la proportion de contenu recyclé dans des qualités spécifiques.	
	Covestro Makrolon® PC PCR QC 50 %[15]	**PC vierge d'origine pétrochimique**[16]
PRG	2,1 kg CO_2eq/kg	3,4 kg CO_2eq/kg
Consommation d'énergie	Pas de données	99 MJ/kg
Consommation d'eau	Pas de données	1 535 l/kg
Toxicité	Le bisphénol A (BPA), un ingrédient chimique clé du PC, est lié à des perturbations hormonales chez l'homme et l'animal ; le PC doit donc être évité pour les applications en contact avec les aliments et l'eau. En outre, le PC étant souvent utilisé dans des applications nécessitant une résistance au feu, il risque de contenir des additifs ignifuges. Demander une fiche de données de sécurité et demander aux fournisseurs de confirmer que chaque matériau spécifique est bien conforme à la réglementation REACH.	
Circularité	Les statistiques n'étaient pas disponibles au moment de la rédaction du présent ouvrage, mais on peut supposer que le PC n'est pas largement recyclé à l'heure actuelle, au vu des faibles volumes de PC recyclé disponible sur le marché. Pour un aperçu des taux de recyclage et des instructions en matière de conception circulaire pour les matières plastiques, voir p. 23.	
Propriétés mécaniques	Le PC vierge est un matériau léger et résistant, avec une bonne résistance aux chocs et à l'abrasion ; toutefois, le PC recyclé peut parfois présenter des performances dégradées. Demander la fiche technique pour préciser les performances de chaque qualité donnée.	
Résistance environnementale	Bonne résistance aux UV et à la chaleur, ainsi qu'à certains produits chimiques.	
Formage	Compatible avec les principaux procédés thermoplastiques courants : moulage par injection, extrusion et thermoformage. Cependant, le PC recyclé peut exiger des ajustements au traitement et à la conception pour compenser des performances inférieures à celles du matériau vierge. Demander les instructions de traitement aux fournisseurs.	
Finition	La majeure partie du PC recyclé n'est disponible qu'en noir ou en gris foncé, mais compte tenu des volumes assez importants de déchets de PC transparent provenant d'applications transparentes (éclairage ou vitrage), plusieurs fournisseurs sont en mesure de proposer du PC recyclé transparent, translucide ou de couleur claire. La bonne résistance aux rayures du PC le rend bien adapté aux surfaces polies et brillantes.	

La coque arrière du Fairphone 4 utilise le polycarbonate PCR Makrolon® de Covestro, fabriqué à partir de déchets provenant de phares d'automobiles, de CD, de matériaux de plaques architecturales et d'autres sources.

FAIRPHONE

Polyamide (PA) recyclé

Le PA (également appelé nylon), résistant et durable, fait partie des polymères techniques les plus largement recyclés. L'empreinte environnementale relativement élevée du PA vierge fait du PA recyclé une option intéressante, disponible auprès de plusieurs fournisseurs.

Fournisseurs et matériaux	- PA PCR Aquafil ECONYL®[6] - PA6 PCR DSM Akulon® RePurposed - PCR PA11 Arkema Virtucycle®	
Origine des matières premières	Pièces détachées automobiles et industrielles, meubles, appareils électroménagers, équipements sportifs. Cependant de nombreux matériaux en PA recyclé contiennent un mélange de déchets PCR et PIR, ainsi que du matériau vierge. Demander aux fournisseurs de fournir les certifications ISCC PLUS, SCS Recycled Content ou toute autre certification qui précise la proportion de contenu recyclé dans des qualités spécifiques.	
	PA6 PCR Aquafil ECONYL®[17]	**PA6 vierge d'origine pétrochimique[18]**
PRG	1,8 kg CO_2eq/kg	6,7 kg CO_2eq/kg
Consommation d'énergie	55,4 MJ/kg	128,8 MJ/kg
Consommation d'eau	2 550 l/kg	1 647 l/kg
Toxicité	Vérifier que chaque qualité spécifique de PA recyclé convient pour les applications impliquant contact avec les aliments, l'eau et la peau - une contamination risque de se produire au cours du recyclage, sauf si le tri et le nettoyage sont effectués à un niveau garantissant la qualité du matériau. Souvent utilisé dans des applications nécessitant une résistance au feu, telles que l'électronique grand public et les pièces automobiles, le PA recyclé peut contenir des additifs ignifuges. Il dégage également des fumées toxiques au-delà de 300 °C. Demander la fiche de données de sécurité et vérifier que les matériaux sont conformes à la réglementation REACH.	
Circularité	Les statistiques ne sont pas disponibles à ce jour mais, en raison de son ubiquité, le PA recyclé est probablement l'un des polymères techniques les plus recyclés. Outre les plastiques, le PA recyclé est également utilisé dans la production de textiles en PA (p. 82-83). Pour un aperçu des taux de recyclage et des instructions en matière de conception circulaire concernant les matières plastiques, voir p. 23.	
Propriétés mécaniques	Le PA vierge offre une excellente résistance aux chocs, une bonne résistance à l'abrasion, à l'usure et une excellente rigidité. En revanche, le PA recyclé présente parfois des performances moins élevées. Demander les fiches techniques pour vérifier les propriétés mécaniques.	
Résistance environnementale	Très bonne résistance chimique, UV et thermique. Certains types de PA résistent mal à l'humidité, notamment les PA6 et 6.6.	
Formage	Généralement facile à former par les procédés thermoplastiques courants (moulage par injection, extrusion et thermoformage) ; toutefois, les pièces moulées en PA6 et 6.6 peuvent être sujettes aux déformations ou à d'autres distorsions du fait de leur faible résistance à l'humidité. Le PA recyclé peut exiger des ajustements au traitement et à la conception pour compenser des performances inférieures à celles du matériau vierge. Demander aux fournisseurs les directives de traitement.	
Finition	La plupart des PA recyclés n'existent qu'en noir ou en gris foncé. Les matériaux recyclés translucides et de couleur plus claire sont moins courants, parce qu'ils nécessitent un tri et un nettoyage minutieux au cours du recyclage, ce qui augmente par ailleurs leur coût et leur empreinte écologique. Le PA présente une bonne résistance aux rayures, ce qui le rend adapté aux surfaces polies et brillantes.	

Lecteur de cartes de crédit Zettle Ocean. La couverture utilise du polyamide recyclé fabriqué à partir de déchets marins tels que des filets de pêche et des cordages.

€25,00
Tap/Insert Card
Zettle

Élastomères thermoplastiques (TPE) recyclés

Les TPE souples et flexibles sont actuellement peu recyclés, peut-être parce qu'ils sont souvent utilisés dans des pièces surmoulées en combinaison avec d'autres matériaux, ce qui les rend difficiles à séparer pour les recycler.

Fournisseurs et matériaux

- TPU PIR TRINSEO™ APILON™ ECO (polyuréthane thermoplastique)
- TPU PCR Covestro Desmopan® (polyuréthane thermoplastique)
- TPS PCR HEXPOL Dryflex® Circular (copolymère bloc thermoplastique styrénique)
- TPA (polyéther thermoplastique à blocs d'amides) PCR Arkema Virtucycle® Pebax®

Origine des matières premières

Chaussures, manches d'outils, pièces automobiles et produits ménagers. Toutefois, les TPE recyclés présentés ici contiennent un mélange hétérogène de déchets PCR, PIR, et matériaux vierges. Demander aux fournisseurs de fournir les certifications ISCC PLUS, SCS Recycled Content ou toute autre certification qui établit la proportion de contenu recyclé dans des qualités spécifiques.

	TPU PIR TRINSEO™ APILON™ ECO[19]	TPU vierge d'origine pétrochimique[20]
PRG	1,8 kg CO_2eq/kg	4,7 kg CO_2eq/kg
Consommation d'énergie	55,4 MJ/kg	50 MJ/kg
Consommation d'eau	2 550 l/kg	59 l/kg

Toxicité

Vérifier que chaque qualité spécifique de TPE recyclé convient pour les applications en contact avec les aliments, l'eau et la peau – une contamination risque de se produire au cours du recyclage, sauf si le tri et le nettoyage sont effectués à un niveau de soin garantissant la qualité du matériau. Demander la fiche de données de sécurité et vérifier que les matériaux sont conformes à la réglementation REACH.

Circularité

Les TPE ne sont pas largement recyclés, peut-être en raison des faibles volumes, mais aussi parce qu'ils sont souvent utilisés en combinaison avec d'autres matériaux. Pour maximiser les possibilités de recyclage, il faut donc s'efforcer de rendre les pièces en TPE facilement séparables, ou si possible fabriquer la totalité du produit en TPE. Certains TPE spécifiques peuvent parfois être recyclés avec des matériaux compatibles sans séparation. Voir la présentation générale p. 23.

Propriétés mécaniques

Tous les TPE peuvent être étirés sans déformation permanente. Plusieurs qualités sont généralement disponibles, avec différentes propriétés de flexibilité et de souplesse. Solides, avec une bonne résistance à la déchirure et à l'abrasion ; toutefois, les TPE recyclés peuvent présenter des performances inférieures à celles des matériaux vierges. Demander aux fournisseurs les fiches techniques des qualités recyclées spécifiques.

Résistance environnementale

La plupart des TPE présentent une bonne résistance thermique, mais la résistance aux UV, à l'humidité et aux produits chimiques est variable. Vérifier auprès des fournisseurs que le matériau TPE considéré convient bien à votre application.

Formage

Compatible avec les procédés thermoplastiques courants, notamment moulage par injection et extrusion. Cependant, les TPE recyclés peuvent exiger des ajustements au traitement et à la conception, car les performances sont inférieures à celles du matériau vierge. Demander les instructions de traitement aux fournisseurs.

Finition

La plupart des TPE recyclés n'existent qu'en noir ou en gris foncé. Les TPE recyclés de couleur plus claire et translucide sont moins courants, parce qu'ils exigent un tri et un nettoyage minutieux au cours du recyclage. Les TPE sont chauds et doux au toucher, avec un bon potentiel pour les textures obtenues en moule pour les effets tactiles.

Housse de protection pour Fairphone 4 en TPU PIR Desmopan® CQ de Covestro. Le Desmopan® CQ est fabriqué à partir de déchets TPU translucides, ce qui facilite l'ajout de couleurs au matériau recyclé. (Voir également p. 36-37.)

FAIRPHONE

Caoutchouc de silicone recyclé

Le caoutchouc de silicone recyclé est disponible auprès de quelques fournisseurs spécialisés, sous la forme de déchets de caoutchouc de silicone broyés mélangés à du silicone vierge, ce qui donne au matériau un aspect moucheté caractéristique.

Fournisseurs et matériaux

- Silicone PCR Adpol Silicrumb
- Huile de silicone PCR ECO USA pour la production de silicone
- Recyclage des déchets sur les chaînes de fabrication

Origine des matières premières

Les déchets de silicone PIR comprennent les excès de matériau issus de la fabrication et les déchets de construction provenant des chantiers ; les déchets PCR, quant à eux, peuvent provenir d'objets électroniques, d'ustensiles de cuisine, d'appareils électroménagers ou de pièces automobiles.

	Silicone recyclé[21]	**Silicone vierge**[22]
PRG	1 kg CO_2eq/kg	7,1 kg CO_2eq/kg
Consommation d'énergie	Pas de données	86 MJ/kg
Consommation d'eau	Pas de données	210 l/kg

Toxicité

Le caoutchouc de silicone vierge est considéré comme non toxique et adéquat aux applications de contact avec les aliments, l'eau et la peau, ainsi qu'aux applications médicales exigeantes ; toutefois, il convient de vérifier qu'une qualité donnée de caoutchouc de silicone recyclé est bien adaptée à ces applications. Le silicone recyclé peut être contaminé si le tri et le nettoyage ne sont pas effectués à un niveau de soin garantissant la qualité du matériau. Demander la fiche de données de sécurité et vérifier que les matériaux sont bien conformes à la réglementation REACH.

Circularité

Le caoutchouc de silicone n'est pas largement recyclé, peut-être en raison des faibles volumes, mais aussi parce qu'il est souvent associé avec d'autres matériaux dans des pièces surmoulées ou utilisé comme revêtement difficile à séparer en vue du recyclage. Essayer de faire en sorte que les pièces en silicone soient facilement séparables, ou si possible fabriquer le produit entièrement en silicone. Pour un aperçu des taux de recyclage et les instructions concernant la conception circulaire des matières plastiques, voir p. 23.

Propriétés mécaniques

Très robuste et élastique, avec d'excellentes propriétés d'étirement et de résistance au déchirement. Toutefois, dans certains cas, le caoutchouc de silicone recyclé offre de moins bonnes performances que celles du matériau vierge. Demander aux fournisseurs les fiches techniques des qualités recyclées spécifiques.

Résistance environnementale

Résistance thermique exceptionnelle, capable de supporter des températures allant de 50 °C à 350 °C. Le caoutchouc de silicone n'est pratiquement pas affecté par les rayons UV et résiste à la plupart des produits chimiques.

Formage

Le moulage et le **moulage par compression** sont des procédés de formage courants, mais le moulage par injection est également possible sur des machines spéciales qui permettent de durcir le matériau pendant le processus. Cependant, le caoutchouc de silicone recyclé peut exiger des ajustements au traitement et à la conception pour compenser des performances inférieures à celles du matériau vierge. Demander les instructions de traitement aux fournisseurs.

Finition

La couleur du caoutchouc de silicone recyclé dépendra de la couleur des déchets recyclés. Les particules de caoutchouc silicone recyclé sont clairement visibles à la surface du matériau. Il est possible de spécifier indépendamment la couleur et la transparence du caoutchouc de silicone vierge mélangé à des particules recyclées. La taille des particules affecte les propriétés tactiles : des particules grossières donnent une surface rugueuse, tandis que des particules plus fines produisent une surface plus lisse.

Lunettes de natation Aquapulse Pro de Speedo. Les particules visibles dans la bande sont des chutes de caoutchouc de silicone PIR broyées provenant des chaînes de fabrication de Speedo, mélangées à des matériaux vierges et recyclées dans de nouveaux produits.

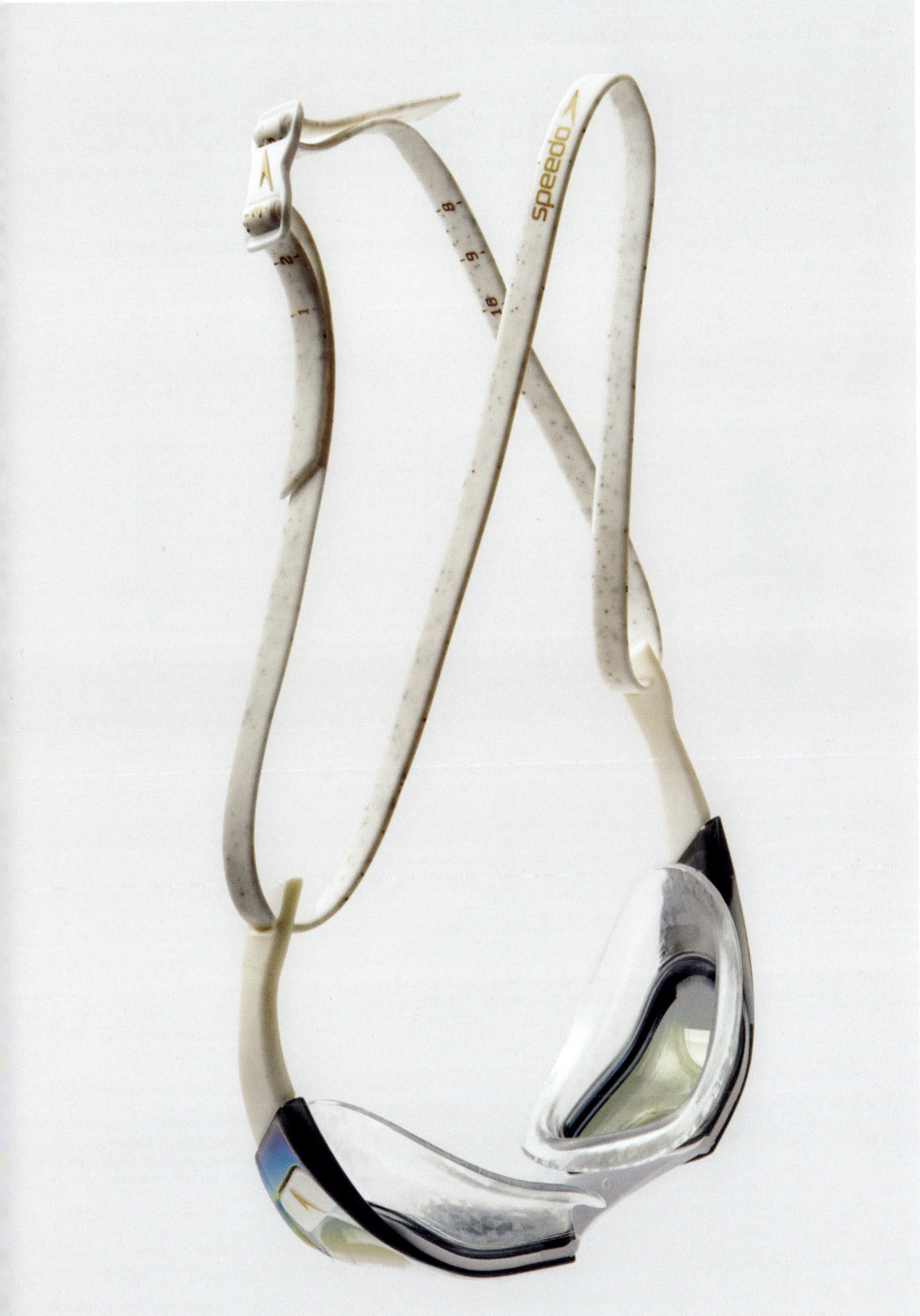
speedo

Caoutchouc naturel recyclé

Le caoutchouc naturel est assez largement recyclé, mais son utilité dépend du processus de recyclage : soit le matériau est réduit en poudre et utilisé comme charge dans les matériaux composites, soit il est décomposé chimiquement (selon un procédé dit de « dévulcanisation »), ce qui donne un matériau dont les propriétés sont similaires à celles du caoutchouc naturel vierge.

Fournisseurs et matériaux	- Caoutchouc PCR dévulcanisé Rubberlink - Caoutchouc PCR dévulcanisé Maris Evorec - Granulés de caoutchouc PIR GEZOLAN	
Origine des matières premières	Pneus usagés, convoyeurs à bande, pare-chocs, chaussures et gants de protection. Le caoutchouc naturel recyclé est souvent fabriqué à partir d'un mélange de matériaux recyclés et vierges. Demander aux fournisseurs de fournir la certification ISCC PLUS, SCS Recycled Content ou toute autre certification qui précise la proportion de contenu recyclé pour une qualité donnée.	
	Granulés de caoutchouc naturel PCR[23]	**Caoutchouc naturel vierge (vulcanisé)**[24]
PRG	– 0,7 kg CO_2eq/kg	2,5 kg CO_2eq/kg
Consommation d'énergie	Pas de données	42 MJ/kg
Consommation d'eau	Pas de données	10 l/kg
Toxicité	Vérifier que chaque qualité spécifique convient bien aux applications en contact avec les aliments, l'eau ou la peau – une contamination risque de se produire au cours du recyclage, sauf si le tri et le nettoyage sont effectués à un niveau de soin garantissant la qualité du matériau. Le caoutchouc naturel et certains additifs utilisés lors de la **vulcanisation** peuvent provoquer de graves réactions allergiques. Demander la fiche de données de sécurité et vérifier que les matériaux sont conformes à la réglementation REACH.	
Circularité	Environ la moitié de tous les pneus en caoutchouc usagés en Europe sont actuellement recyclés[25] ; la plupart sont broyés en granulés, une plus petite quantité est dévulcanisée. Le caoutchouc naturel est souvent utilisé en combinaison avec d'autres matériaux. Pour maximiser les possibilités de recyclage, s'assurer que les éléments en caoutchouc naturel sont facilement séparables, ou si possible fabriquer le produit entier en caoutchouc naturel. Pour un aperçu des taux de recyclage et des instructions en matière de conception circulaire concernant les matières plastiques, voir p. 23.	
Propriétés mécaniques	Le caoutchouc naturel est robuste et flexible, avec une excellente résistance à l'abrasion et à la déchirure. Cependant, dans certains cas, le caoutchouc naturel recyclé peut présenter des performances moins bonnes que le matériau vierge. Demander les fiches techniques pour les qualités recyclées considérées.	
Résistance environnementale	Bonne résistance à l'eau et à certains produits chimiques, mais moins bonne résistance aux rayons UV et aux températures supérieures à 80 °C.	
Formage	Les procédés de formage les plus courants sont le moulage, le **moulage par immersion** et le moulage par compression. Cependant, le caoutchouc naturel recyclé exige parfois des ajustements au traitement et à la conception pour compenser ses performances inférieures à celles du matériau vierge. Demander les instructions de traitement aux fournisseurs.	
Finition	Comme les pneus constituent un flux de déchets majeur, l'essentiel du caoutchouc recyclé est noir. D'autres déchets de caoutchouc naturel permettent un recyclage avec des choix de couleur et de translucidité plus diversifiés, mais ces matériaux sont en volumes plus faibles et nécessitent un travail de tri et de nettoyage minutieux lors du recyclage. Les particules de caoutchouc naturel recyclé sont souvent visibles à la surface du matériau, et la taille de ces particules affecte les propriétés tactiles : les particules grossières donnent une surface rugueuse, tandis que des particules plus fines produisent une surface plus lisse.	

Basket 1L11-01 par Norm.
La semelle extérieure est composée d'un mélange de 70 % de caoutchouc naturel PCR et de 30 % de caoutchouc vierge issu du commerce équitable.

NORM

Plastiques renouvelables

Malgré tout le battage autour des plastiques renouvelables, il s'agit d'une famille de matériaux très complexe, qui ne peut échapper à des questions difficiles sur l'origine des matières premières végétales, leur empreinte environnementale et leur impact en termes d'économie circulaire.

Les plastiques renouvelables sont issus de diverses matières premières végétales (ou biomasse) : cultures vivrières ou autres produits agricoles, mais aussi plantes poussant sur des terres non arables (comme les arbres) ou dans la mer (comme les algues). Toutes les plantes absorbent du CO_2 pendant leur croissance, et ce CO_2 incorporé compte dans l'empreinte carbone des matériaux renouvelables, ce qui donne parfois une empreinte carbone négative, si la quantité de CO_2 séquestrée à l'intérieur du matériau est supérieure aux émissions générées lors de la production.

Il convient de toujours remettre dans son contexte tout remplacement d'un plastique conventionnel pétrosourcé par une alternative renouvelable. Les plastiques renouvelables ont en général une empreinte carbone plus faible que les matériaux issus de la pétrochimie, mais d'autres paramètres doivent également être pris en compte, notamment la consommation d'eau et le fait que la production repose sur des cultures qui sont en concurrence directe avec l'alimentation. En outre, de nombreuses matières premières utilisées dans la production de plastiques renouvelables comportent leurs propres problèmes environnementaux, notamment l'utilisation de pesticides et d'engrais. Il existe une multitude de certifications et d'initiatives garantissant des pratiques agricoles durables pour la production de matériaux (par ex. Bonsucro pour le sucre durable, une matière première courante dans les plastiques renouvelables), ainsi que la certification de matières premières non agricoles, telles que les produits forestiers durables certifiés par les labels FSC (Forest Stewardship Council) et PEFC (Programme for the Endorsement of Forest Certification).

Le diagramme ci-contre donne un aperçu des matières premières d'origine végétale utilisées dans la production des matériaux plastiques renouvelables présentés dans cet ouvrage.

Comme indiqué précédemment, les ingrédients de base des plastiques issus de la pétrochimie sont des **matières premières** hydrocarbonées telles que le naphta, dérivé du pétrole brut ou du gaz naturel. De plus en plus, les fournisseurs mettent au point des procédés de production de matières premières renouvelables, notamment l'industriel forestier finlandais UPM. Depuis 2015, UPM produit des carburants renouvelables et des matières premières dérivées de l'huile de tall brute, un sous-produit de la fabrication du papier dans ses papeteries, en utilisant du bois durable. Son naphta renouvelable BioVerno peut être utilisé pour remplacer le naphta pétrosourcé.

D'autres fournisseurs ont développé des procédés différents de ceux utilisés dans le monde de la pétrochimie. Ainsi, le fournisseur brésilien Braskem, utilise la fermentation pour produire du polyéthylène renouvelable à partir de sucre de canne. Contrairement à ces matériaux d'UPM et de Braskem, qui peuvent être utilisés pour remplacer le naphta ou les polymères issus de la pétrochimie, d'autres procédés de fabrication de plastiques renouvelables ont permis de développer de nouveaux matériaux plastiques. Le PLA Luminy® du fournisseur néerlandais Total Corbion en est un exemple. Le PLA (acide polylactique) est une matière plastique de la famille des polyesters qui peut être dérivée d'une large variété de sucres, notamment de la betterave sucrière européenne et de la canne à sucre thaïlandaise. Le sucre est fermenté et transformé en PLA

Matières plastiques renouvelables

Les plastiques renouvelables présentés dans cet ouvrage sont regroupés en fonction des matières premières végétales utilisées pour leur production. Comme on le voit, certains matériaux peuvent provenir de plusieurs sources différentes.

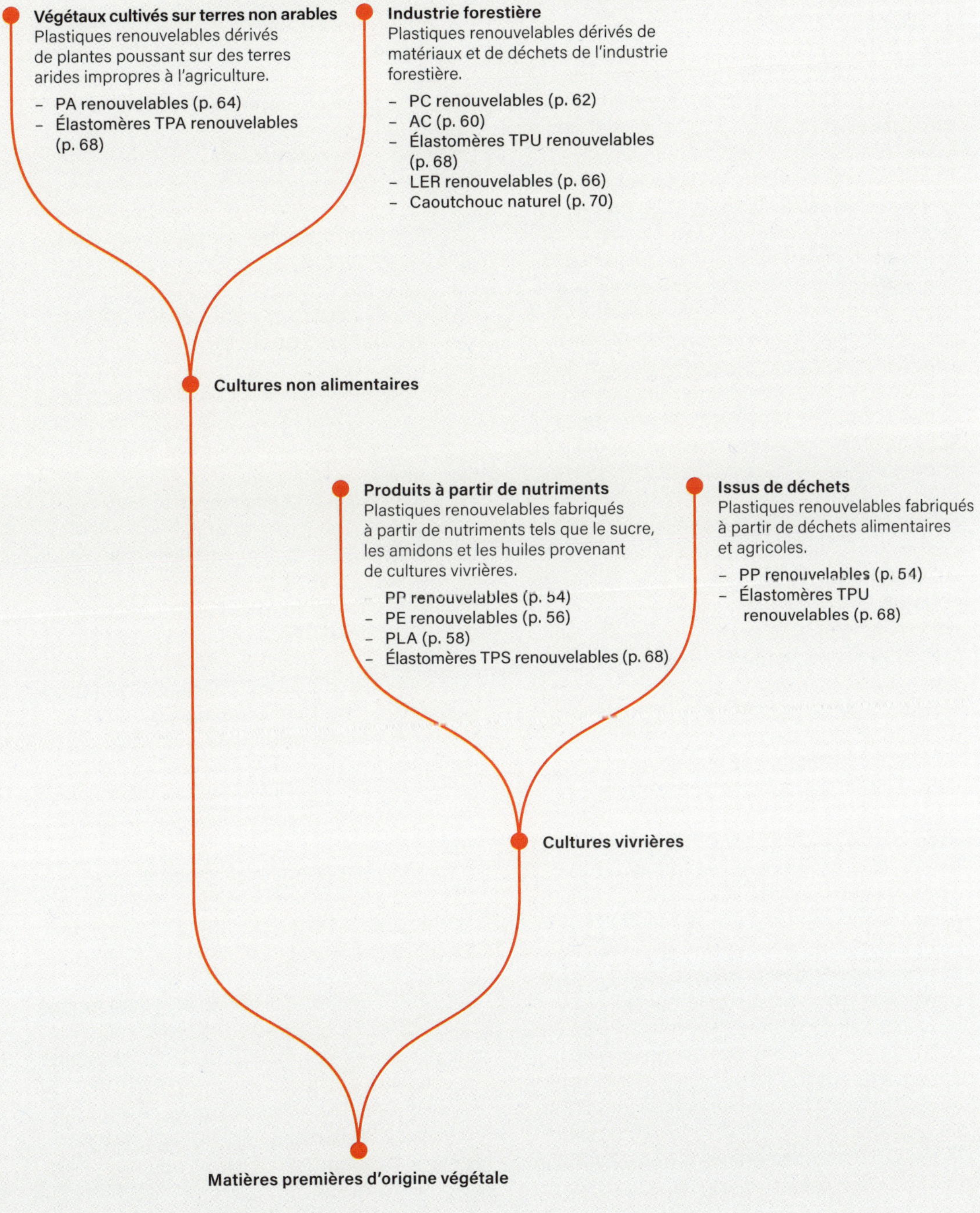

sur le site de production de Total Corbion en Thaïlande. D'autres plastiques renouvelables ne nécessitent pratiquement aucune transformation : le caoutchouc naturel peut être extrait de l'hévéa et utilisé immédiatement comme matériau pour un simple moulage ou pour imperméabiliser des textiles.

De nombreux plastiques qualifiés de « renouvelables » ne proviennent qu'en partie de matières premières renouvelables. Il existe quelques méthodologies et certifications visant à mesurer et confirmer la part renouvelable des matières plastiques, par exemple OK Biobased de TÜV Austria, qui indique clairement un pourcentage fixe de contenu renouvelable dans les matériaux et les produits. Toutefois, ce type de certification ne convient pas à tous les fournisseurs, en particulier à ceux qui fabriquent à la fois des plastiques issus de matériaux renouvelables et des plastiques pétrosourcés sur les mêmes sites de production. Dans ce cas, les matières premières renouvelables et pétrochimiques sont en général mélangées au cours de la production, si bien que la proportion de matières renouvelables est variable. Au moment de l'écriture de ce livre, la manière la plus courante de traiter ce scénario est probablement l'approche du « bilan de masse », pour laquelle l'ISCC PLUS est une norme bien établie. ISCC PLUS, qui est essentiellement un système de comptabilité, est une méthode de suivi et de certification de la teneur moyenne de matière renouvelable dans un matériau sur une période donnée.

Pour rendre les choses encore plus complexes, les plastiques renouvelables sont souvent censés être biodégradables. C'est loin d'être le cas, comme le montre le tableau ci-contre, qui présente une vue d'ensemble de la biodégradabilité des plastiques renouvelables présentés dans cet ouvrage. D'un plastique biodégradable à l'autre, les conditions requises pour se dégrader dans un horizon temporel raisonnable sont très variables. Certains se dégradent dans un compost de jardin ; d'autres nécessitent des installations de compostage industriel. Plusieurs certifications existent dans ce domaine, en particulier les certifications OK Compost et OK Biodegradable de TÜV Austria. Ces certifications établissent une distinction entre les matériaux compostables, qui produisent un engrais organique, et les matériaux biodégradables, qui se dégradent simplement sans effets néfastes sur l'environnement.

Si ces certifications et d'autres du même type sont largement utilisées, l'emploi du terme « biodégradabilité » dans le marketing des produits reste controversé : certains estiment que c'est un message envoyé aux consommateurs selon lequel on pourrait jeter « sans problème » ces matériaux dans l'environnement. Tant qu'ils ne se sont pas entièrement dégradés, ces plastiques sont impossibles à distinguer des autres déchets plastiques et peuvent causer les mêmes problèmes environnementaux. C'est pourquoi la plupart des organismes qui certifient la biodégradabilité évaluent individuellement chaque demande, afin de décourager les arguments marketing mensongers et les allégations douteuses sur les produits. On notera aussi que tous les matériaux biodégradables et compostables émettent des gaz à effet de serre au cours de leur décomposition.

En résumé, pour le design, les recommandations concernant les plastiques en général s'appliquent également aux plastiques renouvelables. Comme leurs équivalents issus de la pétrochimie, les plastiques renouvelables – y compris ceux qui sont biodégradables – génèrent des déchets. Il faut par ailleurs tenir compte de l'impact des nouveaux types de plastique, tels que le PLA, qui sont actuellement peu recyclés, alors que d'autres (polypropylène, polyéthylène et polyamide renouvelables), peuvent être recyclés avec leurs équivalents d'origine pétrochimique dans les flux de déchets existants. Enfin, on devra toujours demander aux fournisseurs de plastiques renouvelables des documents confirmant que les matières premières ont été cultivées dans le respect des normes de l'agriculture durable et de la bonne gestion des forêts.

Production mondiale de plastiques renouvelables

Bien qu'étant en hausse, le volume de plastiques renouvelables produits dans le monde ne dépassait pas 2,1 millions de tonnes en 2021, soit 1 % de la production mondiale totale de plastiques[1].

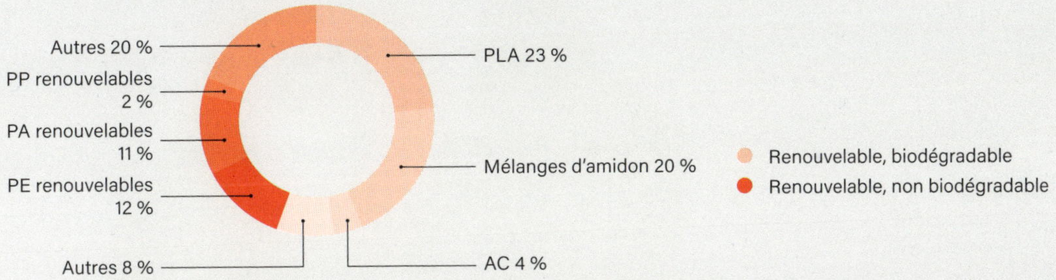

Terres arables et plastiques renouvelables

De nombreux plastiques renouvelables nécessitent des terres arables pour la culture des matières premières, mais les surfaces actuelles, de l'ordre de quelques millions d'hectares, sont si faibles qu'elles n'entrent pas encore en concurrence avec la production alimentaire. Mais si les plastiques renouvelables, les agrocarburants et les autres matériaux (par exemple, le coton et d'autres cultures de fibres) qui nécessitent des terres arables sont appelés à jouer un rôle croissant dans l'économie circulaire mondiale à l'avenir, cette situation changera[2].

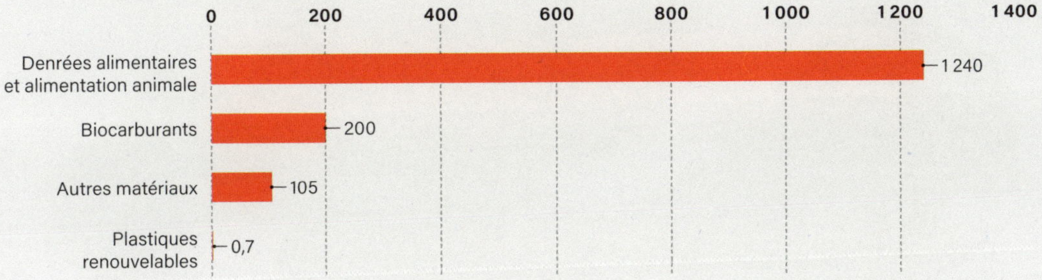

Biodégradabilité et plastiques renouvelables

On pense souvent que les plastiques renouvelables sont biodégradables, mais c'est loin d'être le cas. Parmi les plastiques renouvelables présentés dans cet ouvrage, seuls l'acide polylactique et l'acétate de cellulose sont biodégradables. Voir la vue d'ensemble ci-dessous.

- **Compostage domestique**
Ces matériaux sont censés se désintégrer en six mois et former un compost de qualité en un an dans un compost domestique. Le label OK Compost HOME du TÜV Autriche est certainement la certification la plus répandue dans cette catégorie. Il existe des qualités de PLA et d'AC compostables à domicile.

- **Compostage industriel**
Les matériaux sont censés donner un compost de bonne qualité dans les 180 jours. Les principales certifications sont celles du Biodegradable Products Institute (BPI) aux États-Unis et la certification OK Compost INDUSTRIAL de TÜV Austria en Europe. Il existe des qualités de PLA et d'AC compostables industriellement.

- **Biodégradables en décharge**
Cette catégorie désigne des matériaux censés se dégrader complètement en décharge dans un délai de deux à cinq ans, sans effets néfastes sur le sol, comme le précise la certification OK Biodegradable SOIL du TÜV Austria. Certaines qualités d'AC sont compatibles.

- **Biodégradables dans l'eau**
Matériaux capables de se dégrader complètement en l'espace de six mois dans l'eau de mer ou l'eau douce, conformément aux certifications OK Biodegradable MARINE et OK Biodegradable WATER de TÜV Austria. Certaines qualités d'AC sont compatibles, mais il conviendra de faire preuve de prudence ; les déchets plastiques biodégradables en cours de dégradation peuvent être tout aussi nuisibles pour la vie marine que les autres déchets plastiques.

« Plastiques renouvelables en Open-source »

Interview avec Pilar Bolumburu, designeuse et chercheuse spécialiste des matériaux chez Materiom, base de données open-source sur les plastiques et composites renouvelables visant à accélérer la sortie des matériaux conventionnels issus de la pétrochimie. Pour en savoir plus, consultez materiom.org.

Votre formation de designeur interdisciplinaire vous a permis d'aborder plusieurs domaines intéressants, notamment la fabrication numérique et le développement artisanal de matériaux renouvelables. Qu'est-ce qui vous a orientée dans cette direction ?

J'ai commencé à m'intéresser à ces questions pendant mes études de design au Chili. Le cursus que j'ai suivi était très ouvert et chacun pouvait choisir les modules à suivre et la manière de les combiner. J'ai pu ainsi explorer différents domaines du design, avant de me spécialiser dans le développement durable et la fabrication, notamment sur la manière de produire des objets dans une région dépourvue d'un vrai tissu industriel. Ensuite, j'ai commencé à travailler dans un *fab lab* à Santiago, ce qui m'a permis de participer de manière très concrète à la production locale, mais aussi de rencontrer des gens plus spécialistes des matériaux, comme Alysia Garmulewicz, l'une des cofondatrices de Materiom, où je travaille actuellement.

Materiom est une base de données open-source qui permet de faire des recherches par type de biomasse, et donc de trouver des formules de matériaux issus de matières premières disponibles localement. Combiné à la fabrication numérique, ce type de développement de matériaux open-source est vraiment très performant. Contrairement à la démarche classique où l'on commence par concevoir un produit, pour aller ensuite s'approvisionner en matériaux proposés par des fournisseurs souvent lointains, cette approche permet de commencer par développer des matériaux à partir de ressources locales, puis de concevoir le produit en fonction de ces ressources.

J'ai été extrêmement impressionné lorsque j'ai découvert Materiom ; je n'ai jamais rien vu de comparable en termes d'envergure et de vision. Pouvez-vous me parler de sa création et de son fonctionnement ?

Alysia et une autre cofondatrice, Liz Corbin, ont fondé Materiom alors qu'elles préparaient au Royaume-Uni un doctorat sur les incidences environnementales et sociales des matériaux d'origine biologique. Il y a tellement de facteurs à prendre

Bioplastique à base d'agar-agar et de spiruline créé par Jacqueline Solis, présenté sur Materiom.

en compte – les polymères naturels comme la cellulose et la chitine, et autres composants naturels utilisés dans la production de matériaux, comme l'amidon, les protéines et les fibres naturelles, peuvent provenir de sources multiples dans différentes régions du monde. Alysia et Liz ont eu l'idée de créer une plateforme qui rassemble toutes ces données sur les composants et les formules de matériaux, afin de favoriser l'utilisation de matériaux renouvelables issus de sources locales. Nous proposons à nos utilisateurs un laboratoire d'essai, où ils peuvent faire tester leurs recettes de matériaux pour évaluer les performances mécaniques, la résistance environnementale et d'autres propriétés pour chaque formulation. Sur la base des données recueillies, notre logiciel utilise l'intelligence artificielle pour suggérer des manières d'optimiser les propriétés des matériaux, ce qui peut aider les chercheurs et les designeurs à accélérer leur processus de R&D pour arriver au stade où ces matériaux sont utilisables directement en production.

Les matériaux biosourcés, notamment les plastiques renouvelables, offrent une alternative intéressante aux matériaux conventionnels issus de la pétrochimie. Mais plus précisément, quels sont, selon vous, les principaux atouts et points faibles des matériaux que vous développez dans le cadre de Materiom ?

Dès le départ, Alysia et Liz se sont intéressées à l'impact environnemental et social des matériaux biosourcés. Bien sûr, si les agriculteurs se mettaient à cultiver des plantes pour produire des matériaux plutôt que des aliments, l'impact sur les populations locales serait énorme. C'est un domaine très complexe ; on utilise souvent le terme de « biomasse de première génération » pour les matières premières cultivées sur des terres agricoles, potentiellement en concurrence directe avec la production alimentaire. Au niveau supérieur, on a la « biomasse de deuxième génération », qui comprend les déchets et les sous-produits de la biomasse de première génération : épluchures, feuilles, tiges, et toutes les parties non comestibles des plantes cultivées. Il est logique d'utiliser ces déchets, compte tenu des moyens investis dans la culture des plantes. La biomasse de deuxième génération comprend également des matières premières issues de la filière bois, ainsi que certaines plantes qui ne nécessitent pas de terres agricoles, comme le bambou. Récemment, nous nous sommes aussi intéressés à la « biomasse de troisième génération », notamment aux algues marines, qui constituent une matière première très intéressante pour les plastiques renouvelables, dont les méthodes de culture et de récolte n'ont rien à voir avec celles de l'agriculture conventionnelle.
De ce point de vue, le mieux serait évidemment de n'utiliser que la biomasse de deuxième et troisième générations, mais d'autres facteurs entrent également en jeu, comme les conditions et la culture locales. Dans ce domaine, Materiom est très précieux pour identifier les solutions les mieux adaptées au contexte local.

En termes de propriétés des matériaux, je pense que les biopolymères ont un énorme potentiel, notamment pour les emballages. Bien sûr, pour certaines applications, les matériaux recyclés et les emballages réutilisables conviennent mieux, mais dans de nombreux cas, les matériaux biosourcés et biodégradables constituent une bien meilleure alternative aux plastiques conventionnels, qui génèrent énormément de déchets et se dégradent très lentement. Je pense que d'ici cinq à dix ans, nous mettrons au point des matériaux dont nous pourrons contrôler le temps de décomposition dans différentes conditions, c'est-à-dire concevoir leur fin de vie. À plus long terme, nous pourrons adapter ces matériaux à d'autres industries, comme la confection. Pour moi, c'est un atout majeur des matériaux régénérables : ils retournent dans le cycle biologique dès qu'on ne s'en sert plus, contrairement aux matériaux issus de la pétrochimie, qui restent complètement à l'écart des processus cycliques de la nature.

Matériaux de Materiom, de gauche à droite, de haut en bas.

Rangée 1 : bioplastique à base de fleurs de souci (Sanskriti Gupta), pâte de coquille d'œuf pour l'impression 3D (Ana Otero/Coudre Studio), composite à base de coquilles d'huîtres (Xinyi Lin).

Rangée 2 : bioplastique soufflé à base de yerba mate (Ana Laura Cantera), film de carraghénane (Valentina Lugae & Carolina Márquez), carton à bases de boîtes d'œufs et d'amidon de maïs (Big Circle Studios/Zoë Powell Best).

Rangée 3 : bioplastique mousseux (Sanskriti Gupta), argile maison (Francesca Perona & Marco Tortarolo), matériau à base de kombucha texturé et teint (Josefin Åberg).

Rangée 4 : bioimpression en mica (Jeremy Faludi, Corrie Van Sice & Yuan Shi), biocomposite à base de cendres de bois (LABVA/María José Besoain & Alejandro Weiss), composite à base d'alginate et de coquilles de moules (Carolina Pachecoa).

Polypropylène (PP) renouvelable

Plusieurs fournisseurs proposent du PP renouvelable dérivé d'huiles de cuisson usagées, de déchets issus de la production d'huiles végétales et d'autres sources végétales. Le matériau est chimiquement identique au PP vierge pétrosourcé et peut être utilisé comme solution de remplacement.

Fournisseurs et matériaux	- PP renouvelable Borealis Bornewables™ - PP renouvelable LyondellBasell CirculenRenew	
Origine des matières premières	Huile de cuisson recyclée et déchets agricoles, ainsi que matières premières végétales vierges. Les matériaux en PP renouvelable sont souvent fabriqués à partir d'un mélange de matières premières d'origines renouvelable et pétrochimique. Demander aux fournisseurs de fournir les certifications ISCC PLUS, OK Biobased de TÜV Austria, ou toute autre certification qui établit l'origine et la proportion de matières premières pour une qualité donnée de PP renouvelable.	
	PP renouvelable Borealis Bornewables™[3]	**PP vierge d'origine pétrochimique[4]**
PRG	– 0,5 kg CO_2eq/kg	1,6 kg CO_2eq/kg
Consommation d'énergie	Pas de données	77,1 MJ/kg
Consommation d'eau	Pas de données	86,1 l/kg
Toxicité	Le PP pur est considéré comme sans danger pour les applications en contact avec les aliments, l'eau et la peau. Demander la fiche de données de sécurité et demander aux fournisseurs de confirmer que chaque matériau spécifique est bien conforme à la réglementation REACH en ce qui concerne les additifs.	
Circularité	Le PP renouvelable peut être recyclé avec d'autres déchets de PP sans séparation. Le PP renouvelable n'est pas biodégradable. Pour un aperçu des taux de recyclage et des instructions en matière de conception circulaire pour les matières plastiques, voir p. 23.	
Propriétés mécaniques	Très polyvalent, il est léger, résistant aux chocs et globalement robuste. Sa résistance aux rayures est plutôt médiocre, mais certaines qualités offrent une meilleure résistance à l'abrasion.	
Résistance environnementale	Bonne résistance thermique, avec température de fonctionnement maximale sans risque comprise entre 90 et 120 °C. Bonne résistance à l'humidité et à certains produits chimiques, mais faible résistance aux UV.	
Formage	Facile à mettre en forme par les principaux procédés thermoplastiques courants : moulage par injection, moulage par soufflage, extrusion et thermoformage.	
Finition	Opaque et translucide, le PP renouvelable est facile à colorer. Il existe également des qualités de PP optiquement transparents. La plupart des qualités de PP ont une faible résistance aux rayures, mais on trouve des qualités ayant une bonne résistance à l'abrasion pour des surfaces durables et brillantes.	

Bouilloire Eco Conscious Edition de Philips. Le corps extérieur est en polypropylène issu de diverses matières premières renouvelables, notamment des huiles de cuisson usagées et du naphta renouvelable fabriqué à partir de sous-produits de l'industrie du bois et du papier.

PHILIPS

Polyéthylène (PE) renouvelable

Comme le PP renouvelable (p. 54-55), le PE renouvelable est issu d'huiles de cuisson usagées et de déchets agricoles ; le sucre de canne est également une matière première courante. Le PE renouvelable, chimiquement identique au matériau vierge pétrosourcé, est une solution de substitution possible.

Fournisseurs et matériaux	- PE renouvelable Borealis Bornewables™ - PE renouvelable Braskem I'm green™ - PE renouvelable LyondellBasell CirculenRenew	
Origine des matières premières	Huile de cuisson recyclée et déchets agricoles, ainsi que matières premières végétales vierges comme le sucre. Les matériaux en PE renouvelable sont souvent fabriqués à partir d'un mélange de matières premières d'origines renouvelable et pétrochimique. Demander aux fournisseurs de fournir les certifications ISCC PLUS, OK Biobased de TÜV Austria, ou toute autre certification qui établit l'origine et la proportion de matières premières pour chaque qualité donnée de PE renouvelable.	
	HDPE renouvelable Borealis Bornewables™ [5]	**HDPE vierge d'origine pétrochimique** [6]
PRG	– 0,5 kg CO_2eq/kg	1,8 kg CO_2eq/kg
Consommation d'énergie	Pas de données	79,3 MJ/kg
Consommation d'eau	Pas de données	105,5 l/kg
Toxicité	Le PE pur est considéré comme sans danger pour les applications en contact avec les aliments, l'eau et la peau. Demander la fiche de données de sécurité et demander aux fournisseurs de confirmer que chaque matériau spécifique est conforme à la réglementation REACH en ce qui concerne les additifs.	
Circularité	Le PE renouvelable peut être recyclé avec d'autres déchets de PE sans séparation. Le PE renouvelable n'est pas biodégradable. Pour un aperçu des taux de recyclage et des instructions en matière de conception circulaire pour les matières plastiques, voir p. 23.	
Propriétés mécaniques	Il existe deux variétés principales : le polyéthylène haute densité (PEHD) et le polyéthylène basse densité (PEBD). Le PEHD présente une bonne rigidité et une bonne résistance en traction, tandis que le PEBD est plus souple et convient à des applications fines telles que les films.	
Résistance environnementale	Bonne résistance à la chaleur et à l'humidité, ainsi qu'à certains produits chimiques, mais faible résistance aux UV.	
Formage	Facile à mettre en forme par les principaux procédés thermoplastiques courants : moulage par injection, moulage par soufflage, extrusion et thermoformage.	
Finition	Le PE est translucide à opaque, selon l'épaisseur du matériau, ou transparent sous forme de film mince. Il est facile à colorer, mais sa résistance aux rayures est plutôt médiocre, ce qui le rend inadapté aux surfaces durables et brillantes.	

Brosse à dents TePe GOOD™. Le PE renouvelable utilisé pour le manche est dérivé de la canne à sucre, tandis que les poils sont fabriqués en PA renouvelable (p. 64).

TePe
GOOD
REGULAR

Acide polylactique (PLA)

Le PLA est l'un des plastiques renouvelables les plus utilisés aujourd'hui, notamment du fait de son coût de production relativement bas par rapport à d'autres plastiques renouvelables, mais aussi de son empreinte environnementale réduite par rapport aux matériaux concurrents issus de la pétrochimie – principalement le polystyrène et le polyéthylène.

Fournisseurs et matériaux	- PLA Total Corbion Luminy® - PLA NatureWorks Ingeo
Origine des matières premières	En général, amidon de canne à sucre fermenté ; d'autres végétaux sont également utilisés, comme la betterave sucrière, le manioc et le maïs. Ces plastiques ont donc un impact sur la production alimentaire et l'agriculture ; c'est pourquoi Bonsucro et d'autres organismes proposent une certification pour la production durable de sucre, qui s'applique également au PLA. Les matériaux à base de PLA sont en général 100 % renouvelables.
	PLA Total Corbion Luminy® [7]
PRG	0,5 kg CO_2eq/kg
Consommation d'énergie	89,2 MJ/kg
Consommation d'eau	60 l/kg
Toxicité	Le PLA est disponible dans des qualités destinées au contact alimentaire. Demander une fiche de données de sécurité et demander aux fournisseurs de confirmer que chaque matériau spécifique est conforme à la réglementation REACH pour chaque qualité spécifique de PLA.
Circularité	Si des recycleurs spécialisés proposent de petits volumes de PLA recyclé, le recyclage est actuellement minoritaire, ce qui tient probablement aux faibles volumes de matériaux utilisés actuellement. Différentes qualités de PLA sont compostables à domicile ou en installations de compostage industriel. Voir p. 49 pour en savoir plus sur les plastiques compostables et biodégradables. Demander aux fournisseurs de donner une certification de compostage industriel : OK Compost INDUSTRIAL de TÜV Austria ou Biodegradable Products Institute (BPI).
Propriétés mécaniques	Sous sa forme de base, le PLA est un matériau plutôt fragile, ayant une faible résistance aux chocs. Des additifs et des modificateurs permettent d'améliorer la résistance aux chocs, mais ils risquent d'affecter la biodégradabilité. Demander la fiche technique pour confirmer la biodégradabilité de certaines qualités.
Résistance environnementale	Mauvaise résistance à l'humidité et aux produits chimiques, ainsi qu'aux basses températures. Plusieurs additifs et produits modificateurs permettent d'améliorer sa résistance à l'environnement, mais là encore, ils peuvent compromettre la biodégradabilité. Demander la fiche de données de sécurité pour vérifier la biodégradabilité de certaines qualités.
Formage	Compatible avec les procédés thermoplastiques courants : moulage par injection, extrusion, moulage par soufflage et thermoformage, le PLA peut toutefois nécessiter des temps de cycle nettement plus longs que les plastiques concurrents d'origine pétrochimique. Certaines qualités ont des temps de cycle plus courts – demander les instructions de traitement aux fournisseurs.
Finition	Le PLA est facile à colorer et est disponible en qualités opaques et transparentes. Il présente toutefois une faible résistance aux rayures, ce qui le rend peu adapté pour les surfaces durables et brillantes.

Lampadaire en porte-à-faux, créé par Louis Filosa pour Gantri. L'abat-jour et le boîtier sont issus d'une qualité spéciale de PLA développée par Gantri.

Acétate de cellulose (AC)

Ce matériau durable, partiellement dérivé de la pulpe de bois, a été mis au point en 1864. Selon les qualités, l'AC est biodégradable dans différentes conditions, du compostage domestique à la mise en décharge.

Fournisseurs et matériaux	- AC partiellement renouvelable Eastman Tenite™ - AC partiellement renouvelable Celanese BlueRidge™ - AC Mazzuchelli 1849 M49, renouvelable à 68 %
Origine des matières premières	Environ 50 % des matières premières de l'AC sont de la « pâte à dissoudre », un type de pâte de bois également utilisé pour fabriquer des textiles synthétiques à base de cellulose (p. 84-85 et 102-103). Les certifications qui s'appliquent au bois et au papier d'origine durable (FSC et PEFC) s'appliquent également aux matières premières de l'AC. Le reste des matières premières nécessaires à la production d'AC sont normalement des plastifiants d'origine pétrochimique, bien que Mazzuchelli et d'autres fournisseurs aient mis au point des plastifiants renouvelables qui permettent d'obtenir une proportion plus élevée de matières premières renouvelables.
	Acétate de cellulose[8]
PRG	5,9 kg CO_2eq/kg
Consommation d'énergie	103,8 MJ/kg
Consommation d'eau	Pas de données
Toxicité	Si la production de l'AC fait appel à des produits chimiques agressifs, les matériaux finis en AC sont considérés comme sans risque pour le contact avec les aliments et la peau. Le matériau est souvent utilisé dans les accessoires de mode, notamment les lunettes, où il reste en contact étroit avec la peau sur de longues durées. Demander la fiche de données de sécurité pour confirmer que chaque qualité spécifique convient bien aux applications alimentaires ou au contact avec la peau.
Circularité	L'AC recyclé est disponible auprès de recycleurs spécialisés, comme le programme BeCycle™ de Mazzuchelli, mais il n'est actuellement pas recyclé à grande échelle. L'AC est généralement biodégradable, certaines qualités étant adaptées au compostage domestique et/ou industriel, et dans certains cas, il peut se dégrader en toute sécurité en décharge. Pour en savoir plus sur les plastiques compostables et biodégradables, voir p. 49. Confirmer la biodégradabilité de certaines qualités auprès des fournisseurs, et vérifier toutes les certifications applicables.
Propriétés mécaniques	Solide et durable, avec une excellente résistance aux chocs. Bien que la surface du matériau soit assez souple, les rayures superficielles disparaissent généralement avec un polissage délicat.
Résistance environnementale	Bonne résistance à l'humidité et à la chaleur, mais résistance chimique modérée.
Formage	Fourni en feuilles semi-formées pour usinage, thermoformage ou autre traitement, ou en qualités pour moulage par injection et extrusion.
Finition	Disponible en qualités opaques ou transparentes. Les matériaux en AC translucides aux belles qualités esthétiques que l'on trouve souvent dans les montures de lunettes et les accessoires de mode sont en général issus de feuilles d'AC coulées, qui permettent de mélanger différentes couleurs pour obtenir de très beaux effets. L'AC convient bien pour des surfaces durables et polies.

Montre Prism Tortoise par AARK. Le boîtier de la montre est en acétate de cellulose dérivé de pulpe de bois.

Polycarbonate (PC) renouvelable

Le PC renouvelable offre les mêmes performances et la même transparence optique que son équivalent d'origine pétrochimique, mais son empreinte carbone est sensiblement plus faible.

Fournisseurs et matériaux	- PC renouvelable SABIC TRUCIRCLE™ LEXAN™ - PC renouvelable Covestro Makrolon® RE
Origine des matières premières	Huile de cuisson recyclée et déchets agricoles, ainsi que matières premières végétales vierges. Toutefois, les matériaux en PC renouvelables sont généralement fabriqués à partir d'un mélange de matières premières renouvelables et pétrosourcées. Demander aux fournisseurs de fournir les certifications ISCC PLUS, OK Biobased de TÜV Austria, ou toute autre certification qui précise l'origine et la proportion de matières premières pour chaque qualité donnée de PC renouvelable.

	PC renouvelable SABIC TRUCIRCLE™ LEXAN™[9]	**PC vierge d'origine pétrochimique**[10]
PRG	1,3 kg CO_2eq/kg	3,4 kg CO_2eq/kg
Consommation d'énergie	Pas de données	99 MJ/kg
Consommation d'eau	Pas de données	1 535 l/kg

Toxicité	Le bisphénol A (BPA), un additif chimique essentiel du PC, est soupçonné d'entraîner des perturbations hormonales chez l'homme et l'animal ; il convient donc d'éviter le PC pour les applications en contact avec les aliments et l'eau.
Circularité	Le PC renouvelable peut être recyclé avec le PC conventionnel d'origine pétrochimique sans séparation. Il n'est pas biodégradable. Pour un aperçu des taux de recyclage et des instructions en matière de conception circulaire pour les matières plastiques, voir p. 23.
Propriétés mécaniques	Léger, robuste et résistant aux chocs, avec une bonne résistance à l'abrasion.
Résistance environnementale	Bonne résistance aux UV et à la chaleur, ainsi qu'à certains produits chimiques.
Formage	Ils sont généralement fournis sous forme de granulés pour moulage par injection, extrusion et autres procédés thermoplastiques courants, ou en feuilles semi-formées pour l'usinage et le thermoformage.
Finition	Très bonne clarté optique, facile à colorer à l'aide de pigments ou de colorants. Le PC présente une bonne résistance aux rayures, ce qui le rend adapté aux surfaces durables et brillantes.

Borne de recharge domestique pour véhicules électriques, EVBox Livo. Le boîtier extérieur est en PC renouvelable Makrolon® RE de Covestro.

EVBOX

Polyamide (PA) renouvelable

Le PA (ou nylon) renouvelable permet de réduire significativement l'empreinte environnementale considérable du PA conventionnel pétrosourcé, sans compromettre les performances de ce matériau résistant et durable.

Fournisseurs et matériaux	- PA410 renouvelable DSM EcoPaXX® - PA11 renouvelable Arkema Rilsan® - PA1010 Evonik VESTAMID® Terra	
Origine des matières premières	En général huile de ricin, une plante qui n'est pas utilisée pour la production alimentaire et qui peut être cultivée sur des terres arides impropres à l'agriculture. Le PA renouvelable est souvent fabriqué à partir d'un mélange de matières premières d'origines renouvelable et pétrosourcées. Demander aux fournisseurs de fournir les certifications ISCC PLUS, OK Biobased de TÜV Austria, ou toute autre certification qui établit l'origine et la proportion de matières premières pour chaque qualité donnée de PA renouvelable.	
	PA410[11] renouvelable DSM EcoPaXX®	**PA6 vierge d'origine pétrochimique[12]**
PRG	1,9 kg CO_2eq/kg	6,7 kg CO_2eq/kg
Consommation d'énergie	Pas de données	128,8 MJ/kg
Consommation d'eau	Pas de données	1 647 l/kg
Toxicité	Le PA est souvent utilisé dans les applications impliquant un contact avec les aliments, l'eau et la peau, mais il dégage des fumées toxiques s'il est chauffé à plus de 300 °C.	
Circularité	Le recyclage du PA est assez complexe, car les types de PA couramment utilisés sont très nombreux. Il est possible de recycler tous les types de PA sans être trié, mais les performances du matériau obtenu sont alors imprévisibles. Idéalement, chaque type de PA devrait être trié et recyclé séparément. Par exemple, Arkema gère son propre programme de recyclage pour son portefeuille de matériaux à base de PA11. Le PA renouvelable n'est pas biodégradable. Pour un aperçu des taux de recyclage et des instructions en matière de conception circulaire pour les matières plastiques, voir p. 23.	
Propriétés mécaniques	Excellente rigidité et résistance aux chocs, combinée à une bonne résistance à l'abrasion et à l'usure.	
Résistance environnementale	Bonne résistance aux produits chimiques, aux UV, à l'humidité et à la chaleur.	
Formage	Facile à mettre en forme par les principaux procédés thermoplastiques courants : moulage par injection, extrusion et thermoformage.	
Finition	Disponible en qualités opaque ou transparente, facile à colorer. Le PA présente une bonne résistance à l'abrasion, ce qui le rend adapté aux surfaces durables et brillantes.	

Montre Swatch® REDVREMYA. Le boîtier est fabriqué dans un matériau plastique dérivé des graines de ricin, une plante non alimentaire qui supporte des conditions désertiques.

Résine époxy liquide (LER) renouvelable

La LER d'origine pétrochimique est l'un des plastiques thermodurcissables les plus utilisés, mais son empreinte environnementale est considérable. Les LER renouvelables permettent de réduire significativement cette empreinte, sans compromettre les performances.

Fournisseurs et matériaux	- LER renouvelable Spolchemie ENVIPOXY® - LER renouvelable Sicomin GreenPoxy - Résines LER renouvelables Entropy	
Origine des matières premières	Les matières premières pour la production de LER renouvelables sont en général dérivées du soja, de l'huile de palme ou du suif de bétail, mais les matériaux en LER dits « renouvelables » sont souvent issus d'un mélange de matières premières renouvelables et pétrochimiques. Demander aux fournisseurs de fournir les certifications ISCC PLUS, OK Biobased de TÜV Austria, ou toute autre certification qui établit l'origine et la proportion de matières premières pour chaque qualité donnée de LER renouvelable.	
	LER renouvelable Spolchemie ENVIPOXY®[13] ENVIPOXY® renewable LER	**LER d'origine pétrochimique[14]**
PRG	1,3 kg CO_2eq/kg	4,5 kg CO_2eq/kg
Consommation d'énergie	89,3 MJ/kg	94,1 MJ/kg
Consommation d'eau	12 500 l/kg	3 180 l/kg
Toxicité	Sous sa forme liquide non durcie, le LER dégage des fumées toxiques et provoque des irritations cutanées. Cependant, une fois durci, il est considéré comme non toxique, et plusieurs matériaux à base d'époxy sont autorisés pour le contact alimentaire. Demander la fiche de données de sécurité pour vérifier que chaque qualité donnée convient bien pour les applications alimentaires et de contact avec la peau.	
Circularité	Le recyclage du LER est actuellement marginal, principalement parce qu'étant thermodurcissable, il est difficile à recycler mécaniquement, contrairement aux thermoplastiques. Cette situation pourrait changer à l'avenir, à mesure que les procédés de recyclage chimique monteront en puissance.	
Propriétés mécaniques	Exceptionnelle résistance en traction et en flexion, et bonne résistance à l'abrasion, mais plutôt fragile et susceptible de se briser en cas d'impact.	
Résistance environnementale	Bonne résistance aux rayons UV et à la chaleur, ainsi qu'à l'humidité et aux produits chimiques.	
Formage	Les procédés courants de mise en forme des LER sont le moulage, le moulage par compression, le **moulage par transfert de résine** et le **moulage par injection et réaction**.	
Finition	Le LER est disponible en qualités opaques ou transparentes, faciles à colorer. Il présente une bonne résistance aux rayures, ce qui le rend adapté aux surfaces durables et brillantes.	

Aura Light, conçu par Sabine Marcelis pour Established & Sons. L'abat-jour est en résine époxy partiellement issue de glycérol végétal.

Élastomères thermoplastiques (TPE) renouvelables

L'avantage des TPE par rapport aux élastomères thermodurcissants, tels que le caoutchouc naturel et le silicone, est qu'ils peuvent être formés à l'aide de procédés thermoplastiques usuels tels que le moulage par injection et l'extrusion. Les TPE renouvelables offrent les mêmes performances et le même potentiel de formage que les TPE d'origine pétrochimique, avec une empreinte environnementale réduite.

Fournisseurs et matériaux

- TPU (polyuréthane thermoplastique) renouvelable TRINSEO™ APILON™ 52 BIO
- TPC (copolyester thermoplastique) renouvelable DSM Arnitel® Eco
- TPA (polyéther thermoplastique à blocs d'amides) renouvelable Arkema Pebax®
- TPS renouvelable (copolymère thermoplastique à blocs styréniques) HEXPOL Dryflex® Green

Origine des matières premières

Un large spectre de végétaux : des cultures alimentaires telles que la canne à sucre et la betterave sucrière, des sources non alimentaires telles que la cellulose et les graines de ricin, en passant par l'huile végétale. La teneur en matières renouvelables des matériaux en TPE renouvelable oscille en général entre 15 et 50 % ; elle est souvent inférieure dans les qualités plus souples. Demander aux fournisseurs de fournir la certification ISCC PLUS ou toute autre certification précisant l'origine et la proportion des matières premières utilisées pour chaque qualité donnée.

	TPU renouvelable TRINSEO™ APILON™ 52 BIO[15]	TPU vierge d'origine pétrochimique[16]
PRG	2,3 kg CO_2eq/kg	4,7 kg CO_2eq/kg
Consommation d'énergie	Pas de données	50 MJ/kg
Consommation d'eau	40 l/kg	59 l/kg

Toxicité

Les TPE sont couramment utilisés dans les applications au contact avec les aliments, l'eau et la peau, mais les additifs chimiques varient considérablement d'un matériau TPE à l'autre. Vous devez donc toujours demander la fiche de données de sécurité et confirmer qu'une qualité donnée convient bien à des applications spécifiques.

Circularité

Actuellement, le recyclage des TPE reste marginal, peut-être parce qu'ils représentent un volume assez faible au regard de nombreux autres plastiques, mais aussi parce qu'ils sont souvent associés avec d'autres matériaux. Pour maximiser les possibilités de recyclage, s'assurer de rendre les pièces en TPE facilement séparables, ou si possible fabriquer le produit entier en TPE. Le recyclage de certains TPE est parfois possible avec d'autres matériaux sans séparation ; par exemple, les élastomères Pebax® TPA d'Arkema peuvent être recyclés avec le Rilsan® PA11 du même producteur. Parfois, des TPE spécifiques peuvent être recyclés avec d'autres matériaux sans séparation (voir p. 23).

Propriétés mécaniques

Généralement robuste, avec une bonne résistance à la déchirure et à l'abrasion. Tous les TPE sont extensibles et reprennent leur forme initiale sans déformation permanente. Les fournisseurs proposent généralement plusieurs qualités, avec différentes propriétés de flexibilité et de malléabilité.

Résistance environnementale

En général, bonne résistance à la température mais la résistance aux UV, à l'humidité et aux produits chimiques est variable.
Demander la fiche technique pour vérifier que chaque qualité de TPE convient bien à des applications spécifiques.

Formage

Contrairement aux élastomères thermodurcissables, les TPE peuvent être formés à l'aide de procédés de thermoformage courants : moulage par injection, extrusion et thermoformage.

Finition

Les TPE renouvelables existent en qualités opaques et translucides ; ils sont généralement faciles à colorer à l'aide de pigments. Ils sont chauds et agréables au toucher et offrent d'intéressantes possibilités de textures par moulage.

Stylo Link-It de Schneider. La poignée est fabriquée en un matériau TPE renouvelable dérivé de produits et de déchets agricoles.

Schneider
Link-It

Caoutchouc naturel

Le caoutchouc naturel, ou latex, est un élastomère thermodurcissable renouvelable dont l'histoire remonte à des milliers d'années. Il est utile à l'état brut, directement extrait de l'hévéa, mais le caoutchouc naturel est le plus souvent vulcanisé, un processus qui permet de durcir le matériau et de le rendre plus durable.

Fournisseurs et matériaux	- Caoutchouc naturel certifié FSC de Yulex - Caoutchouc naturel certifié PEFC et FSC de Weber & Schaer
Origine des matières premières	Le caoutchouc naturel provient essentiellement des plantations d'hévéas, mais plusieurs projets de recherche ont été lancés pour extraire le caoutchouc naturel d'autres sources, notamment le pissenlit et le guayule, un arbuste poussant en conditions arides. Il existe des certifications FSC et PEFC pour la production durable de caoutchouc naturel.
	Caoutchouc naturel (vulcanisé)[17]
PRG	2,5 kg CO_2eq/kg
Consommation d'énergie	42 MJ/kg
Consommation d'eau	10 l/kg
Toxicité	Le caoutchouc naturel est utilisable pour les applications en contact avec l'eau et les aliments, mais le matériau lui-même et certains des additifs utilisés lors de la vulcanisation risquent de provoquer des réactions allergiques. Demander la fiche technique pour vérifier que chaque qualité de caoutchouc naturel convient bien à certaines applications spécifiques.
Circularité	Le recyclage du caoutchouc naturel est assez important, notamment sous la forme de pneus usagés ; environ la moitié de tous les pneus usagés en Europe sont actuellement recyclés.[18] Le caoutchouc naturel est souvent utilisé en combinaison avec d'autres matériaux. Pour maximiser les possibilités de recyclage, essayez de faire en sorte que les parties en caoutchouc naturel soient facilement séparables des autres matériaux, ou fabriquez le produit entier en caoutchouc naturel. Si le caoutchouc naturel est techniquement biodégradable, sa dégradation peut prendre jusqu'à 50 ans, en fonction des conditions environnementales, du type de caoutchouc et des additifs utilisés.
Propriétés mécaniques	Solide et flexible, avec une excellente résistance à l'abrasion et à la déchirure.
Résistance environnementale	Bonne résistance à l'eau et à certains produits chimiques, mais le caoutchouc naturel résiste moins bien aux rayons UV et aux températures supérieures à 80 °C.
Formage	Les procédés de formage les plus courants sont le moulage, le moulage par immersion et le moulage par compression.
Finition	Le caoutchouc naturel est opaque ; on peut ajouter des pigments pour le colorer. C'est un matériau chaud et agréable au toucher qui offre d'intéressantes possibilités de textures en surface.

Maillot de bain à manches longues Nieuwland 2e en Yulex, par Finisterre. Le Yulex est un matériau à la fois résistant, souple et flexible, fabriqué à partir de caoutchouc naturel issu de plantations de caoutchouc certifiées FSC.

2
Textiles

Les textiles jouent un rôle important dans le design de produits, même si les volumes en jeu sont beaucoup plus faibles que dans d'autres secteurs, notamment la confection : on les retrouve dans l'ameublement, la décoration d'intérieur, l'électronique grand public ou les habitacles de voitures ; leur empreinte environnementale n'est donc pas négligeable. Les textiles forment une famille complexe, des textiles naturels, vieux pour certains de plusieurs milliers d'années, aux textiles synthétiques récents, indissociables de l'avènement des matières plastiques.

En gros, on peut distinguer deux types de textiles : les « tissés », incluant tous les tissus tissés ou tricotés, et les « non tissés », regroupant le cuir, les membranes et les films synthétiques, ainsi que les textiles à fibres collées ou agglomérées comme le feutre. Le diagramme ci-contre présente les types de textiles abordés ici ; il est loin de couvrir toute la gamme des textiles couramment utilisés. Pour complexifier encore les choses, on ne peut pas évaluer l'impact environnemental sur la base des seules matières premières. Fibres et filaments subissent divers traitements : les fibres sont transformées en fil, ou la matière première synthétique brute est transformée en filaments par extrusion. Le tissage et le tricotage, avec des fils de différentes épaisseurs, affectent aussi l'empreinte environnementale du textile fini. Chaque étape du processus utilise des produits chimiques : les textiles synthétiques sont issus de la pétrochimie, et la culture des matières premières des fibres végétales, comme le coton, exige beaucoup d'engrais et de pesticides, à quoi s'ajoutent les huiles de filature ou les produits d'encollage servant au prétraitement du fil et des textiles. Citons aussi les procédés de finition, notamment la teinture et l'impression, affectant la toxicité, le bilan en eau et la durabilité des textiles.

Pour s'y retrouver, le designer dispose de plusieurs excellentes sources, notamment le *Preferred Fiber and Materials Market Report* produit par l'ONG Textile Exchange, qui promeut les textiles durables. D'autre part, plusieurs certifications visent à réduire l'impact environnemental et sociétal des textiles. OEKO-TEX© et le Global Organic Textile Standard (GOTS) surveillent l'ensemble du secteur ; d'autres se limitent à des matières premières spécifiques ; nous les répertorions avec les matériaux correspondants. Certains de ces organismes proposent des bases de données de fournisseurs facilitant l'approvisionnement en textiles durables : guide d'achat d'OEKO-TEX©, bases de données des fournisseurs certifiés GOTS et des fournisseurs de Textile Exchange.

Fibres, filaments et matériaux textiles

L'univers du textile comprend une diversité de fibres, de filaments et de matériaux. Cet arbre généalogique donne une synthèse des matériaux textiles présentés dans ce livre et de leur place en termes de type[1].

Renouvelables

À ce jour, fibres et filaments synthétiques renouvelables représentent environ 6 % de la production mondiale de textiles, dont la quasi-totalité est constituée de fibres synthétiques à base de cellulose. La part des autres textiles renouvelables est inférieure à 1 %.

- Fibre synthétique à base de cellulose recyclée (p. 84)
- Fibre synthétique à base de cellulose vierge (p. 102)
- PET renouvelable (p. 98)
- PA renouvelable (nylon ; p. 100)
- PLA renouvelable (p. 104)
- Cuir synthétique renouvelable (p. 106)

Non renouvelables

Avec environ 70 % de la production annuelle mondiale, ce poste représente la grande majorité des textiles produits. Le polyester vient en premier, suivi par le polyamide.

- PET recyclé (p. 80)
- PA recyclé (nylon ; p. 82)

Synthétiques

D'origine végétale

Les fibres végétales comptent pour environ un tiers dans la production mondiale de fibres textiles. Ce groupe comprend une très grande variété de fibres, mais le coton est de loin le plus courant.

- Coton recyclé (p. 86)
- Coton vierge (p. 108)

D'origine animale

Cette catégorie est inférieure à 2 % de la production annuelle mondiale de textiles, mais la laine et le cuir ont de multiples applications.

- Laine recyclée (p. 88)
- Laine vierge (p. 110)
- Cuir recyclé (p. 90)
- Cuir vierge (p. 112)

Naturelles

Fibres, filaments et matériaux textiles

Recyclage des textiles

Recycler des textiles peut être assez simple : ainsi, on peut découper une grande pièce de tissu inutilisée et la transformer en un nouveau produit. En termes d'économie circulaire, ce scénario est idéal car il consomme très peu d'énergie ; toutefois, il s'avère inadapté dans tous les cas où l'approvisionnement et la qualité doivent être fiables et réguliers.

Dans ces cas-là, il est préférable d'employer des fils et filaments recyclés pour fabriquer des tissus recyclés conformes aux spécifications. Soulignons toutefois que si l'on trouve chez certains fournisseurs des textiles recyclés provenant effectivement de déchets textiles, les textiles en fibres recyclées sont le plus souvent issus de déchets venant d'autres secteurs, notamment bouteilles en PET ou filets de pêche en polyamide (PA, ou nylon). En effet, avec les procédés actuels, il est très difficile de déchiqueter mécaniquement les déchets textiles pour filer de nouvelles fibres et produire du fil recyclé.

Autre élément à garder à l'esprit en matière d'économie circulaire : de nombreux textiles sont constitués de plusieurs types de fibres, notamment coton et élasthanne (ou Lycra) dans les tissus extensibles, ou coton et polyester (PET) pour réduire l'électricité statique et le boulochage. Actuellement, seules quelques spécialistes savent recycler les textiles à fibres mélangées. À ces matériaux mélangés, on préférera, pour obtenir les propriétés voulues (antistatiques, extensibles, etc.) un matériau homogène, qui sera plus facile à recycler en fin de vie du produit.

Outre les méthodes classiques de recyclage mécanique des textiles, on voit se développer des procédés chimiques ; quelques matériaux sont déjà sur le marché, notamment des textiles en PET recyclé, tels que le Cycora de chez Ambercycle™ (voir p. 80) et le Lyocell PIR REFIBRA™ produit par Lenzing, en partie issu de coton obtenu par recyclage chimique (voir p. 84). Par rapport au procédé mécanique, le recyclage chimique présente de nombreux avantages, notamment la possibilité de recycler certains types de déchets textiles mélangés, mais aussi l'élimination des additifs tels que les colorants, encres et autres finitions : la fibre recyclée peut donc recevoir la même finition qu'un matériau vierge. En revanche, les procédés de recyclage chimique sont en général bien plus énergivores que le recyclage mécanique, du moins pour l'instant.

Taux de recyclage des textiles dans le monde

Le recyclage du textile est encore largement insuffisant et trop de textiles dits « recyclés » ne sont en fait pas issus du recyclage de textiles : la plupart des polyesters recyclés proviennent de bouteilles en PET, tandis que le PA recyclé utilise souvent des déchets issus d'autres secteurs, comme des filets de pêche ou de la moquette. De nos jours, le coton constitue le gros du recyclage textile proprement dit, avec comme principal débouché les textiles synthétiques à base de cellulose recyclée, suivi par la laine recyclée, qui couvre environ 6 % de la demande mondiale de lainages[1].

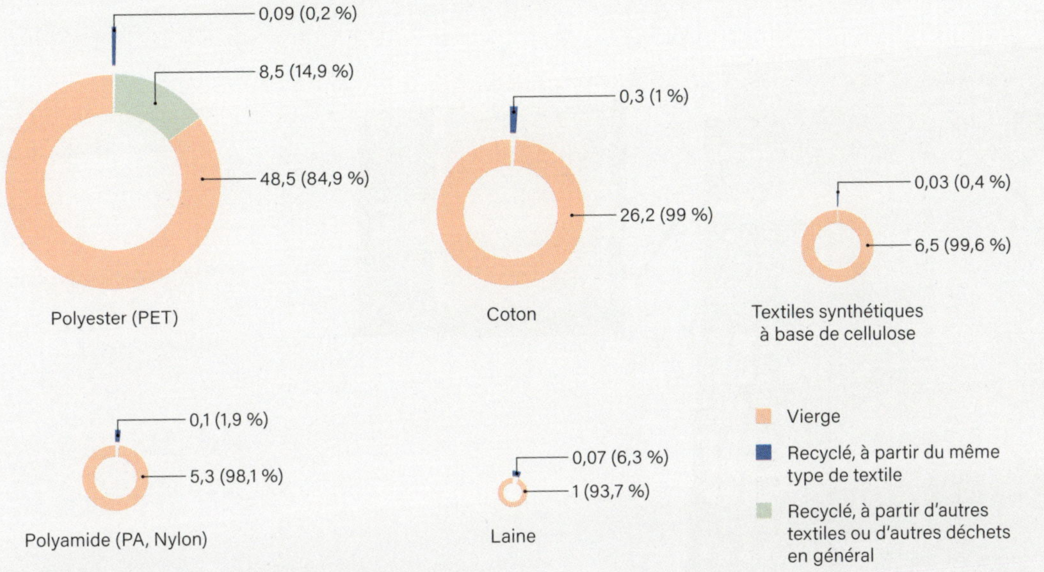

Flux de déchets textiles

Pour recycler des textiles à fibres mélangées, il faut extraire les différents types de fibres et de filaments et les séparer ; il est souvent donc plus simple de fabriquer des textiles recyclés à partir d'autres types de déchets, comme les emballages en plastique.

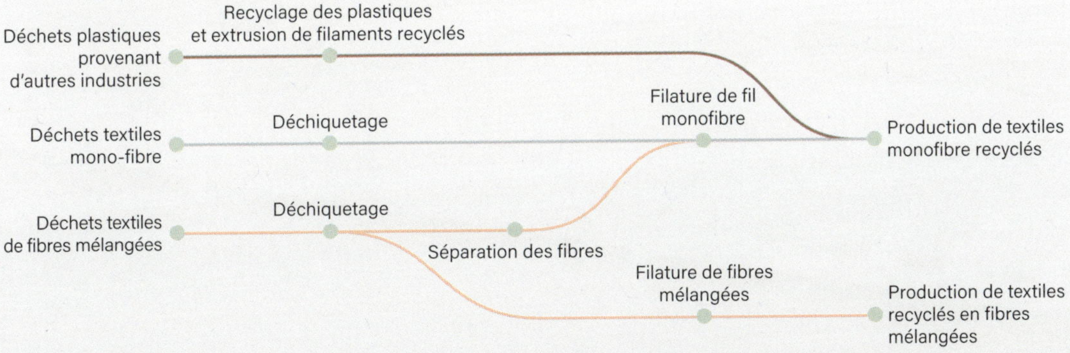

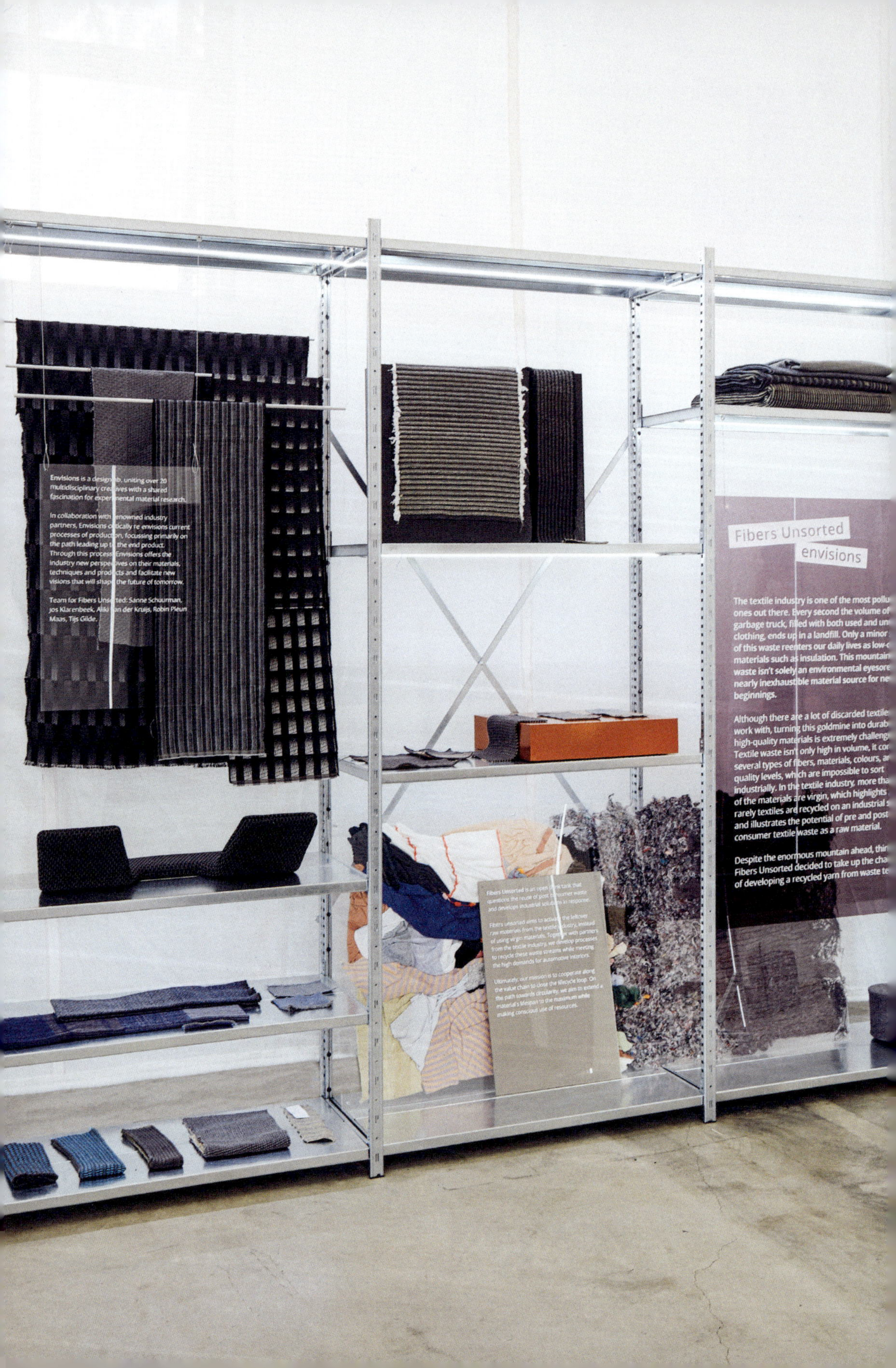

Fibers Unsorted
envisions
The textile industry is one of the most
ones out there.
garbage truck, filled with both used and
clothing, ends up in a landfill. Only a minor
of this waste reenters our daily lives as
materials such as insulation. This
waste isn't solely an environmental
nearly inexhaustible material source for
beginnings.
Although there are a lot of discarded
work with, turning this goldmine into
high-quality materials is extremely
Textile waste isn't only high in volume, it
several types of fibers, materials, colours,
quality levels, which are impossible to sort
industrially. In the textile industry, more
of the materials are virgin, which highlights
rarely textiles are recycled on an industrial
and illustrates the potential of pre and post
consumer textile waste as a raw material.
Despite the enormous mountain ahead,
Fibers Unsorted decided to take up the
of developing a recycled yarn from waste

« La quantité de textiles de bonne qualité qui finissent à la poubelle est une honte. »

Entretien avec Michael Wolf, ingénieur en design textile, designer et inventeur du procédé Fibers Unsorted, qui permet de fabriquer du fil à partir de chutes de tissus mélangés. En 2021, à la Dutch Design Week, on a pu voir exposée une collection de tissus créés en collaboration avec Envisions, un studio de design néerlandais. Pour en savoir plus, consultez le site fibersunsorted.com.

Dans le textile, la gamme des matières premières est si étendue que même un non-spécialiste comme moi peut mesurer la difficulté que pose le recyclage, notamment celui des textiles à fibres mélangées. Cela ne vous a pas empêché de mettre au point un procédé permettant de fabriquer du fil à partir de chutes de textiles à fibres mélangées. Pouvez-vous me parler un peu du procédé Fibers Unsorted ?

Tout a commencé lorsque j'étais étudiant, quand j'ai visité une usine de recyclage de textiles aux Pays-Bas. C'est là que j'ai pris conscience de l'ampleur du gaspillage de textiles à fibres mélangées. J'ai été scandalisé de voir que, même dans un petit centre de tri comme celui-là, on mettait en décharge d'énormes quantités de textiles de valeur ; et la faible part de ces déchets qui était effectivement recyclée était en fait « *downcyclée* », c'est-à-dire recyclée en isolants ou autres matériaux d'une valeur très inférieure à celle des textiles de départ.

De retour à l'université, j'ai voulu lancer un projet pour explorer différentes méthodes de recyclage. J'ai donc demandé à mon professeur son autorisation pour utiliser les machines de l'atelier et effectuer quelques essais. Lorsque j'ai commencé à apporter des chutes de tissus de l'usine de recyclage, les techniciens étaient sceptiques et me demandaient : « Pourquoi veux-tu faire cela ? Ce ne sont que des déchets sans valeur ! ». En un sens, ils n'avaient pas tort. Mais après quelques mois, en voyant mes premiers résultats, ils ont compris que je tenais peut-être là une piste qui méritait d'être explorée.

Exposition Fibers Unsorted
au Salone del Mobile, 2022.

À peu près en même temps, j'ai découvert que dans le passé, une pratique courante consistait à recomposer du fil à partir de résidus de fibres mélangées. J'étais donc convaincu qu'on peut utiliser des matériaux recyclés, à condition de modifier les machines à filer standard, qui sont réglées pour du matériau vierge. J'ai alors commencé à contacter des fabricants de métiers à filer pour trouver comment résoudre ces problèmes techniques.

À vrai dire, le processus a été lent et souvent frustrant, mais pendant cette période, j'ai compris que le moment était porteur pour ce type de projets, avec la nouvelle législation européenne obligeant à utiliser des matériaux recyclés dans certains secteurs essentiels pour l'industrie textile, tels que l'automobile. L'intérêt allait donc croissant, et j'ai réussi à obtenir un financement et le soutien de fabricants de machines pour poursuivre le développement dans ce domaine.

Mes premiers essais ont produit des fils relativement grossiers et peu solides, mais ils ont servi de preuve de concept. Depuis, j'ai réussi à mettre au point des fils plus fins et plus solides qui correspondent mieux aux exigences fonctionnelles de l'industrie automobile et à d'autres applications, telles que la tapisserie et la décoration d'intérieur. J'expérimente également différentes machines de filage, comme celles qui utilisent la filature à anneaux, qui permet d'obtenir des fils plus résistants et des vitesses de production plus élevées.

En visitant l'exposition Fibers Unsorted en 2021, j'ai été frappé par la beauté de ces textiles. Je sais que vous avez participé avec Sanne Schuurman et l'équipe d'Envisions à la réalisation de l'exposition. Comment cette collaboration s'est-elle concrétisée ?

Comme je travaille avec des déchets textiles mélangés, les fils et textiles recyclés que je fabrique ont une couleur beige grisâtre, pas très séduisante. J'étais convaincu qu'il me fallait trouver quelque chose de plus attrayant pour les designers et les marques. J'ai suivi le travail d'Envisions depuis le début, et j'ai tout de suite su que c'était le partenaire idéal pour explorer les potentialités esthétiques du processus. Au final, l'équipe d'Envisions a mis au point une méthode astucieuse consistant à travailler le fil recyclé dans le sens de la trame, en contraste avec du fil neuf dans le sens de la chaîne. Cette méthode permet d'élargir considérablement la gamme d'expressions, et de façon plus générale, d'améliorer les performances et la fiabilité des textiles, ce qui leur permet d'être conformes au cahier des charges très exigeant de l'industrie automobile, tout en conservant le plus possible de contenu recyclé.

Exposition Fibers Unsorted
à la Semaine néerlandaise du Design 2021.

Textiles en polyester (PET) recyclé

Les textiles en PET recyclé proviennent pour l'essentiel de déchets de bouteilles en PET ; rares sont les textiles en polyester recyclés. Ce n'est certes pas idéal au regard de la circularité, mais les textiles à base de bouteilles en PET affichent une empreinte environnementale réduite par rapport aux textiles en PET vierge, sans perte de qualité.

Fournisseurs et matériaux	- Textile PET PCR ECOPET® Teijin - Textile PET PCR REPREVE® Unifi - Textile PET PCR issu du recyclage chimique Cycora® Ambercycle™	
Origine des matières premières	Principalement des bouteilles en PET recyclées, mais certains recycleurs, comme Ambercycle™, parviennent à recycler des textiles en polyester avec des procédés chimiques. Demander aux fournisseurs les certifications ISCC PLUS, SCS Recycled Content ou toute autre certification précisant la proportion de contenu recyclé.	
	ECOPET® Teijin Textile PET PCR[2]	**Textile PET vierge d'origine pétrochimique**[3]
PRG	1 kg CO_2eq/kg filament	2,7 kg CO_2eq/kg filament
Consommation d'énergie	11,9 MJ/kg filament	78,4 MJ/kg filament
Consommation d'eau	Pas de données	Pas de données
PRG	3,9 kg CO_2eq/kg de textile tissé (500 dtex)	5,7 kg CO_2eq/kg de textile tissé (500 dtex)
Toxicité	Le lavage des textiles en PET est l'une des principales causes de la propagation de microfibres de plastiques dans l'environnement ; à part cela, les textiles en PET pur sont considérés comme non toxiques. Certains produits utilisés pour la finition des textiles sont réputés toxiques. Demander la fiche de données de sécurité pour les teintures, les colorants et autres produits de finition, et faire confirmer par les fournisseurs la conformité REACH et les autres certifications pertinentes.	
Circularité	Les textiles en PET recyclé représentaient environ 15 % des 109 millions de tonnes de textiles en PET produits dans le monde en 2020. Environ 99 % des textiles en PET recyclé sont produits à partir de bouteilles en PET usagées[4]. Afin d'augmenter la possibilité de recyclage, éviter les mélanges avec d'autres types de fibres textiles. Pour un aperçu des taux de recyclage et des instructions en matière de design circulaire pour les textiles, voir p. 75.	
Propriétés mécaniques	Solide et durable, tout en étant léger et flexible. Un textile tissé sera plus résistant, mais un textile tricoté sera plus souple. Le feutre PET offre un bon amorti.	
Résistance environnementale	Bonne résistance à l'eau, mais les textiles en PET ont tendance à absorber les graisses, ce qui les rend difficiles à détacher. Ils ne sont pas respirants, contrairement aux textiles naturels.	
Formage	Tissage et tricotage, mais aussi feutrage, duvet synthétique, et autres procédés non tissés. Le matériau sera ensuite façonné au moyen de procédés courants : découpe, couture ou soudage par ultrasons.	
Finition	Les textiles recyclés fabriqués à partir de bouteilles en PET transparentes, peuvent être colorés sans problème. La finition des textiles issus du recyclage chimique est identique à celle des matériaux vierges. Compatible avec de nombreux procédés de finition textile : impression, embossage et débossage, transferts et pelliculage décoratif (le pelliculage doit lui-même être en PET afin de ne pas nuire à la circularité du produit).	

Enceinte Nest Mini de Google.
La housse est en textile polyester recyclé produit à partir de bouteilles en PET récupérées.

Textiles en polyamide (PA) recyclé

Comme pour les textiles en PET recyclé (p. 80-81), les textiles en PA (ou nylon) recyclé proviennent essentiellement de déchets issus d'autres industries. Le PA vierge a une empreinte environnementale assez élevée, que les textiles en PA recyclé permettent de réduire considérablement.

Fournisseurs et matériaux	- Textile PA6 PCR Aquafil ECONYL® - Textile PA6.6 PCR Chainlon GREENLON® - Textile PA6.6 PCR Unifi REPREVE®	
Origine des matières premières	En général, matières récupérées à partir de filets de pêche, moquettes, pièces moulées en PA et chutes de textiles. Demander aux fournisseurs de fournir les certificats ISCC PLUS, SCS Recycled Content ou toute autre certification qui précise la proportion de contenu recyclé.	
	Textile PA6 PCR Aquafil ECONYL®[5]	**Textile PA6 vierge d'origine pétrochimique**[6]
PRG	3,2 kg CO_2eq/kg filament	9,6 kg CO_2eq/kg filament
Consommation d'énergie	Pas de données	148 MJ/kg filament
Consommation d'eau	11 l/kg filament	Pas de données
PRG	4,7 kg CO_2eq/kg de textile tissé (500 dtex)	12,6 kg CO_2eq/kg de textile tissé (500 dtex)
Toxicité	On estime que le lavage des textiles en PA est une source de prolifération des microfibres, comme avec les textiles en PET, mais dans une moindre mesure. Si les textiles en PA pur sont considérés comme non toxiques, certains produits utilisés pour la finition sont suspectés de toxicité. Demander la fiche de données de sécurité pour les teintures, les colorants et autres produits de finition, et faire confirmer par les fournisseurs la conformité REACH et les autres certifications pertinentes.	
Circularité	Les textiles en PA recyclé représentaient environ 1,9 % des 5,4 millions de tonnes de textiles en PA produits dans le monde en 2020[7]. Afin d'augmenter les possibilités de recyclage, éviter les mélanges avec d'autres types de fibres textiles. Pour un aperçu des taux de recyclage et des instructions en matière de design circulaire pour les textiles, voir p. 75.	
Propriétés mécaniques	Les textiles en PA tissés sont extrêmement résistants ; les textiles en PA tricotés sont plus élastiques et moins solides.	
Résistance environnementale	Généralement sensible à la chaleur, avec un point de fusion d'environ 100 °C, les textiles en PA6 et 6.6 absorbent facilement l'humidité, et ont donc tendance à retenir les odeurs. D'autres types de textiles en PA présentent une meilleure résistance à l'humidité.	
Formage	Tissage et tricotage, mais aussi feutrage et autres procédés non tissés. Le matériau peut ensuite être façonné au moyen de procédés courants : découpe, couture ou soudage par ultrasons.	
Finition	La couleur des déchets de PA récupérés affecte la qualité des couleurs ; toutefois, en assurant un tri minutieux par couleur, une surteinture et un mélange avec des matériaux vierges, les fournisseurs peuvent offrir un choix de couleurs plus large. Compatible avec les procédés courants de finition textile : impression, embossage et débossage, transferts et pelliculage décoratif (pelliculage en PA afin de ne pas nuire à la circularité du produit).	

Câble de chargeur pour téléphone portable Fairphone.
La gaine protectrice est en textile tissé de polyamide recyclé.

Textiles synthétiques à base de cellulose recyclée

La plupart des textiles synthétiques à base de cellulose recyclée disponibles dans le commerce sont fabriqués à partir de chutes de textiles de coton. Ces rebuts de coton sont transformés par un procédé de recyclage chimique en « pâte à dissoudre », qui sera ensuite transformée en viscose, Lyocell et autres fibres textiles à base de cellulose.

Fournisseurs et matériaux	- Fibre de viscose produite à partir de chutes de coton PCR Circulose® de Renewcell - Fibre de viscose PIR/PCR Sateri FINEX™ - Fibre de viscose PIR Birla Cellulose™ LIVA REVIVA	
Origine des matières premières	En fonction du procédé de recyclage, des rebuts textiles à base de cellulose PIR et PCR peuvent être utilisés. Demandez aux fournisseurs de fournir une certification qui vérifie la proportion et le type de contenu recyclé.	
	Fibre de viscose produite à partir de pâte de bois recyclée[8]	**Fibre de viscose vierge**[9]
PRG	0,6 kg CO_2eq/kg de fibres	1,5 kg CO_2eq/kg de fibres
Consommation d'énergie	Pas de données	20,6 MJ/kg de fibres
Consommation d'eau	Pas de données	Pas de données
PRG	2,3 kg CO_2eq/kg de textile tissé (500 dtex)	3,2 kg CO_2eq/kg de textile tissé (500 dtex)
Toxicité	On distingue quatre principaux types de fibres textiles synthétiques à base de cellulose : la viscose (ou rayonne), le Lyocell, le Modal et le Cupro. Divers produits chimiques, parfois dangereux, entrent dans leur fabrication. S'ils ne sont pas correctement manipulés, ces produits peuvent être très nocifs pour les ouvriers et l'environnement. Demander la fiche de données de sécurité pour les fibres spécifiques, les teintures, colorants et autres produits de finition, et faire confirmer par les fournisseurs la conformité REACH et les certifications pertinentes.	
Circularité	Les textiles recyclés représentaient environ 0,4 % des 6,5 millions de tonnes de textiles synthétiques à base de cellulose produits dans le monde en 2020[10]. Ce chiffre devrait augmenter à l'avenir, à mesure que les procédés de recyclage chimique monteront en puissance. Afin d'accroître les possibilités de recyclage, éviter les mélanges avec d'autres types de fibres textiles. Certains textiles synthétiques à base de cellulose sont biodégradables ; demander aux fournisseurs de le confirmer et de fournir les certifications correspondantes. Pour un aperçu des taux de recyclage et des instructions en matière de design circulaire pour les textiles, voir p. 75.	
Propriétés mécaniques	Généralement doux et plutôt délicats, bien que la longévité et la robustesse dépendent du nombre de fils et de la structure du textile. Ces fibres peuvent aussi être utilisées pour des textiles techniques très robustes.	
Résistance environnementale	Respirant et absorbant, les textiles synthétiques à base de cellulose résistent mal à l'eau chaude et aux rayons UV, mais certains fournisseurs proposent des textiles spécialement traités pour une meilleure résistance aux UV.	
Formage	Tissage et tricotage, mais aussi feutrage et autres procédés non tissés. Le matériau peut ensuite être façonné au moyen de procédés courants : découpe et couture.	
Finition	Les textiles issus du recyclage chimique peuvent en général être finis comme des matières vierges, par de nombreux procédés de finition textile, notamment l'impression et la teinture.	

T-shirt par Swole Panda. Le jersey (textile tricoté) du T-shirt utilise la fibre Lyocell TENCEL™ x REFIBRA™ de Lenzing AG, mélange de rebuts de coton PCR et de fibres lyocell vierges.

Textiles en coton recyclé

Actuellement, le recyclage du coton se fait surtout à partir de déchets post-industriels ; toutefois, certains recycleurs sont capables de traiter également des textiles de coton post-consommation. En fonction de la qualité du fil, la teneur en fibres recyclées varie énormément : les fournisseurs proposent des textiles contenant de 15 à 100 % de fibres recyclées.

Fournisseurs et matériaux	- Coton PIR et PCR Recover™ Rpure - Coton PIR Texloop™ RCOT™ Primo Circular Systems	
Origine des matières premières	Principalement des déchets PIR, mais certains fournisseurs sont aussi en mesure de traiter des déchets PCR. Demander aux fournisseurs de fournir les certifications ISCC PLUS, SCS Recycled Content ou toute autre certification qui précise la proportion et le type de contenus recyclés.	
	Coton recyclé Recover™ RPure[11]	**Coton vierge**[12]
PRG	0,2 kg CO_2eq/kg de fibres	1,8 kg CO_2eq/kg de fibres
Consommation d'énergie	1,3 MJ/kg fibre	15 MJ/kg fibre
Consommation d'eau	Pas de données	2 100 l/kg fibre
PRG	1,7 kg CO_2eq/kg de textile tissé (500 dtex)	4,3 kg CO_2eq/kg de textile tissé (500 dtex)
Toxicité	Les textiles en coton pur sont considérés comme non toxiques, mais certains produits utilisés pour la finition sont réputés toxiques. Demander la fiche de données de sécurité pour les teintures, les colorants et autres produits de finition, et faire confirmer par les fournisseurs la conformité REACH et les autres certifications pertinentes.	
Circularité	Les textiles en coton recyclé représentaient seulement environ 0,96 % des 26,2 millions de tonnes de textiles en coton produits dans le monde en 2020[13]. Ce chiffre devrait augmenter à l'avenir, à mesure que les procédés de recyclage émergents monteront en puissance. Afin d'accroître les possibilités de recyclage, éviter les mélanges avec d'autres types de fibres textiles. Les textiles en pur coton sont compostables à domicile ou industriellement. Pour un aperçu des taux de recyclage et des instructions en matière de design circulaire pour les textiles, voir p. 75.	
Propriétés mécaniques	Textiles doux et plutôt délicats ; la durabilité et la résistance dépendent de l'épaisseur du fil et du procédé utilisé : les textiles tissés tendent à être plus résistants que les tricots.	
Résistance environnementale	Faible résistance aux UV, les couleurs se décolorent avec le temps. Les textiles en coton sont respirants et offrent une résistance thermique, mais risquent de rétrécir au lavage à haute température.	
Formage	Tissage et tricotage, mais aussi feutrage et autres procédés non tissés. Le matériau peut ensuite être façonné au moyen de procédés courants : découpe et couture.	
Finition	La couleur des rebuts de textiles recyclés affecte la qualité des couleurs à la teinture ; toutefois, par un tri minutieux par couleur, une surteinture et le mélange avec des matériaux vierges, les fournisseurs peuvent offrir une plus large gamme de couleurs. Compatible avec de nombreux procédés de finition textile, notamment l'impression et la teinture.	

Casquette Funky Flavour « upcyclée » par Pleasant. Un drap de lit en coton provenant d'une association caritative locale au Danemark a simplement été lavé, puis transformé directement en casquette.

pleasant.

Textiles en laine recyclée

Le recyclage de la laine a une longue histoire ; plusieurs fournisseurs proposent des matériaux de haute qualité dont l'empreinte écologique est nettement moindre que celle de la laine vierge.

Fournisseurs et matériaux	– Laine recyclée Manteco® MWool® – Laine recyclée Kvadrat Re-wool	
Origine des matières premières	Il s'agit généralement d'un mélange de déchets textiles de laine PIR et PCR, souvent associés à des matériaux vierges. Demander aux fournisseurs de fournir les certifications ISCC PLUS, SCS Recycled Content ou toute autre certification qui établit la proportion et le type de contenus recyclés.	
	Laine recyclée Manteco® MWool® [14]	**Laine vierge**[15]
PRG	0,6 kg CO_2eq/kg de fibres	10,7 kg CO_2eq/kg de fibres
Consommation d'énergie	8,4 MJ/kg fibre	8,7 MJ/kg fibre
Consommation d'eau	90 l/kg fibre	38,2 l/kg fibre
PRG	3,2 kg CO_2eq/kg de textile tissé (500 dtex)	16,1 kg CO_2eq/kg de textile tissé (500 dtex)
Toxicité	Les textiles en laine pure sont considérés comme non toxiques, mais certains produits utilisés pour la finition le sont. Demander la fiche de données de sécurité pour les teintures, les colorants et autres produits de finition utilisés avec chaque type de matériau en laine recyclée, et faire confirmer par les fournisseurs la conformité REACH et les autres certifications pertinentes.	
Circularité	Les textiles en laine recyclés représentaient environ 6 % du million de tonnes de textiles en laine produits dans le monde en 2020[16]. Afin d'accroître les possibilités de recyclage, éviter les mélanges avec d'autres types de fibres textiles. Les textiles en pure laine sont compostables à domicile ou industriellement. Pour un aperçu des taux de recyclage et des instructions en matière de design circulaire pour les textiles, voir p. 75.	
Propriétés mécaniques	Très durables et résistants, avec une excellente résistance à l'abrasion, même si la durabilité et la robustesse dépendent de l'épaisseur du fil et du procédé utilisé : les tissés sont en général plus résistants que les textiles tricotés.	
Résistance environnementale	Bonne respirabilité ; bonne résistance aux UV et à la chaleur.	
Formage	Tissage et tricotage, mais aussi feutrage et autres procédés non tissés. Le matériau sera ensuite façonné au moyen de procédés courants : découpe et couture.	
Finition	La couleur des rebuts de textiles recyclés affecte la qualité des couleurs à la teinture du matériau recyclé ; toutefois, en assurant un tri minutieux par couleur, une surteinture et un mélange avec des matériaux vierges, les fournisseurs réussissent à offrir une gamme de couleurs élargie. Compatible avec de nombreux procédés de finition textile, notamment l'impression et la teinture.	

Fauteuil Arbour Club, conçu par Andreas Engesvik et Daniel Rybakken pour HAY. Le textile d'ameublement est en Re-wool, un textile de laine recyclé à 45 % produit par Kvadrat.

Cuir recyclé

Les matériaux en cuir recyclé, souvent appelés cuirs reconstitués, sont usuellement produits à partir de chutes de cuir post-industriel broyées et mélangées à un liant en résine, ou reconstituées à l'aide d'un **procédé d'agglomération des fibres**. En fonction du procédé, les cuirs recyclés offrent des performances et un aspect esthétique très similaires aux matériaux vierges.

Fournisseurs et matériaux	- Cuir recyclé ELeather - Cuir recyclé Prodotti Alfa CORIUM® - Cuir recyclé Spinnova/KT Trading Respin	
Origine des matières premières	Principalement déchets de cuir PIR ; plus rarement, cuir PCR. Demander aux fournisseurs de préciser la proportion et le type de cuir recyclé, et de fournir des informations détaillées sur les liants résineux ou la structure composite utilisés pour le cuir reconstitué.	
	Cuir recyclé[17]	**Cuir vierge**[18]
PRG	16,6 kg CO_2eq/kg	41,5 kg CO_2eq/kg
Consommation d'énergie	Pas de données	335 MJ/kg
Consommation d'eau	Pas de données	32 800 l/kg
Toxicité	Le cuir comme tel n'est pas toxique, et les produits chimiques et ingrédients potentiellement nocifs utilisés dans le tannage du cuir sont strictement réglementés sur les principaux marchés, notamment l'UE. Faire confirmer par les fournisseurs la conformité REACH et SVHC (*Substances of Very High Concern*) et leur demander les autres certifications pertinentes.	
Circularité	Il n'existe pas encore de statistiques sur le recyclage du cuir, mais on estime que l'industrie mondiale du cuir génère environ 800 000 tonnes de déchets de cuir PIR par an[19]. De nombreux fournisseurs ont une politique de zéro déchet : les rebuts de cuir servent entre autres de matière première dans les engrais, ou encore dans la pharmacie et la cosmétique. Des recycleurs spécialisés comme ceux présentés ici parviennent à recycler les déchets de cuir PIR et PCR pour produire du cuir recyclé. Le cuir pur est biodégradable, mais ne l'est en général plus une fois tanné. Certains fournisseurs proposent des procédés de tannage permettant d'obtenir du cuir biodégradable, comme Zeology, du fournisseur néerlandais Nera.	
Propriétés mécaniques	Correctement entretenu, le cuir peut être très durable, avec une bonne solidité et une bonne résistance à l'abrasion.	
Résistance environnementale	Bonne résistance à l'humidité et à la chaleur, mais faible résistance aux UV.	
Formage	Compatible avec les procédés courants de formage et d'assemblage des textiles, tels que la découpe et la couture, mais aussi le moulage par compression pour créer des formes en trois dimensions.	
Finition	La couleur des rebuts de cuir recyclés affecte la qualité des couleurs à la teinture du matériau recyclé ; toutefois, par un tri minutieux par couleur, une surteinture et le mélange avec des matériaux vierges, les fournisseurs peuvent offrir une plus large gamme de couleurs. Le cuir peut être traité par une grande variété de procédés : teinture, impression, embossage, ou encore marquage au laser.	

Portefeuille et powerbank (batterie de secours) par INÉ.
La couverture extérieure est fabriquée à partir de chutes de cuir PIR.

INÉ

Textiles renouvelables

Selon le rapport 2021 *Preferred Fiber and Materials Market Report* de Textile Exchange, les textiles renouvelables représentaient 37 % de la production mondiale totale de textiles en 2020. Cette famille de matériaux se répartit en trois groupes : les textiles naturels à base de plantes, les textiles d'origine animale et les textiles synthétiques renouvelables.

Chacun de ces matériaux a ses avantages et ses inconvénients en termes environnementaux. Parmi les plantes à fibres textiles, certaines, comme le chanvre et le jute, poussent sur des terres non agricoles avec très peu d'irrigation, tandis que le coton exige un bon sol et beaucoup d'eau ; de plus, la plupart des producteurs de coton utilisent énormément d'engrais et de pesticides d'origine pétrochimique. Plusieurs initiatives visent à réduire l'impact environnemental du coton : citons par exemple le coton biologique, qui n'utilise ni engrais ni pesticides d'origine pétrochimique, ou *Better Cotton*, qui vise à éliminer les polluants les plus nocifs et à réduire l'utilisation d'engrais et de pesticides.

Pour les textiles d'origine animale, d'autres facteurs entrent en jeu : émissions liées à l'élevage, bien-être animal, mais aussi déforestation et érosion des sols (terres défrichées pour le pâturage). La norme « *Responsible Wool Standard* » de l'organisme Textile Exchange exige des éleveurs une gestion des pâturages évitant la dégradation des sols et des pratiques de tonte respectueuses du bien-être animal. La norme OEKO-TEX® pour le cuir et la certification du *Leather Working Group* (LWG) imposent des critères relatifs au bien-être animal, à la traçabilité des peaux et à la consommation d'énergie, d'eau et de produits chimiques.

Citon enfin les textiles synthétiques à base de cellulose. Si la cellulose utilisée comme matière première est dérivée du bois et dans une moindre mesure du coton, le traitement de sa fibre pour produire les filaments synthétiques est très énergivore. De plus, certains procédés, comme la production de viscose, exigent souvent des produits chimiques agressifs. D'après l'ONG Canopy, qui vise à protéger les forêts de la planète, un tiers de la production mondiale de textiles synthétiques à base de cellulose utilise du bois issu de l'exploitation illégale ; il est donc essentiel de vérifier que les fournisseurs ne s'approvisionnent qu'en bois certifiés FSC, PEFC ou similaire. D'autres fournisseurs inventent de nouveaux modes de production de textiles synthétiques à base de cellulose, notamment le procédé Agraloop™ de Circular Systems, qui utilise des déchets agricoles.

Ce groupe comprend des alternatives renouvelables aux textiles synthétiques conventionnels d'origine pétrochimique : polyester (PET), polyamide (PA) et acide polylactique (PLA) renouvelables. Ils posent certains problèmes environnementaux liés à l'origine des matières premières similaires à ceux des plastiques renouvelables.
Les textiles en PET et PLA renouvelables sont en général issus de sucres provenant de cultures alimentaires (maïs et betterave), cultivés sur des terres agricoles. Les volumes étant encore faibles, il n'y a pas d'impact majeur sur la production alimentaire, mais cela pourrait changer si les volumes augmentent.
D'autres textiles synthétiques renouvelables, comme le PA renouvelable, sont issus de cultures non alimentaires. D'autres procédés sont mis au point pour fabriquer des textiles à partir de matières premières renouvelables alternatives, telles les algues (voir p. 94-97).

Matières premières des textiles renouvelables

Il est possible de produire des textiles à partir de tout un éventail de matières premières renouvelables. Celles-ci ont un impact écologique très variable, en fonction des conditions de culture, de leur impact potentiel sur la production alimentaire et des étapes de transformation des matières premières en fils et en textiles.

Cultures vivrières

Le sucre de canne et la betterave sont des matières premières couramment utilisées pour produire des textiles synthétiques renouvelables. Actuellement, les volumes produits sont faibles et n'entrent pas en concurrence avec la production alimentaire, mais cela pourrait changer si ce secteur se développe.

- PET renouvelable (p. 98)
- PLA (p. 104)
- Cuir synthétique renouvelable (p. 106)

Cultures non alimentaires

Actuellement, la grande majorité des textiles en fibres naturelles sont produits à partir de cultures non alimentaires ; toutefois, nombre d'entre elles, notamment le coton, occupent des terres agricoles et sont souvent très gourmandes en engrais, en pesticides et en eau pour l'irrigation.

- Coton (p. 108)

D'origine végétale

D'origine animale

S'il est vrai que de nombreux textiles d'origine animale sont des sous-produits de l'industrie de la viande, il faut voir au cas par cas en fonction du type de textile. La laine en est un bon exemple : certaines races de moutons sont élevées uniquement pour leur laine.

- Laine (p. 110)
- Cuir (p. 112)
- Cuir synthétique renouvelable (p. 106)

Industrie forestière et autres matières premières cultivées sur des terres non agricoles

Les textiles synthétiques à base de cellulose sont produits à partir de pâte de bois, tandis que le polyamide renouvelable peut être issu d'huile de ricin, cultivé en conditions arides et désertiques.

- Textiles synthétiques à base de cellulose, notamment la viscose, le lyocell et le modal (p. 102)
- PA renouvelable (p. 100)

Agriculture

Matières premières des textiles renouvelables

« Nous devons nous demander à quoi ressemblera la vie dans une société décarbonée. »

**Entretien avec Charlotte McCurdy, designer industrielle et chercheuse qui fait le lien entre design, technologie des matériaux et innovation durable. Outre son poste d'assistante à Arizona State University, Charlotte dirige un cabinet de conseil en design et un laboratoire de recherche sur les matériaux à New York.
Pour plus d'informations, consultez le site charlottemccurdy.com**

Les thèmes que vous abordez et votre réflexion sur la durabilité sont à la fois originaux et stimulants. Pouvez-vous m'en dire un peu plus sur votre passé et surtout comment vous en êtes venue à vous intéresser au développement durable ?

Je me souviens d'un exposé à l'école quand j'avais huit ans, qui portait sur le risque de manquer d'eau potable. Ça m'a vraiment ouvert les yeux sur les effets des systèmes non durables sur l'environnement. En même temps, cet exposé m'a rendue optimiste, car j'ai compris que le changement est possible si on utilise notre imagination pour améliorer les choses et mettre en œuvre des solutions à grande échelle orientée dans ce sens.

Ensuite, en début de carrière, j'ai été consultante en développement durable au sein d'une ONG et j'ai effectué une série d'expertises environnementales et de conceptions de programmes pour de grandes entreprises de l'agroalimentaire. Au lieu de participer à l'élaboration d'une vision commune au bénéfice de tous, j'avais le sentiment de servir à formaliser des idées sur le développement durable et à créer des structures permettant aux entreprises de s'en tirer avec de simples aménagements à la marge. Cette expérience m'a également amenée à réfléchir à la relation entre les multinationales pour lesquelles je travaillais et les petits agriculteurs auprès desquels elles s'approvisionnent en matières premières. J'ai tiré de cette réflexion un fort accent humaniste dans mon approche de la durabilité ; en effet, comment peut-on avoir de l'empathie pour les animaux et les systèmes vivants si l'on n'a déjà pas assez d'empathie pour les humains ?

Algues cultivées dans le laboratoire de Charlotte McCurdy.

Cela m'a amenée à aborder développement durable dans une démarche plus conceptuelle, et je me suis orientée vers le design, comme espace où je peux explorer ces questions au carrefour des solutions technologiques, de la volonté politique et de l'imagination collective.

J'ai toujours eu du mal avec cette frange du mouvement écologiste qui a l'air de dire que la meilleure chose à faire pour l'environnement serait que nous, les Humains, disparaissions de la surface de la terre. Au contraire, vous semblez plus axée sur la recherche de solutions pragmatiques et holistiques.

Je m'efforce de présenter une version optimiste sur les matériaux à bilan carbone négatif et la décarbonation, car c'est la seule manière d'amener les gens à m'écouter 30 secondes de plus. Je sais bien que c'est plus compliqué que cela : bien sûr, nous surconsommons, bien sûr, nous avons une culture du gaspillage, et il faut que cela change ; mais tomber dans l'extrême inverse et dire que les gens devraient porter leurs vêtements indéfiniment, ou utiliser les mêmes meubles à vie, est tout aussi délirant, parce que l'entropie est bien une réalité. Pour moi, lutter contre le changement climatique ne suppose pas de revenir à la situation d'avant la révolution industrielle. Les choses seront complètement différentes. Nous devons vraiment nous demander à quoi ressemblera la vie dans une société décarbonée.

Vos recherches sur les matériaux à base d'algues et la manière dont ils s'intègrent dans le tableau plus général du cycle du carbone est très intéressante. Qu'est-ce qui vous a poussée à vous engager dans cette voie ?

Je me suis intéressée aux algues parce qu'elles convertissent très efficacement l'énergie solaire en molécules utiles. On appelle efficacité photosynthétique la part d'énergie solaire que les plantes convertissent et stockent sous forme d'énergie chimique au cours de la photosynthèse. Les plantes terrestres les plus efficaces ont une efficacité photosynthétique d'environ 2 %, tandis que les algues ont une efficacité de 6 à 8 %, ce qui en fait un puits de dioxyde de carbone bien plus efficace.

L'imperméable à bilan carbone négatif que j'ai conçu est fait de CO_2 piégé, d'où la question suivante : quelle est la meilleure chose qui puisse lui arriver en fin de vie ? Ma réponse provocatrice, qui énerve parfois les gens, est que si l'on décide de donner la priorité à la lutte contre le changement climatique, cet imperméable devrait sans doute être mis dans une décharge moderne, car de cette façon, son CO_2 resterait séquestré. On peut y voir une forme de « séquestration du carbone par le consommateur », et on devrait la considérer comme un complément à d'autres méthodes, comme la tentative de réglementer les émissions par la législation et les taxes.

Imperméable à empreinte carbone négative,
fabriqué dans un matériau plastique à base d'algues
mis au point dans le laboratoire de Charlotte McCurdy.

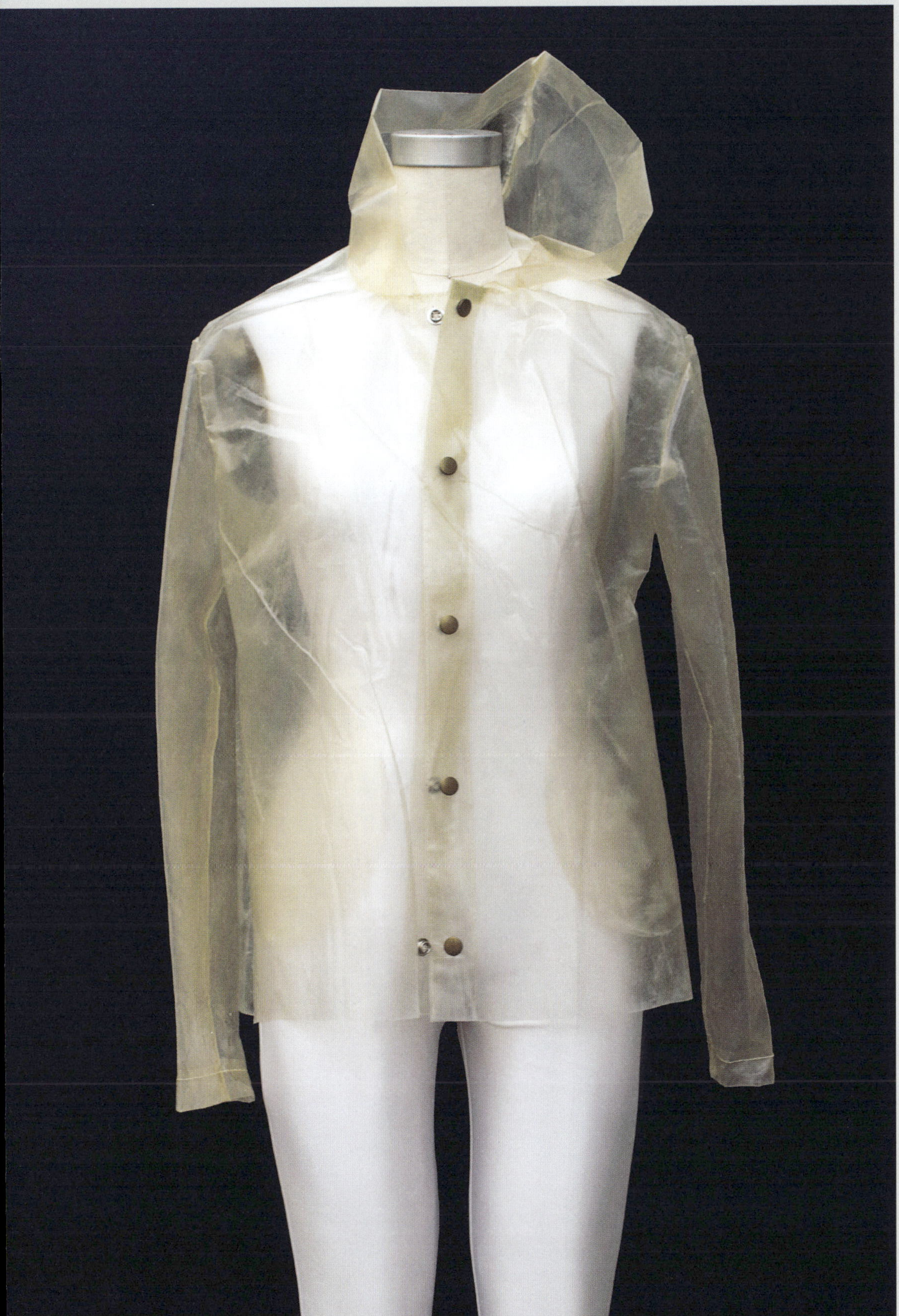

Textiles en polyester (PET) renouvelable

Il est aujourd'hui possible de remplacer certains des ingrédients pétrochimiques utilisés dans la production de filaments de PET par des alternatives renouvelables, l'objectif étant d'obtenir à l'avenir des textiles en PET entièrement renouvelables.

Fournisseurs et matériaux	- Filament PET renouvelable Virent BioForm PX® - Filament PET renouvelable Toray Ecodear® - Filament PET Radici Biofeel®	
Origine des matières premières	Si l'on est parvenu à produire des filaments de PET entièrement renouvelables à petite échelle, la plupart ont une teneur en matières renouvelables d'environ 30 %. Les matières premières comprennent le sucre dérivé de cultures vivrières (canne à sucre, betterave, maïs...), mais aussi des déchets agricoles, de l'herbe et du bois. Demander aux fournisseurs de fournir des certificats Bonsucro, ISCC PLUS ou d'autres certificats attestant de l'origine et de la proportion de matières premières renouvelables.	
	Filament PET renouvelable Virent BioForm PX® [1]	**Textile PET vierge d'origine pétrochimique** [2]
PRG	2,2 kg CO_2eq/kg de fibres	2,7 kg CO_2eq/kg de fibres
Consommation d'énergie	Pas de données	78,4 MJ/kg fibre
Consommation d'eau	Pas de données	Pas de données
PRG	5,2 kg CO_2eq/kg de textile tissé (500 dtex)	5,7 kg CO_2eq/kg de textile tissé (500 dtex)
Toxicité	Le lavage des textiles en PET est l'une des principales causes de la propagation de microfibres de plastiques dans l'environnement ; à part cela, les textiles en PET pur sont considérés comme non toxiques. Certains produits utilisés pour la finition des textiles sont réputés toxiques. Demander la fiche de données de sécurité pour les teintures, les colorants et autres produits de finition, et faire confirmer par les fournisseurs la conformité REACH et les autres certifications pertinentes.	
Circularité	Les textiles renouvelables en PET peuvent être recyclés avec d'autres déchets textiles en PET sans séparation. Bien que très peu de textiles en PET soient recyclés (voir p. 80), on peut améliorer la probabilité de recyclage en utilisant des textiles en PET pur plutôt que des mélanges avec d'autres fibres textiles. Les textiles renouvelables en PET ne sont pas biodégradables. Pour un aperçu des taux de recyclage et des instructions en matière de design circulaire pour les textiles, voir p. 75.	
Propriétés mécaniques	Solide et durable, tout en étant léger et flexible. Le tissage produit en général des textiles plus solides et plus durables, tandis que les textiles tricotés sont plus souples. Le feutre PET offre un bon amorti.	
Résistance environnementale	Bonne résistance à l'eau, mais les textiles en PET ont tendance à absorber les graisses, ce qui les rend difficiles à détacher. Les textiles en PET ne sont pas respirants, contrairement aux textiles naturels.	
Formage	Tissage et tricotage, mais aussi feutrage, duvet synthétique et autres procédés non tissés. Le matériau sera ensuite façonné au moyen de procédés courants : découpe, couture et soudage par ultrasons.	
Finition	La teinture est simple et les textiles en PET sont compatibles avec de nombreux procédés de finition textile : impression, embossage et débossage, transferts et pelliculage décoratif (pelliculage en PET afin de ne pas nuire à la circularité du produit).	

Veste Slingsby Ultra par Bergans. Le textile extérieur tissé est en Ecodear®, un filament de PET partiellement renouvelable.

Textiles en polyamide (PA) renouvelable

Les textiles en PA (ou nylon) renouvelables sont en général issus du ricin, une plante non alimentaire qui supporte des terres arides et non agricoles. Ce matériau résistant et durable est proposé par plusieurs fournisseurs dans de nombreuses qualités différentes.

Fournisseurs et matériaux	- Filament en PA 6.6 renouvelable Fulgar EVO® - Filament en PA 11 renouvelable Swicofil - Filament en PA 6.10 Radici Biofeel®	
Origine des matières premières	En général entre 70 et 80 % de contenu renouvelable. La principale matière première est l'huile extraite des graines de ricin. Demander aux fournisseurs de fournir des certificats ISCC PLUS ou d'autres certificats attestant de l'origine et de la proportion de contenus renouvelables.	
	Filament en PA 6.6 renouvelable Fulgar EVO® [3]	**Filament vierge PA6 d'origine pétrochimique** [4]
PRG	7,4 kg CO_2eq/kg de fibres	9,6 kg CO_2eq/kg de fibres
Consommation d'énergie	Pas de données	148 MJ/kg fibre
Consommation d'eau	8 640 l/kg fibre	Pas de données
PRG	10,3 kg CO_2eq/kg de textile tissé (500 dtex)	12,6 kg CO_2eq/kg de textile tissé (500 dtex)
Toxicité	Comme avec les textiles en PET, on estime que le lavage est une source de prolifération des microfibres de PA, mais dans une moindre mesure. Les textiles en PA pur sont considérés comme non toxiques, mais certains produits utilisés pour la finition présentent une toxicité. Demander la fiche de données de sécurité pour les teintures, les colorants et autres produits de finition, et faire confirmer par les fournisseurs la conformité REACH et les autres certifications pertinentes.	
Circularité	Les textiles en PA renouvelables peuvent être recyclés avec les textiles en PA d'origine pétrochimique sans séparation. Toutefois, pour des résultats optimaux, il est préférable de séparer les différents types de PA (par ex. PA 6 avec PA 11), le mélange donnant des résultats imprévisibles. Afin d'accroître les possibilités de recyclage, éviter les mélanges avec d'autres types de fibres textiles. Les textiles en PA renouvelable ne sont pas biodégradables. Pour un aperçu des taux de recyclage et des instructions en matière de design circulaire pour les textiles, voir p. 75.	
Propriétés mécaniques	Les textiles en PA tissés sont extrêmement solides et résistants, tandis que les textiles en PA tricotés sont en général plus élastiques et moins robustes.	
Résistance environnementale	Le PA11 résiste bien à l'humidité ; les textiles en PA6 et PA6.6 absorbent facilement l'humidité, et ont donc tendance retenir les odeurs. En général, les textiles en PA sont sensibles à la chaleur, avec un point de fusion d'environ 100 °C.	
Formage	Tissage et tricotage, mais aussi feutrage et autres procédés non tissés. Le matériau sera ensuite façonné au moyen de procédés courants : découpe, couture et soudage par ultrasons.	
Finition	La teinture est simple et les textiles en PA sont compatibles avec de nombreux procédés de finition : impression, embossage et débossage, transferts et pelliculage décoratif (le pelliculage doit lui-même être en PA afin de ne pas nuire à la circularité du produit).	

Pantalon Tekoa Biobased par Vaude. Le tissu utilisé pour les pantalons est tissé avec du fil de polyamide renouvelable dérivé des graines de ricin, une culture non alimentaire qui ne nécessite pas de terres agricoles.

Textiles synthétiques à base de cellulose

Les textiles synthétiques à base de cellulose sont produits à partir de pâte à dissoudre, issue principalement du bois, mais aussi de fibres courtes de coton inutilisables pour la production de textiles. Les textiles synthétiques à base de cellulose les plus courants sont la viscose, le lyocell et le modal.

Fournisseurs et matériaux	- Fibre de viscose Sateri EcoCosy® - Fibre synthétique à base de cellulose Metsä Kuura - Filament de modal Birla Cellulose™ Livaeco
Origine des matières premières	La plupart des textiles synthétiques à base de cellulose sont issus de bois, (eucalyptus, épicéa, pin...), mais on utilise aussi le bambou et le coton. Demander aux fournisseurs de fournir des certificats FSC, PEFC ou d'autres certificats attestant de l'origine des matières premières.
	Fibre de viscose vierge[5]
PRG	1,5 kg CO_2eq/kg de fibres
Consommation d'énergie	20,6 MJ/kg fibre
Consommation d'eau	Pas de données
PRG	3,2 kg CO_2eq/kg de textile tissé (500 dtex)
Toxicité	Il existe quatre types fondamentaux de fibres textiles synthétiques à base de cellulose : viscose (ou rayonne), Lyocell, Modal et Cupro. Leur procédé de fabrication utilise divers produits chimiques, parfois dangereux. S'ils ne sont pas correctement manipulés, ils peuvent être très nocifs pour les ouvriers et l'environnement. Demander la fiche de données de sécurité pour les fibres spécifiques, les teintures, colorants et autres produits de finition, et faire confirmer par les fournisseurs la conformité REACH et les certifications pertinentes.
Circularité	Les textiles recyclés représentaient environ 0,4 % des 6,5 millions de tonnes de textiles synthétiques à base de cellulose produits dans le monde en 2020[6]. Ce chiffre devrait augmenter à mesure que les procédés de recyclage chimique monteront en puissance. Afin d'accroître les possibilités de recyclage, éviter les combinaisons avec d'autres types de fibres textiles. Certains textiles synthétiques à base de cellulose sont biodégradables ; demander aux fournisseurs de le confirmer et de fournir les certifications correspondantes. Pour un aperçu des taux de recyclage et des instructions en matière de design circulaire pour les textiles, voir p. 75.
Propriétés mécaniques	Généralement doux et plutôt délicats, bien que la longévité et la robustesse dépendent du nombre de fils et de la structure du textile. Ces fibres peuvent aussi être utilisées pour des textiles techniques très robustes.
Résistance environnementale	Respirant et absorbant, les textiles synthétiques à base de cellulose résistent mal à l'eau chaude et aux rayons UV, mais certains fournisseurs proposent des textiles spécialement traités pour une meilleure résistance aux UV.
Formage	Tissage et tricotage, mais aussi feutrage et autres procédés non tissés. Le matériau sera ensuite façonné au moyen de procédés courants : découpe et couture.
Finition	Les textiles synthétiques à base de cellulose sont souvent plus difficiles à teindre que les autres textiles, car certaines matières sont facilement endommagées au cours du processus. Compatible avec d'autres procédés de finition, dont l'impression.

Tree-Kånken par Fjällräven. Le sac est en lyocell, l'un des principaux types de textiles synthétiques à base de cellulose.

FJÄLLRÄVEN
KÅNKEN

Textiles en acide polylactique (PLA)

Comme le plastique rigide en PLA, les textiles en PLA sont dérivés du sucre des plantes. S'ils ne sont sans doute pas les plus performants des textiles synthétiques, les textiles en PLA constituent une alternative renouvelable aux propriétés similaires à celles des textiles en PET recyclé et renouvelable (voir p. 80-81 et 98-99).

Fournisseurs et matériaux	- Filament en PLA NatureWorks Ingeo - Filament en PLA ADVANSAADVA® Shortcut
Origine des matières premières	En général entièrement issu de sucre extrait de canne à sucre ou de betterave. Demander aux fournisseurs de fournir les certificats Bonsucro, OK Biobased ou d'autres certificats attestant de l'origine des matières premières.
	Filament en PLA NatureWorks Ingeo[7]
PRG	3,4 kg CO_2eq/kg de fibres
Consommation d'énergie	67,7 MJ/kg fibre
Consommation d'eau	35 l/kg de fibres
PRG	3,6 kg CO_2eq/kg de textile tissé (500 dtex)
Toxicité	Les textiles en PLA pur sont considérés comme non toxiques, mais certains procédés de finition utilisent des ingrédients toxiques. Demander la fiche de données de sécurité pour les teintures, les colorants et autres produits de finition, et faire confirmer par les fournisseurs la conformité REACH et les autres certifications pertinentes.
Circularité	Actuellement, le recyclage n'est pas très répandu, sans doute parce que la production de textiles en PLA n'est que de quelques centaines de milliers de tonnes par an, mais les volumes sont en augmentation[8]. Afin d'accroître les possibilités de recyclage, éviter les mélanges avec d'autres types de fibres textiles. Les textiles en PLA pur sont compostables à domicile ou industriellement. Pour un aperçu des taux de recyclage et des instructions en matière de design circulaire pour les textiles, voir p. 75.
Propriétés mécaniques	Propriétés similaires à celles des textiles en PET – solides et durables, mais avec une résistance à l'abrasion légèrement inférieure. La durabilité et la résistance dépendent également de l'épaisseur du fil et du procédé utilisé : les textiles tissés ont tendance à être plus résistants que les tricots.
Résistance environnementale	Contrairement aux textiles en PET, les textiles en PLA sont respirants. Ils offrent également une bonne résistance aux UV et aux taches, mais leur résistance thermique est inférieure à celle du PET.
Formage	Tissage et tricotage, mais aussi feutrage et autres procédés non tissés. Le matériau sera ensuite façonné au moyen de procédés courants : découpe, couture et soudage par ultrasons.
Finition	Les textiles en PLA sont assez difficiles à teindre : seuls certains colorants spécifiques sont compatibles et les conditions doivent être soigneusement contrôlées. Autres procédés de finition : impression, embossage et débossage, transferts et pelliculage décoratif (le pelliculage doit lui-même être en PLA afin de ne pas nuire à la circularité du produit).

Textile en PLA non tissé dans un sachet de thé. Pour l'instant, la majorité des produits commercialisés qui utilisent des textiles en PLA sont des emballages et des textiles techniques destinés à des applications industrielles.

Cuir synthétique renouvelable

Une nouvelle génération de matériaux en cuir synthétique dérivée de protéines végétales, ou de protéines animales cultivées en laboratoire, est en train d'émerger. Actuellement, les matériaux disponibles dans le commerce sont en général des composites faits de matériaux cultivés en laboratoire, de polymères renouvelables et d'un support textile ; les technologies futures seront entièrement produites en laboratoire.

Fournisseurs et matériaux	- Cuir synthétique renouvelable BioFabbrica Bio-Tex™ - Cuir synthétique renouvelable VitroLabs	
Origine des matières premières	Le Bio-Tex™ créé par BioFabbrica combine du cuir artificiel à base de protéines cultivées en laboratoire, un élastomère de polyuréthane (PU) renouvelable et un support textile. D'autres technologies, comme VitroLabs, sont entièrement issues de la culture en laboratoire. Demander aux fournisseurs des informations détaillées sur la structure des matériaux et les ingrédients, et la certification ISCC PLUS ou toute autre certification confirmant l'origine et la teneur en matériau renouvelable.	
	Cuir synthétique renouvelable BioFabbrica Bio-Tex™[9]	**Cuir vierge**[10]
PRG	8,2 kg CO_2eq/kg	41,5 kg CO_2eq/kg
Consommation d'énergie	158 MJ/kg	335 MJ/kg
Consommation d'eau	98 l/kg	32 800 l/kg
Toxicité	Contrairement à de nombreux cuirs artificiels conventionnels, les matériaux présentés ici ne contiennent pas de PVC. Toutefois, le Bio-Tex™ de BioFabbrica est en partie composé de polyuréthane (PU). Il n'existe actuellement aucun lien clair entre le PU et les COV toxiques dans le cadre d'une utilisation normale, mais le matériau dégage des fumées toxiques lorsqu'il est brûlé. Demander la fiche de données de sécurité pour chaque matériau, et faire confirmer par les fournisseurs la conformité REACH et les autres certifications pertinentes.	
Circularité	Les cuirs synthétiques, y compris les matériaux énumérés ici, ne sont que peu recyclés, car ils ont en général une structure composite multicouche difficile à séparer et à recycler. Pour un aperçu des taux de recyclage et des instructions en matière de design circulaire pour les textiles, voir p. 75.	
Propriétés mécaniques	Bonne robustesse globale, avec une bonne résistance à la déchirure et à l'abrasion.	
Résistance environnementale	Bonne résistance aux intempéries, à l'humidité et aux produits chimiques.	
Formage	Compatible avec les procédés courants de formage et d'assemblage des textiles tels que la découpe, la couture et le soudage par ultrasons, mais aussi le moulage par compression pour créer des formes en trois dimensions.	
Finition	Généralement disponibles dans une gamme de couleurs standard, avec possibilité d'assortir les couleurs pour les commandes importantes. Compatible avec de nombreux procédés de finition textile, notamment l'impression, l'embossage/débossage et le marquage laser.	

Tote bag New Day Market par Everlane.
Le sac est en BioFabbrica Bio-Tex™, un cuir synthétique renouvelable partiellement cultivé en laboratoire.

Textiles en coton

Le coton vierge a une empreinte environnementale très importante, notamment du fait de l'irrigation, des engrais et des pesticides d'origine pétrochimique. Cette empreinte peut être réduite en utilisant du coton biologique certifié ou du coton cultivé selon des normes limitant l'utilisation de l'eau et d'intrants chimiques.

Fournisseurs et matériaux	Il existe plusieurs guides gratuits pour s'approvisionner en coton biologique ou issu d'une agriculture responsable : le guide d'achat d'OEKO-TEX®, la base de données des fournisseurs certifiés GOTS et la base de données des fournisseurs de Textile Exchange.	
Origine des matières premières	Coton vierge issu de l'agriculture biologique ou limitant l'usage d'engrais et de pesticides, ainsi que d'autres critères visant à réduire l'impact sur l'environnement. Demander aux fournisseurs de fournir les certifications GOTS, OEKO-TEX®, Fairtrade Organic, Better Cotton ou autres certificats confirmant les conditions de culture.	
	Coton vierge biologique[11]	**Coton vierge**[12]
PRG	1 kg CO_2eq/kg de fibres	1,8 kg CO_2eq/kg de fibres
Consommation d'énergie	5,8 MJ/kg fibre	15 MJ/kg fibre
Consommation d'eau	180 l/kg fibre	2 100 l/kg fibre
PRG	3,5 kg CO_2eq/kg de textile tissé (500 dtex)	4,3 kg CO_2eq/kg de textile tissé (500 dtex)
Toxicité	Le coton biologique exclut les semences génétiquement modifiées (OGM) et est cultivé sans pesticides ni engrais d'origine pétrochimique ; d'autres initiatives, comme Better Cotton, autorisent les semences OGM tout en limitant le recours aux engrais et pesticides. Les textiles en coton pur sont considérés comme non toxiques, mais certains procédés de finition utilisent des ingrédients toxiques. Demander la fiche de données de sécurité pour les teintures, les colorants et autres produits de finition utilisés, et faire confirmer par les fournisseurs la conformité REACH et les autres certifications pertinentes.	
Circularité	Les textiles en coton recyclé représentaient seulement environ 0,96 % des 26,2 millions de tonnes de textiles en coton produits dans le monde en 2020[13]. Afin d'améliorer les possibilités de recyclage, éviter les mélanges avec d'autres types de fibres textiles. Les textiles en pur coton sont compostables à domicile ou industriellement. Pour un aperçu des taux de recyclage et des instructions en matière de design circulaire pour les textiles, voir p. 75.	
Propriétés mécaniques	Textiles doux et plutôt délicats ; la durabilité et la résistance dépendent de l'épaisseur du fil et du procédé utilisé : ainsi, les textiles tissés tendent à être plus résistants que les tricots.	
Résistance environnementale	Faible résistance aux UV, les couleurs se décolorent avec le temps. Les textiles en coton sont respirants et offrent une résistance thermique, mais peuvent rétrécir au lavage à haute température.	
Formage	Tissage et tricotage, mais aussi feutrage et autres procédés non tissés. Le matériau sera ensuite façonné au moyen de procédés courants : découpe et couture.	
Finition	Compatible avec de nombreux procédés de finition textile, notamment la teinture et l'impression.	

Housse de haut-parleur rose flamant, conçue par Unisk pour le haut-parleur SYMFONISK d'IKEA. La housse est en textile tissé composé d'un mélange de coton vierge biologique et de coton recyclé.

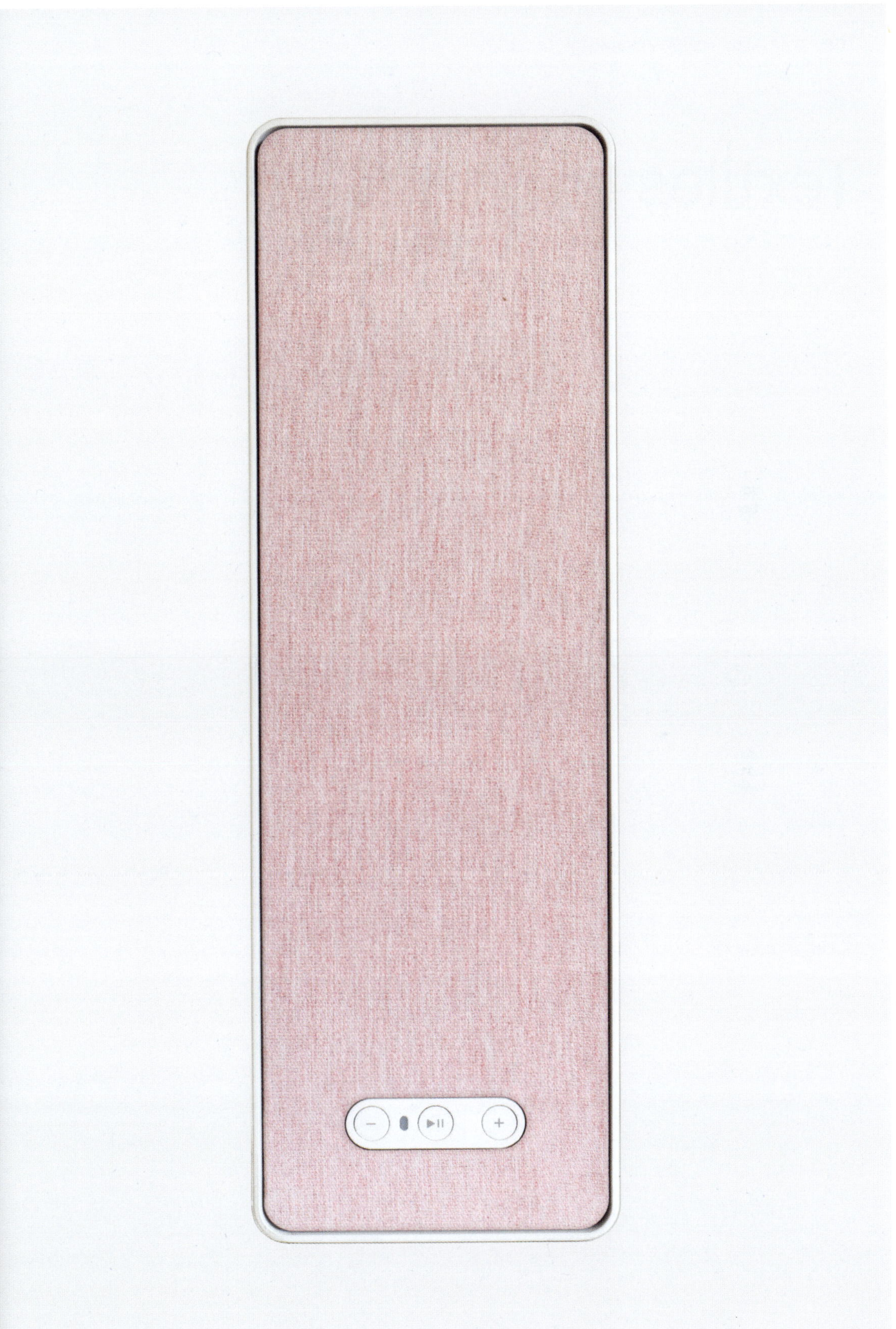

Textiles en laine

Les textiles en laine vierge ont une empreinte environnementale importante, principalement liée à l'élevage, à l'utilisation des sols et au bien-être animal. Plusieurs initiatives et organisations visent à réduire l'impact de la production de laine ; voir ci-dessous pour une vue d'ensemble.

Fournisseurs et matériaux	Il existe plusieurs guides gratuits pour s'approvisionner en laine d'origine responsable : le guide d'achat d'OEKO-TEX®, la base de données des fournisseurs certifiés GOTS et la base de données des fournisseurs de Textile Exchange.
Origine des matières premières	Fibre de laine vierge, provenant principalement de moutons mérinos. La norme *Responsible Wool Standard* (RWS) de Textile Exchange exige des éleveurs qu'ils gèrent les pâturages de manière à éviter la dégradation des sols et interdit le « *mulesing* » (opération mutiliante et douloureuse sur les agneaux) et d'autres pratiques cruelles pour les animaux. Demander aux fournisseurs de fournir la certification RWS ou toute autre certification pertinente.
	Laine vierge[14]
PRG	75,8 kg CO_2eq/kg de fibres*
Consommation d'énergie	125 MJ/kg fibre
Consommation d'eau	13 900 l/kg fibre
PRG	78,3 kg CO_2eq/kg de textile tissé (500 dtex)
Toxicité	Les textiles en pure laine sont considérés comme non toxiques, mais certains procédés de finition utilisent des ingrédients toxiques. Demander la fiche de données de sécurité pour les teintures, colorants et autres produits de finition, et faire confirmer par les fournisseurs la conformité REACH et les certifications pertinentes.
Circularité	Les textiles en laine recyclés représentaient environ 6 % du million de tonnes de textiles en laine produits dans le monde en 2020[15]. Afin d'accroître les possibilités de recyclage, éviter les mélanges avec d'autres types de fibres textiles. Les textiles en pure laine sont compostables à domicile ou industriellement. Pour un aperçu des taux de recyclage et des instructions en matière de design circulaire pour les textiles, voir p. 75.
Propriétés mécaniques	Très durables et résistants, avec une excellente résistance à l'abrasion, même si la durabilité et la robustesse dépendent de l'épaisseur du fil et du procédé utilisé : les textiles tissés sont en général plus résistants que les tricots.
Résistance environnementale	Bonne respirabilité ; bonne résistance aux UV et à la chaleur.
Formage	Tissage et tricotage, mais aussi feutrage et autres procédés non tissés. Le matériau sera ensuite façonné au moyen de procédés courants : découpe et couture.
Finition	Compatible avec de nombreux procédés de finition textile, notamment la teinture et l'impression.

Enceinte OSLO de VIFA,
avec une housse en textile de laine.

Cuir

Si l'impact environnemental de l'élevage peut être considérable, le cuir est essentiellement un sous-produit de l'industrie de la viande et des produits laitiers ; de plus, c'est un matériau extrêmement durable et utile en soi.

Fournisseurs et matériaux	Il existe plusieurs guides gratuits pour s'approvisionner en cuir d'origine responsable, notamment la liste des fournisseurs certifiés du Leather Working Group (LWG) et le guide d'achat d'OEKO-TEX®. La base de données des fournisseurs de Textile Exchange couvre la peau de mouton et le cuir.
Origine des matières premières	Cuir vierge de bovins, de moutons et d'autres animaux. Plusieurs organisations œuvrent en faveur de pratiques plus durables dans l'industrie du cuir, travaillant sur le bien-être animal, la traçabilité des peaux, ou encore et la consommation d'énergie, d'eau et de produits chimiques. Demander aux fournisseurs de fournir les certifications LWG, OEKO-TEX® Leather Standard ou toute autre certification pertinente.
	Cuir vierge[16]
PRG	41,5 kg CO_2eq/kg
Consommation d'énergie	335 MJ/kg
Consommation d'eau	32 800 l/kg
Toxicité	Le cuir en lui-même n'est pas toxique, et l'utilisation de produits chimiques et d'ingrédients potentiellement nocifs dans le tannage du cuir est strictement réglementée dans les principaux marchés, notamment l'UE. De nombreux fournisseurs de cuir nettoient et recyclent l'eau utilisée pour la production. Faire confirmer par les fournisseurs la conformité REACH et SVHC (*Substances of Very High Concern*) et leur demander les certifications pertinentes.
Circularité	De nombreux fournisseurs ont une politique de zéro déchet : les déchets de cuir sont utilisés entre autres comme matière première dans les engrais, ou encore dans les industries pharmaceutique et cosmétique. Des recycleurs spécialisés sont également en mesure de recycler les déchets de cuir PIR et PCR en cuir reconstitué (voir p. 90-91). Le cuir pur est biodégradable, mais ne l'est en général plus une fois tanné. Certains fournisseurs proposent des procédés de tannage permettant d'obtenir du cuir biodégradable, comme Zeology, du fournisseur néerlandais Nera.
Propriétés mécaniques	Correctement entretenu, le cuir peut être très durable, avec une bonne solidité et une bonne résistance à l'abrasion.
Résistance environnementale	Bonne résistance à l'humidité et à la chaleur, mais faible résistance aux UV.
Formage	Compatible avec les procédés courants de formage et d'assemblage des textiles, tels que la découpe et la couture, mais aussi le moulage par compression pour créer des formes en trois dimensions.
Finition	Compatible avec de nombreux procédés de finition textile, notamment la teinture, l'impression, l'embossage/débossage et le marquage au laser.

Space Ovals, créé par Sørensen Leather en collaboration avec Space Copenhagen, avec revêtement cuir NUANCE de Sørensen Leather.

3
Métaux

La production de métaux est à la fois très énergivore et une source majeure de pollution : selon un rapport du Global Energy Monitor de 2021, 553 aciéries étaient à elles seules responsables de 9 % des émissions mondiales de CO_2 cette année-là. Bien que l'aluminium soit produit dans des volumes beaucoup plus faibles que l'acier, le processus est encore plus énergivore – les émissions peuvent atteindre 20 kilos de CO_2 pour un seul kilo de matériau. Pourtant, la comparaison de l'empreinte environnementale des métaux peut s'avérer bien plus complexe. L'acier et l'aluminium sont souvent substituables, mais une pièce en acier aura un aspect très différent de son équivalent en aluminium conçu pour la même application ; parce que leurs procédés de formage sont très différents, mais aussi parce que l'acier est environ trois fois plus dense ; une pièce en acier pèse donc trois fois plus qu'une pièce de même volume en aluminium. La méthode courante pour mesurer le PRG en kilos de CO_2eq par kilo de matériau peut donc être trompeuse lorsqu'on compare les métaux (diagramme ci-contre).

L'exploitation minière peut également avoir des effets profondément négatifs sur l'environnement : par exemple des accidents d'infiltration d'eaux usées contaminées dans le sol et les cours d'eau alentour. L'*Initiative for Responsible Mining Assurance* (IRMA) accorde une certification aux sociétés minières remplissant certains critères d'exploitation responsable, tandis que l'*Aluminium Stewardship Initiative* (ASI), ResponsibleSteel™ et d'autres, auditent et accordent une certification pour chaque étape du processus de production, de la mine au produit fini.

D'autre part, les métaux sont extrêmement durables et sont largement recyclés, car ils ont une valeur élevée et sont relativement faciles à séparer des autres déchets. L'Institut international de l'aluminium estime qu'environ 75 % des 1,5 milliard de tonnes d'aluminium produites depuis le début de l'exploitation sont encore utilisés. En moyenne, environ 35 % de l'acier et 32 % de l'aluminium produits dans le monde sont issus du recyclage.

Ce chapitre examine une série de matériaux en acier et en aluminium ayant un taux élevé de contenu recyclé, ainsi que des procédés de fabrication bas-carbone. Je dirais que l'acier et l'aluminium sont les métaux dominants dans le design des produits. D'autres (cuivre, zinc, titane, métaux précieux et terres rares) sont également importants, mais n'entrent pas dans le cadre de cet ouvrage.

Demande et émissions annuelles mondiales liées à la production de métaux

Les industries métallurgiques sont une source majeure d'émissions de CO_2. On estime que 500 aciéries dans le monde sont à elles seules responsables d'environ 9 % des émissions totales. La production d'aluminium est très énergivore, avec des émissions qui représentent environ un tiers de celles de l'acier, alors que les volumes annuels produits sont environ 30 fois inférieurs[1].

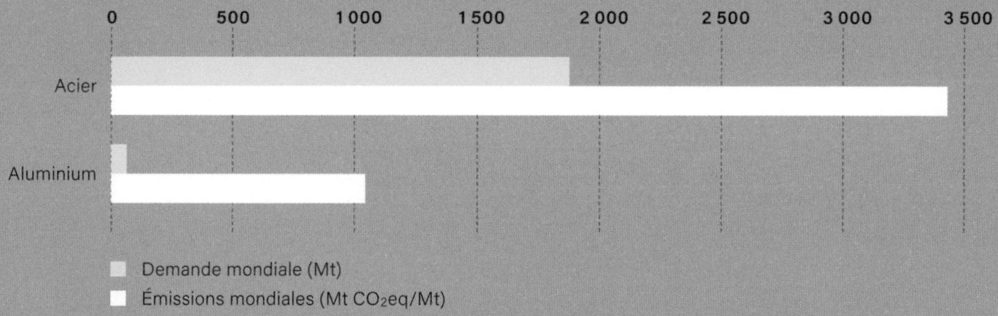

Analyse comparative de l'impact environnemental des métaux

L'analyse des émissions en kilos de CO_2 par kilo de matériau est une erreur fréquente lorsque l'on compare l'impact environnemental des métaux. L'acier étant environ trois fois plus dense que l'aluminium, l'utilisation d'un volume de référence (par exemple un mètre cube), ou d'un design de pièce spécifique permet d'obtenir un résultat plus précis[2].

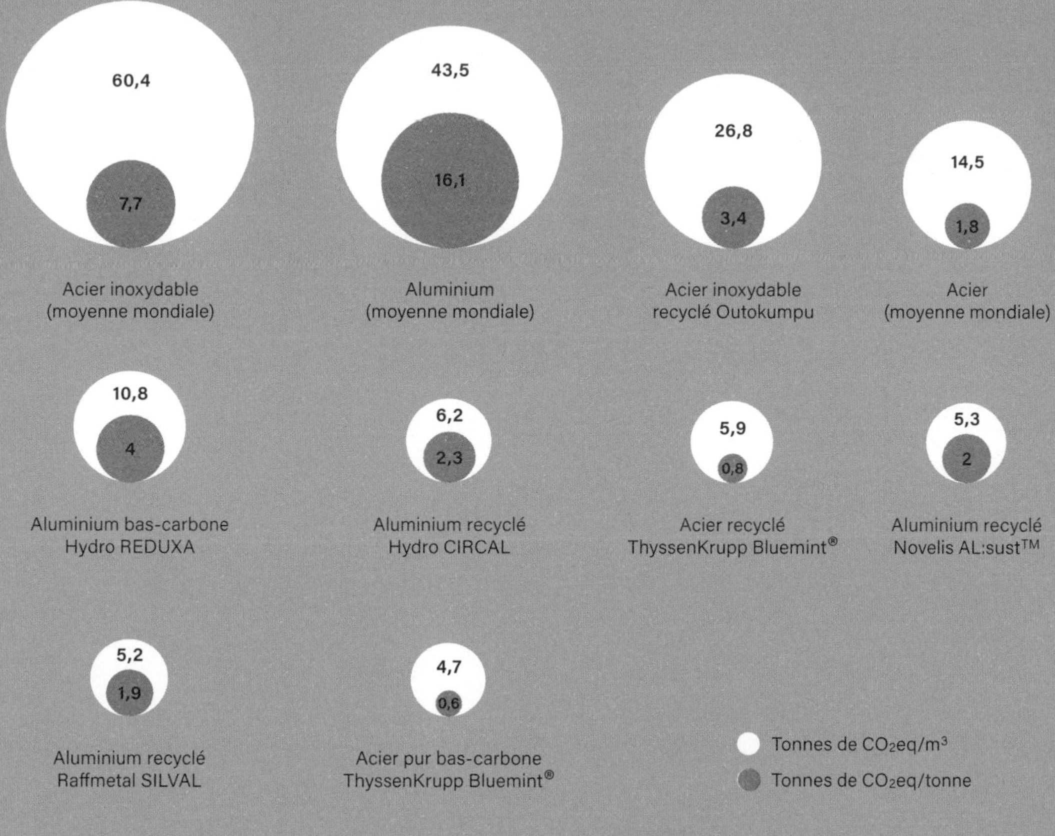

Design
Richard Hutten
Schiphol
Amsterdam Airport

« Je suis un designer, donc je m'intéresse aux matériaux. »

Entretien avec Richard Hutten qui, en 2020, a recyclé sur place les 27 000 sièges en aluminium de l'aéroport d'Amsterdam-Schiphol, aux Pays-Bas, pour en faire de nouveaux. Pour plus d'informations, consultez richardhutten.com

Tout d'abord, une question : y aurait-il une étincelle qui a déclenché chez le designer que vous êtes un intérêt pour le développement durable ?

Au début de ma carrière, j'ai beaucoup utilisé le bois, qui bien sûr est aujourd'hui considéré comme un matériau éminemment durable, puisqu'il se renouvelle et que les végétaux absorbent le carbone à mesure de leur croissance. Cependant, à l'époque, j'ai été choqué de voir dans les usines des ouvriers sérieusement masqués appliquer sur les meubles en bois un vernis qui leur donnait l'aspect du plastique.

Le caractère naturel du matériau était ainsi dévoyé, et en plus, ce procédé était à l'évidence nuisible à la santé des ouvriers. J'ai donc cherché à utiliser des vernis moins toxiques à base d'huile de lin, ce qui m'a valu le Prix hollandais du Mobilier en 1991. J'ai ainsi lancé dans le monde de la décoration intérieure l'engouement pour les huiles traditionnelles, cires et autres produits naturels pour le bois. Dans ma pratique de designer, je me suis toujours intéressé aux matériaux et à leur traitement. Je considère que cela fait partie intégrante du métier.

Je pense que l'on retrouve dans votre projet de recyclage des sièges en aluminium à l'aéroport de Schiphol cette même volonté d'expérimenter et de sortir des sentiers battus. Pourriez-vous m'en dire plus à ce sujet ?

J'ai appris par l'un de mes clients que l'aéroport avait besoin de rénover ses sièges et je me souviens de m'être dit « Bingo ». Schiphol a très mauvaise réputation, comme tout le secteur aéronautique, très polluant ; j'étais donc convaincu que les responsables de l'aéroport seraient prêts à faire un effort pour un projet comme celui-ci.

Détail des sièges Blink conçus par Richard Hutten et produits par Lensvelt pour l'aéroport de Schiphol. L'aluminium provient de vieux sièges recyclés à l'aéroport.

L'aéroport a pour ambition de devenir « zéro déchet » d'ici à 2030. Dès lors, l'aéroport lui-même m'est apparu comme une mine d'où l'on pouvait tirer les matières premières. La source première était bien sûr l'aluminium des anciens sièges. En effet, l'aluminium recyclé ne consomme qu'une toute petite partie de l'énergie nécessaire à sa production à partir du minerai. En approfondissant mes recherches, je me suis rendu compte que tous les fournisseurs dont j'avais besoin pour fabriquer de nouveaux sièges se trouvaient dans un rayon de 75 kilomètres autour de l'aéroport, et à ce moment-là les pièces du puzzle ont commencé à se mettre en place.

Une autre chose qui me plaît dans l'aluminium, c'est qu'il peut être poli sans vernis ni additifs chimiques. J'ai même conçu les pieds en aluminium, car je voulais qu'il y ait le moins possible d'autres matériaux, comme le plastique, dans la structure.

Cela colle parfaitement à l'ambition de Schiphol de passer au zéro déchet. L'aluminium recyclé que vous avez utilisé sera là la prochaine fois que le mobilier devra être remplacé – prêt à être recyclé à nouveau sans combinaisons complexes de matériaux, assemblages ou vernis.

Absolument ! Je suis les préceptes de l'économie circulaire et mon objectif est de prolonger au maximum la vie des produits. L'aéroport est un environnement rude pour le mobilier. J'ai découvert que l'usure ne vient pas tant des passagers que du personnel de l'aéroport qui conduit des chariots la nuit, à toute allure et qui heurte le mobilier en faisant le nettoyage, en transportant des valises, etc. J'ai donc conçu un mobilier facile à démonter et à réparer avec seulement quelques vis et quelques pièces de rechange.

Cela a également eu un impact en termes de coût. Certes, il existe des solutions moins coûteuses que celle que j'ai conçue, mais si l'on admet que ce mobilier peut durer 40 ou 50 ans, il revient moins cher qu'un autre moins durable qu'il faudrait constamment remplacer. J'ai conçu ce mobilier pour qu'il ait une grande longévité, et j'espère qu'il résistera aussi longtemps que je serai en vie et que je passerai par l'aéroport.

Par son périmètre, ce projet est très ambitieux et peut sembler intimidant pour quelqu'un qui débute tout juste son parcours de designer respectueux de l'environnement. Quels conseils donneriez-vous à ceux qui se sentent un peu dépassés par ce sujet complexe ?

Mon principal conseil aux jeunes designers est : « concevez des produits de telle sorte qu'en fin de vie, ils soient démontables et qu'on puisse séparer les matériaux pour les recycler ». Je pense qu'il faut être rigoureux sur ce que l'on entend par « design durable ». Regardez de plus près le recyclage, par exemple. On parle beaucoup d'« *upcycling* », mais à mon avis, ça n'existe pas – ce n'est qu'un terme de marketing. En revanche, le « *downcycling* », c'est-à-dire le recyclage en matériaux aux propriétés dégradées, est très répandu. Par exemple, pour moi, prendre des emballages en plastique pour en faire banc de jardin, n'est pas une forme viable de recyclage. Il faut viser plus haut. Le recyclage devrait conserver intégralement les propriétés du matériau, plutôt que de créer un nouveau matériau moins performant, ce qui ne résout rien et ne fait que créer de nouveaux problèmes.

Siège Blink, aéroport de Schiphol.

Recyclage des métaux

En termes de recyclage, le principal avantage des métaux par rapport à d'autres matériaux est qu'ils sont relativement faciles à séparer des autres déchets. Pour l'acier et les autres métaux magnétiques, on utilise de puissants aimants pour extraire ces matériaux des flux de déchets mélangés ; d'autre part, une machine de tri appelée séparateur à courants de Foucault utilise un courant électrique pour séparer l'aluminium et les autres métaux non magnétiques.

Une fois ces métaux séparés des autres déchets, un autre cycle de tri est nécessaire pour séparer les différentes qualités et les différents alliages. De ce point de vue, l'acier offre une certaine souplesse : par exemple, les déchets d'acier peuvent entrer dans la production d'acier inoxydable ; à l'inverse, le recyclage de l'aluminium est en général plus complexe. L'aluminium a été décliné dans toute une palette d'alliages permettant d'adapter le matériau à tel ou tel procédé de formage ou de lui conférer certaines propriétés. Ces alliages doivent être triés et recyclés séparément pour obtenir le même alliage. Pour certains alliages d'aluminium, les exigences en matière de pureté des matériaux sont si élevées que le recyclage en circuit fermé est parfois la seule option réaliste. À l'autre extrémité du spectre, les alliages dits de fonderie permettent une plus grande flexibilité au cours du recyclage, mais ils ne conviennent en général qu'au moulage et ne peuvent pas être anodisés.

Comme pour le recyclage en général, il est essentiel de faire la distinction entre métaux recyclés post-industriels (PIR) et métaux recyclés post-consommation (PCR), en particulier pour les déchets d'aluminium, car la production de ce matériau est très énergivore. Les déchets post-industriels doivent bien sûr toujours être recyclés, mais un excès de ces déchets est le signe que le procédé de fabrication en amont est inefficace, et le problème doit être traité séparément. Certains fournisseurs de métaux peuvent rester vagues sur les taux de déchets PIR ou PCR utilisés dans leurs matériaux recyclés ; il faut donc toujours leur demander de confirmer la proportion et l'origine du contenu recyclé.

Le recyclage des métaux n'est en général pas affecté par la présence de revêtements et d'autres matériaux de finitions, ni par la contamination par, les plastiques souvent associés aux métaux : en effet, les températures atteintes lors de la refonte sont telles que les revêtements, adhésifs et autres matériaux sont tout simplement brûlés. Les assemblages associant des pièces en métal à d'autres matériaux doivent être conçus de manière à pouvoir être séparés, par exemple au moyen de fixations mécaniques ou d'éléments intégrés tels que des assemblages par clics ou par fentes.

Taux de recyclage des métaux dans le monde

Proportion de métaux recyclés dans la production mondiale, en millions de tonnes. Bien que le taux moyen de recyclage des métaux se situe entre 60 et 70 % sur certains marchés, tels que l'UE et les États-Unis, sur d'autres marchés, notamment en Chine, la demande de métaux dépasse largement les taux de matériaux recyclés disponibles, ce qui fait baisser les moyennes mondiales[1].

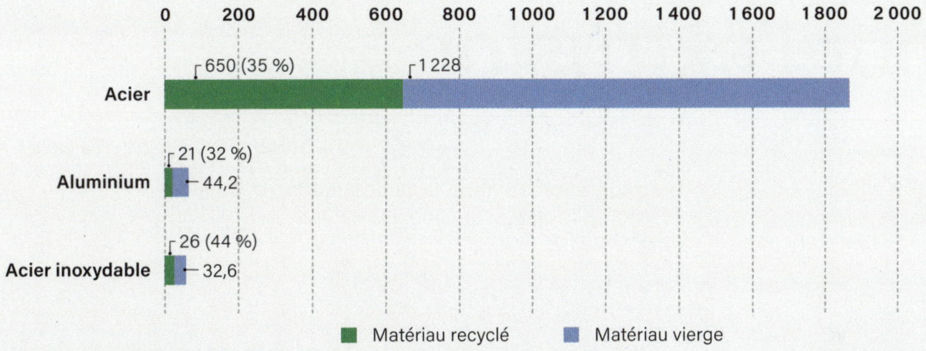

Flux de déchets métalliques

L'acier et l'acier inoxydable sont plus faciles à recycler que l'aluminium, qui se décline en une multitude d'alliages. Ces alliages doivent généralement être recyclés séparément, comme indiqué ci-dessous.

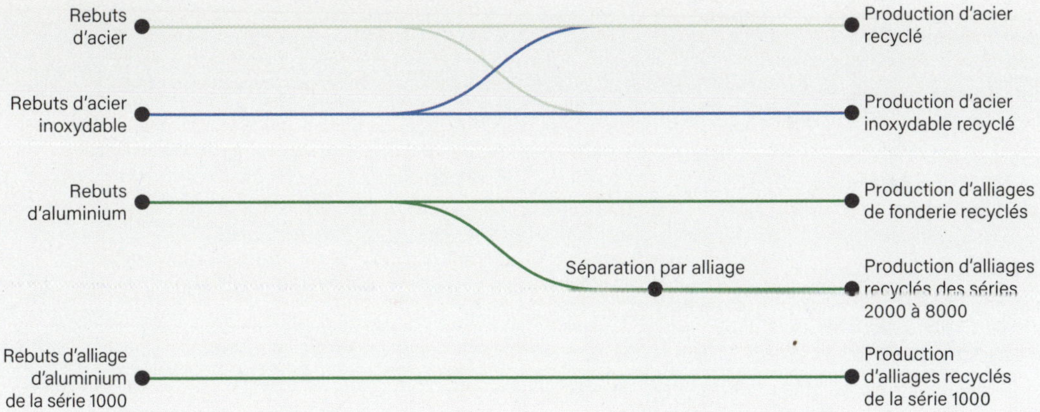

Alliages d'aluminium courants
Propriétés principales et options de recyclage.

- **Série 1000**
  Aluminium pur à au moins 99 % – très sensible à la contamination, nécessite en général un recyclage en circuit fermé. Convient aux procédés de formage nécessitant un débit élevé, comme l'extrusion par impact.

- **Séries 2000 à 8000**
  Entre 85 et 95 % d'aluminium pur, allié à d'autres métaux et minéraux pour améliorer les propriétés et le rendre compatible avec des procédés de formage et de finition spécifiques (laminage en tôles, extrusion, anodisation). Pour conserver leurs propriétés, ces alliages doivent être séparés lors du recyclage.

- **Série 4000 (alliages de fonderie)**
  Alliages contenant du silicium, ce qui rend le matériau facile à couler, mais inadapté à l'anodisation. Ces alliages offrent une plus grande flexibilité au cours et permettent de mélanger différents alliages lors du recyclage.

Aluminium recyclé pour l'extrusion

Certains fournisseurs spécialisés sont capables de proposer des alliages d'aluminium de la série 6000 avec un taux élevé de contenu PCR, convenant aux applications d'extrusion de haute qualité.

Fournisseurs et matériaux	- Aluminium recyclé série 6000 Hydro CIRCAL - Aluminium recyclé série 6000 E-MAX X-ECO
Origine des matières premières	Profilés extrudés provenant des déchets de la construction, de l'automobile et des biens de consommation. L'aluminium recyclé de série 6000 Hydro CIRCAL est composé à 75 % de matériaux PCR et de matériaux vierges, alors que les autres fournisseurs utilisent en général un mélange de matériaux PIR, PCR et vierges. Demander aux fournisseurs de fournir les certifications ISCC PLUS, SCS Recycled Content ou toute autre certification qui établit la proportion de contenu recyclé dans des alliages spécifiques.

	Hydro CIRCAL[2]	**Aluminium vierge série 6000**[3]
PRG	< 2,3 kg CO_2eq/kg	11,3 kg CO_2eq/kg
Consommation d'énergie	33,2 MJ/kg	163 MJ/kg
Consommation d'eau	60 l/kg	1 060 l/kg

Toxicité	Les surfaces en aluminium sont considérées comme non toxiques et sans risque pour le contact avec la peau, les aliments et l'eau, y compris dans le matériel de cuisine. Toutefois, certaines finitions de l'aluminium peuvent contenir des ingrédients toxiques. Demander aux fournisseurs de fournir la fiche de données de sécurité et faire confirmer que les finitions conviennent à votre application.
Circularité	L'aluminium est actuellement l'un des matériaux les plus recyclés au monde. En théorie, il est recyclable à l'infini sans perte de qualité, mais les différents alliages d'aluminium doivent être séparés au cours du recyclage afin de préserver les propriétés du matériau. Pour un aperçu des taux de recyclage et des directives en matière de design circulaire pour l'aluminium, voir p. 121.
Propriétés mécaniques	L'aluminium de la série 6000 offre un bon rapport résistance/poids, avec une densité d'environ un tiers de celle de l'acier. C'est pourtant un métal assez mou, ce qui rend les surfaces polies et brillantes sujettes aux rayures.
Résistance environnementale	Bonne résistance à la chaleur et à la corrosion, mais les surfaces brutes et non finies réagissent avec certains produits chimiques et certains acides. Bonne résistance aux intempéries.
Formage	Convient à l'extrusion, qui peut être combinée à des transformations secondaires (usinage, cintrage et hydroformage) pour obtenir des formes plus complexes.
Finition	Compatible avec de nombreux procédés de finition de l'aluminium : revêtement par poudre, polissage, sablage, anodisation, gravure chimique et marquage au laser. De petites imperfections liées au procédé de recyclage peuvent être visibles à la surface de la pièce en cas d'anodisation avec des couleurs claires.

Support de vélo FOLK, conçu par Front pour Vestre. Les profilés extrudés sont en aluminium Hydro CIRCAL 75 % PCR, dont le PRG atteint à peine un cinquième de la moyenne mondiale pour l'aluminium vierge.

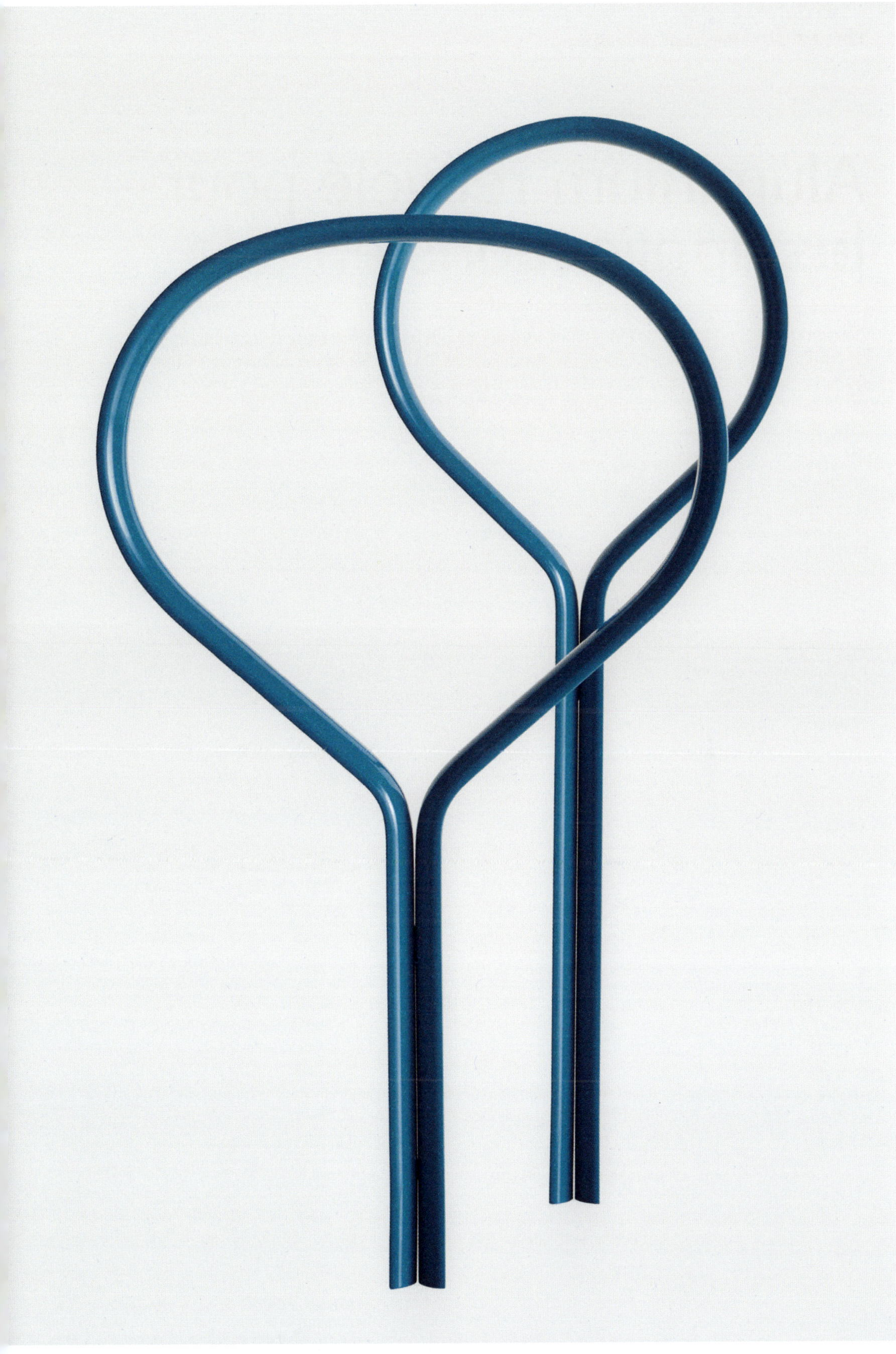

Aluminium recyclé pour les applications en tôle

Les emballages en feuilles d'aluminium utilisent souvent de l'aluminium des séries 3000 et 5000 ; c'est pourquoi ces alliages sont parmi les plus utilisés. Cela explique également qu'ils comptent parmi les alliages d'aluminium les plus largement recyclés, d'autant plus qu'ils ont de nombreuses applications potentielles en dehors de l'emballage.

Fournisseurs et matériaux	- Aluminium recyclé séries 3000 et 5000 Novelis AL:sust™ - Aluminium recyclé séries 3000 et 5000 Alcoa Ecodura	
Origine des matières premières	Principalement les emballages en aluminium, tels que les boîtes de conserve. L'aluminium AL:sust™ produit par Novelis contient au moins 80 % de matière recyclée ; pour Alcoa Ecodura, la proportion est de 50 %. Demander aux fournisseurs de fournir les certifications ISCC PLUS, SCS Recycled Content ou toute autre certification qui établit la proportion de contenu recyclé dans des alliages spécifiques.	
	Novelis AL:sust™[4]	**Aluminium vierge série 6000[5]**
PRG	2 kg CO_2eq/kg	11,4 kg CO_2eq/kg
Consommation d'énergie	8,2 MJ/kg	164 MJ/kg
Consommation d'eau	Pas de données	1 070 l/kg
Toxicité	Les surfaces en aluminium sont considérées comme non toxiques et sans risque pour le contact avec la peau, les aliments et l'eau, y compris dans le matériel de cuisine. Toutefois, certaines finitions de l'aluminium peuvent contenir des ingrédients toxiques. Demander aux fournisseurs de fournir la documentation de sécurité et faire confirmer que les finitions conviennent à votre application.	
Circularité	L'aluminium est actuellement l'un des matériaux les plus recyclés au monde, et les alliages des séries 3000 et 5000 sont parmi les alliages les plus recyclés. En théorie, l'aluminium est recyclable à l'infini sans perte de qualité, mais les différents alliages doivent être séparés au cours du recyclage afin de préserver les propriétés des matériaux. Pour un aperçu des taux de recyclage et des directives en matière de design circulaire pour l'aluminium, voir p. 121.	
Propriétés mécaniques	Les alliages d'aluminium des séries 3000 et 5000 ont une résistance moyenne élevée et peuvent concurrencer l'acier dans de nombreuses applications. C'est pourtant un métal assez mou, ce qui rend les surfaces polies et brillantes sujettes aux rayures.	
Résistance environnementale	Bonne résistance à la chaleur et à la corrosion, mais les surfaces brutes et non finies réagissent avec certains produits chimiques et certains acides. Bonne résistance aux intempéries.	
Formage	Les tôles d'aluminium des séries 3000 et 5000 conviennent à des procédés d'emboutissage, de pressage et d'hydroformage, ainsi qu'à d'autres procédés courants, comme l'usinage et le pliage.	
Finition	Compatible avec toute une série de procédés courants de finition de l'aluminium : revêtement par poudre, polissage, anodisation, etc. Dans de nombreux cas, les tôles peuvent être préfinies avant d'être mises en forme.	

Téléviseur LED Série 9000 de Samsung. L'extérieur du support et le cadre sont en feuilles d'aluminium partiellement recyclées produites par Novelis.

SAMSUNG

Aluminium recyclé pour le moulage

Il y a de quoi se perdre dans la multitude d'alliages d'aluminium pour le moulage (dits alliages de fonderie) ; plusieurs fournisseurs proposent des matériaux contenant un taux élevé de matières recyclées.

Fournisseurs et matériaux	- Alliages de fonderie d'aluminium recyclé Raffmetal SILVAL - Alliages de fonderie d'aluminium recyclé Kuusakoski - Alliages de fonderie d'aluminium recyclé Stena Aluminium
Origine des matières premières	Très grande variété de déchets issus de la construction, de l'industrie et de la consommation. Les alliages de fonderie recyclés sont généralement issus d'un mélange de matériaux PIR, PCR et vierges. Demander aux fournisseurs de fournir les certifications ISCC PLUS, SCS Recycled Content ou toute autre certification qui établit la proportion de contenu recyclé dans des alliages spécifiques.

	Raffmetal SILVAL[6]	**Alliages de fonderie vierges**[7]
PRG	1,9 kg CO_2eq/kg	11,3 kg CO_2eq/kg
Consommation d'énergie	30,4 MJ/kg	161,9 MJ/kg
Consommation d'eau	7,7 l/kg	1 058 l/kg

Toxicité	Les surfaces en aluminium sont considérées comme non toxiques et sans risque pour le contact avec la peau, les aliments et l'eau, y compris dans le matériel de cuisine. Toutefois, certaines finitions de l'aluminium peuvent contenir des ingrédients toxiques. Demander aux fournisseurs de fournir la documentation de sécurité et faire confirmer que les finitions conviennent à votre application.
Circularité	L'aluminium est actuellement l'un des matériaux les plus recyclés au monde. En théorie, il est recyclable à l'infini sans perte de qualité, mais les différents alliages d'aluminium doivent être séparés au cours du recyclage afin de préserver les propriétés du matériau. Pour un aperçu des taux de recyclage et des directives en matière de design circulaire pour l'aluminium, voir p. 121.
Propriétés mécaniques	Les pièces moulées en aluminium offrent un bon rapport résistance/poids, avec une densité d'environ un tiers de celle de l'acier.
Résistance environnementale	Bonne résistance à la chaleur et à la corrosion, mais les surfaces brutes et non finies réagissent avec certains produits chimiques et certains acides. Bonne résistance aux intempéries.
Formage	Compatible avec la plupart des procédés de coulée des métaux : moulage sous pression, moulage en sable et pressage isostatique à chaud ; les pièces peuvent ensuite être façonnées par usinage. L'aluminium moulé convient pour les pièces complexes et de grande taille : jantes automobiles, pièces de machines, meubles, etc.
Finition	Compatible avec de nombreux procédés de finition de l'aluminium : revêtement par poudre, polissage, sablage, gravure chimique et marquage au laser. Les alliages de fonderie contiennent en général du silicone, ce qui les rend impropres à l'anodisation et donne souvent des imperfections visibles à la surface.

Chaise Atlas, conçue par Johannes Foersom et Peter Hiort-Lorenzen pour Lammhults. La base est en fonte d'aluminium recyclée, qui a un impact environnemental nettement moins important que les matériaux vierges.

Acier recyclé

Si l'industrie sidérurgique compte parmi les gros émetteurs de CO_2 au niveau mondial, l'acier est aussi l'un des matériaux les plus recyclés aujourd'hui, et de plus en plus de sidérurgistes proposent des matériaux à forte teneur en matières recyclées.

Fournisseurs et matériaux	- Acier recyclé ThyssenKrupp Bluemint® - Acier recyclé SSAB EcoSmart™	
Origine des matières premières	Très grande variété de déchets issus de la construction, de l'industrie et de la consommation. L'acier Bluemint® Recycled de ThyssenKrupp est entièrement produit à partir d'un mélange de déchets PIR et PCR, alors que les autres fournisseurs d'acier recyclé utilisent en général un mélange de matériaux PIR, PCR et vierges. Demander aux fournisseurs de fournir les certifications ISCC PLUS, SCS Recycled Content ou toute autre certification qui établit la proportion de contenu recyclé dans des matériaux spécifiques.	
	Bluemint® Recycled ThyssenKrupp[8]	**Acier vierge**[9]
PRG	> 0,75 kg CO_2eq/kg	2,4 kg CO_2eq/kg
Consommation d'énergie	Pas de données	25,4 MJ/kg
Consommation d'eau	Pas de données	Pas de données
Toxicité	L'acier est considéré comme non toxique, mais certains produits de finitions comportent des ingrédients potentiellement nocifs. Les revêtements chromés classiques utilisent du chrome hexavalent, un métal lourd très toxique, sans danger dans les produits finis, mais présentant un risque très sérieux pour les opérateurs de l'usine s'il n'est pas manipulé correctement. Les procédés de chromage les plus récents utilisent le chrome trivalent, une alternative bien plus sûre. D'autres traitements, comme la galvanisation, peuvent dégager des fumées toxiques en cas de chauffage. Demander aux fournisseurs de fournir la documentation de sécurité et faire confirmer que les finitions conviennent à votre application.	
Circularité	L'acier est l'un des matériaux les plus recyclés, parce qu'il est relativement facile à séparer des autres déchets, mais aussi parce qu'il permet de produire facilement des matériaux recyclés de haute qualité à partir des déchets d'acier. Pour un aperçu des taux de recyclage et des directives en matière de design circulaire pour l'acier, voir p. 121.	
Propriétés mécaniques	L'acier offre une grande résistance et une grande dureté de surface, mais c'est un matériau lourd, environ trois fois plus dense que l'aluminium.	
Résistance environnementale	Bonne résistance à la chaleur, mais les surfaces en acier non traitées se corrodent et réagissent aux produits chimiques et aux acides.	
Formage	Les tôles d'acier peuvent être estampées, poinçonnées et pliées ; les barres et les billettes peuvent être forgées. Les tôles et les tubes peuvent également être hydroformés.	
Finition	Il est rare que l'acier soit utilisé sans un traitement de surface qui protège le matériau de la corrosion : chromage, galvanisation, dépôt physique en phase vapeur (PVD) ou revêtement par poudre. L'acier résistant aux intempéries (acier Corten) est une exception : l'acier est allié à du cuivre qui lui donne une surface oxydée. L'acier se prête à diverses finitions décoratives : polissage, brossage, sablage, gravure et marquage au laser.	

Chaise S-1500, conçue par Snøhetta pour NCP. Les pieds et la structure sont en acier recyclé.

Acier inoxydable recyclé

Comme l'acier ordinaire, l'acier inoxydable est largement recyclé, et plusieurs fournisseurs proposent des matériaux à forte teneur en matières recyclées.

Fournisseurs et matériaux	- Acier inoxydable Outokumpu - Acier inoxydable Aperam	
Origine des matières premières	Très grande variété de déchets issus de la construction, de l'industrie et de la consommation. L'acier inoxydable du fournisseur finlandais Outokumpu est fabriqué à partir d'au moins 90 % de déchets PIR et PCR, mélangés à du matériau vierge. Demander aux fournisseurs de fournir les certifications ISCC PLUS, SCS Recycled Content ou toute autre certification qui établit la proportion de contenu recyclé dans des matériaux spécifiques.	
	Acier inoxydable Outokumpu[10]	**Acier inoxydable vierge**[11]
PRG	3,4 kg CO_2eq/kg	7,7 kg CO_2eq/kg
Consommation d'énergie	64,7 MJ/kg	25,4 MJ/kg
Consommation d'eau	38 200 l/kg	2 350 l/kg
Toxicité	L'acier inoxydable est considéré comme non toxique et sans danger pour les aliments, l'eau et la peau. Toutefois, une étude publiée en 2013 par des chercheurs de l'université d'État de l'Oregon (États-Unis) a montré que les ustensiles de cuisine en acier inoxydable réagissent aux aliments acides et libèrent de petites quantités de nickel et de chrome, ce qui pourrait constituer un risque pour les utilisateurs présentant des allergies. Demander aux fournisseurs de fournir la documentation de sécurité et faire confirmer que les matériaux conviennent à votre application.	
Circularité	L'acier inoxydable est largement recyclé, et les déchets d'acier ordinaire peuvent entrer dans la production d'acier inoxydable. Pour un aperçu des taux de recyclage et des directives en matière de design circulaire pour l'acier inoxydable, voir p. 121.	
Propriétés mécaniques	L'acier inoxydable offre une résistance et une dureté de surface élevées, mais c'est un matériau lourd, environ trois fois plus dense que l'aluminium.	
Résistance environnementale	Excellente résistance à la chaleur et à la corrosion, sans nécessiter de revêtements secondaires.	
Formage	Les tôles d'acier inoxydable peuvent être estampées, poinçonnées et pliées ; les barres et les billettes peuvent être forgées. Les tôles et les tubes peuvent également être hydroformés.	
Finition	Il existe une large diversité de finitions décoratives courantes : dépôt physique en phase vapeur (PVD), le polissage, brossage, sablage, gravure et marquage au laser.	

Ciseaux ReNew de Fiskars, avec lames en acier inoxydable recyclé et poignée en plastique recyclé et composite de fibres de cellulose.

FISKARS
RECYCLED FINLAND

Métaux bas-carbone

Comme indiqué précédemment, la production de métaux nécessite des températures très élevées et des équipements lourds, ce qui se traduit par une empreinte écologique très importante. Selon la World Steel Association, environ 72 % de la production mondiale d'acier en 2018 a été réalisée dans des hauts-fourneaux alimentés par du coke, une source majeure d'émissions de CO_2 au niveau mondial.

La production d'aluminium est encore plus énergivore que celle de l'acier, c'est pourquoi les fonderies d'aluminium sont souvent construites à proximité de sources d'énergie renouvelable, comme les centrales hydroélectriques ou géothermiques. Toutefois, selon une analyse menée par Ember, un groupe de réflexion indépendant sur l'énergie, sur la base des données fournies par l'Institut international de l'aluminium, plus de la moitié de la production mondiale d'aluminium utilise encore le charbon et le gaz naturel.

Incités par les nouvelles législations, telle que le *Green Deal* européen qui cible les industries les plus énergivores, les producteurs de métaux recherchent des sources d'énergie alternatives et des moyens d'améliorer l'efficacité des procédés de fabrication. Certains sidérurgistes, comme l'allemand ThyssenKrupp, remplacent le minerai de fer ordinaire par du **minera de fer préréduit (DRI)** ou du **fer briqueté à chaud (HBI)**, moins énergivore. À long terme, l'hydrogène devrait remplacer le coke comme principale source d'énergie dans la production d'acier. Le *Green Steel Tracker* du *Leadership Group for Industry Transition* (LeadIT) répertorie une large gamme d'initiatives de décarbonation dans l'industrie sidérurgique. Certaines d'entre elles ont déjà été lancées, comme l'acier bas-carbone HYBRIT du fournisseur suédois SSAB (voir ci-contre et p. 136-137). Le procédé HYBRIT remplace le coke et d'autres combustibles fossiles dans la fabrication de l'acier par de l'hydrogène « vert », obtenu par hydrolyse de l'eau au moyen d'énergies renouvelables. SSAB a livré au groupe Volvo le premier lot d'acier HYBRIT fin 2021 et plusieurs autres sidérurgistes développent ou ont lancé la production d'acier bas-carbone par un procédé à hydrogène, notamment Voestalpine en Europe et HBIS en Chine.

L'industrie de l'aluminium utilise les énergies renouvelables depuis plus longtemps que celle l'acier, mais l'efficacité globale du procédé de production de l'aluminium peut elle-même être améliorée. L'aluminium bas-carbone Hydra REDUXA du fournisseur norvégien Hydro a une empreinte carbone inférieure à 4 kg de CO_2 par kg de matériau, et Hydro cherche à améliorer encore cette performance par des gains d'efficacité dans les étapes les plus énergivores du processus : le raffinage de l'alumine et l'électrolyse (voir ci-contre).

D'autres fournisseurs mettent au point de nouveaux procédés, comme ELYSIS, co-entreprise créée par deux géants mondiaux de l'aluminium, Rio Tinto et Alcoa. En remplaçant les équipements d'électrolyse conventionnels des fonderies par une nouvelle technologie, le procédé ELYSIS parvient à éliminer toutes les émissions de GES directement liées à l'électrolyse. Une usine pilote, en cours de construction au Canada, devrait être opérationnelle en 2024, mais dès 2021, l'entreprise a livré de petits lots de matériaux provenant de son centre de R&D à des clients des secteurs de l'automobile et de l'électronique grand public.

Production d'acier sans fossile HYBRIT

Quelques aciéries remplacent les fours traditionnels au coke par une nouvelle génération d'installations fonctionnant à l'hydrogène et à l'électricité renouvelable. Les diagrammes ci-dessous donnent un aperçu du procédé Hybrit du sidérurgiste suédois SSAB, qui permet de fabriquer de l'acier sans énergie fossile et sans émissions de CO_2.

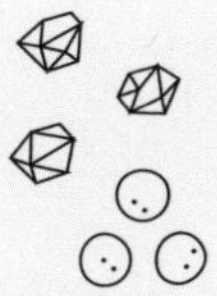

1. Du minerai de fer aux pellets
Les pellets permettent d'améliorer les rendements et de réduire la consommation d'énergie dans les étapes ultérieures. Le processus est alimenté par du « pétrole renouvelable ».

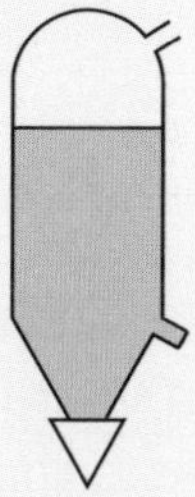

2. Réduction directe du fer
Le procédé, basé sur l'hydrogène, est moins énergivore que les fours au charbon, tout en émettant de l'eau au lieu de CO_2.

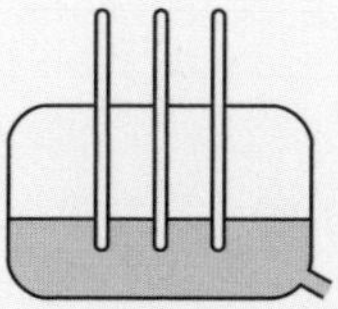

3. Alliage de l'acier
Le carbone est ajouté au fer pour produire de l'acier dans un four alimenté par une énergie renouvelable.

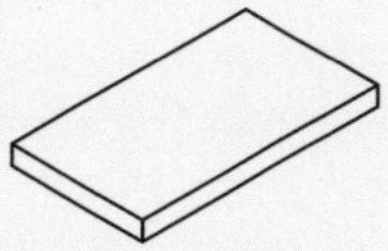

4. Brames d'acier brut
L'acier fondu est transformé en brames pour être ensuite transformé en tôles, barres, fils et autres produits semi-finis.

Production d'aluminium bas-carbone par Hydro REDUXA

Le norvégien Hydro a mis au point un processus de fabrication d'aluminium vierge utilisant des énergies renouvelables et des procédés optimisés et moins consommateurs d'énergie, avec 4 kg de CO_2eq par kg d'aluminium produit – à ce jour, c'est l'un des procédés les moins émissifs de toute la production d'aluminium primaire mondiale.

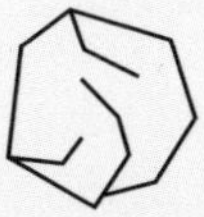

1. Exploitation de la bauxite
Hydro utilise de la bauxite provenant de ses propres mines au Brésil. Les activités minières d'Hydro sont certifiées par l'*Aluminium Stewardship Initiative* (ASI).

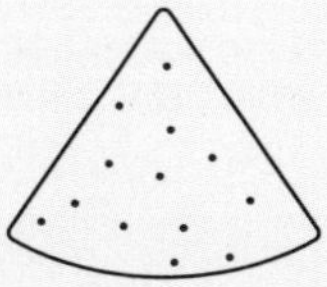

2. Raffinage de l'alumine
La bauxite est ensuite raffinée en alumine. Avec l'électrolyse, c'est l'étape la plus énergivore du processus Hydro REDUXA.

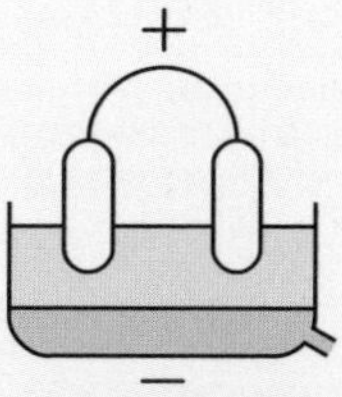

3. Électrolyse
Fusion de l'alumine par hydroélectricité dans une cellule d'électrolyse. Les anodes chargées positivement provoquent la formation d'aluminium fondu au fond de la cellule.

4. Lingots d'aluminium
L'aluminium fondu est ensuite allié et coulé en lingots pour être transformé en pièces moulées, en feuilles de métal et en extrusions.

Aluminium bas-carbone

Plusieurs fournisseurs proposent de l'aluminium bas-carbone grâce au recours aux énergies renouvelables et à des gains d'efficacité dans les étapes les plus énergivores du processus de production.

Fournisseurs et matériaux	- Aluminium bas-carbone Hydro REDUXA - Aluminium bas-carbone Alcoa Sustana EcoLum™ - Aluminium bas-carbone Rio Tinto RenewAl™	
Origine des matières premières	Exploitation de la bauxite vierge. Demander aux fournisseurs de confirmer que l'extraction minière est conforme aux normes ASI, IRMA ou aux autres normes industrielles. Certains matériaux, comme RenewAl™ de Rio Tinto, contiennent un mélange d'aluminium vierge bas-carbone et de déchets recyclés, auquel cas on demandera une certification ISCC PLUS, SCS Recycled Content ou autre qui établit la proportion de contenu recyclé.	
	Hydro REDUXA[1]	**Aluminium vierge série 6000**[2]
PRG	4 kg CO_2eq/kg	11,3 kg CO_2eq/kg
Consommation d'énergie	90,6 MJ/kg	163 MJ/kg
Consommation d'eau	224 l/kg	1 060 l/kg
Toxicité	Les surfaces en aluminium sont considérées comme non toxiques et sans risque pour le contact avec la peau, les aliments et l'eau, y compris dans le matériel de cuisine. Toutefois, certaines finitions de l'aluminium peuvent contenir des ingrédients toxiques. Demander aux fournisseurs de fournir la documentation de sécurité et faire confirmer que les finitions conviennent à votre application.	
Circularité	L'aluminium est actuellement l'un des matériaux les plus recyclés au monde. En théorie, il est recyclable à l'infini sans perte de qualité, mais les différents alliages d'aluminium doivent être séparés au cours du recyclage afin de préserver les propriétés du matériau. Pour un aperçu des taux de recyclage et des directives en matière de design circulaire pour l'aluminium, voir p. 121.	
Propriétés mécaniques	Bon rapport résistance/poids, avec environ un tiers de la densité de l'acier. L'aluminium étant un métal assez mou, les surfaces polies et brillantes sont donc sujettes aux rayures.	
Résistance environnementale	Bonne résistance à la chaleur et à la corrosion, mais les surfaces brutes et non finies réagissent avec certains produits chimiques et certains acides. Bonne résistance aux intempéries.	
Formage	Disponible dans des qualités adaptées aux applications par extrusion, moulage, mise en feuilles et en fils. Les pièces en aluminium peuvent être affinées par usinage, pliage et hydroformage pour obtenir des formes plus complexes.	
Finition	Compatible avec de nombreux procédés de finition de l'aluminium : revêtement par poudre, polissage, sablage, anodisation, gravure chimique et marquage au laser.	

Poussette NXT90 ERGO par Emmaljunga. Le châssis est en profilés d'aluminium bas-carbone Hydro REDUXA, assemblés par des vis au lieu de rivets, ce qui permet de changer les pièces et d'effectuer des réparations.

Emmaljunga

Acier bas-carbone

Les quelques produits sidérurgiques bas-carbone actuellement disponibles sur le marché sont produits avec de l'hydrogène vert et des énergies renouvelables au lieu de combustibles fossiles, ce qui permet de réduire fortement l'empreinte environnementale par rapport aux procédés sidérurgiques conventionnels.

Fournisseurs et matériaux	- Acier pur bas-carbone ThyssenKrupp Bluemint® - Acier bas-carbone SSAB HYBRIT - Acier bas-carbone Voestalpine Greentec	
Origine des matières premières	Minerai de fer vierge. Demander aux fournisseurs de confirmer que l'extraction de minerai de fer vierge est conforme aux certifications ResponsibleSteel™, IRMA ou à d'autres normes et certifications pertinentes.	
	ThyssenKrupp Bluemint® Pure[3]	**Acier vierge**[4]
PRG	0,6 kg CO_2eq/kg	2,4 kg CO_2eq/kg
Consommation d'énergie	Pas de données	25,4 MJ/kg
Consommation d'eau	Pas de données	Pas de données
Toxicité	L'acier non traité est considéré comme non toxique, mais certains produits de finitions de l'acier utilisent des ingrédients potentiellement nocifs. Les revêtements chromés conventionnels utilisent du chrome hexavalent, un métal lourd très toxique qui, sans danger dans les produits finis, présente un risque pour les opérateurs de l'usine s'il n'est pas manipulé correctement. Les procédés de chromage les plus récents utilisent le chrome trivalent, qui est une alternative plus sûre. L'acier galvanisé, autre finition courante, dégage des fumées d'oxyde de zinc lorsqu'il est chauffé et ne convient donc pas pour les ustensiles de cuisine ou le contact avec les aliments en général. Demander aux fournisseurs de fournir la fiche de données de sécurité et faire confirmer que les finitions conviennent à votre application.	
Circularité	L'acier est l'un des matériaux les plus recyclés actuellement, en partie parce qu'il est relativement facile à séparer des autres déchets, mais aussi parce qu'il permet facile de produire des matériaux recyclés de haute qualité à partir des déchets d'acier. Pour un aperçu des taux de recyclage et des directives en matière de design circulaire pour l'acier, voir p. 121.	
Propriétés mécaniques	L'acier offre une grande résistance et une grande dureté de surface, mais c'est un matériau lourd, environ trois fois plus dense que l'aluminium.	
Résistance environnementale	Bonne résistance à la chaleur, mais les surfaces en acier non traitées se corrodent et réagissent aux produits chimiques et aux acides.	
Formage	Les barres et les billettes d'acier conviennent au forgeage, tandis que les tôles peuvent être estampées, poinçonnées et pliées. Les tôles et les tubes d'acier peuvent également être hydroformés.	
Finition	Il est rare que l'acier soit utilisé sans un traitement de surface qui protège le matériau de la corrosion : chromage, galvanisation, dépôt physique en phase vapeur (PVD) ou revêtement par poudre. L'acier résistant aux intempéries (ou acier corten) est une exception, car il est allié au cuivre pour donner une surface oxydée. L'acier se prête à diverses finitions décoratives : polissage, brossage, sablage, gravure et marquage au laser.	

Bougeoir conçu par Lena Bergström pour le sidérurgiste suédois SSAB, fabriqué avec le tout premier acier au monde produit sans combustible fossile. L'acier est fabriqué avec du fer issu de la technologie HYBRIT, réduite à 100 % par de l'hydrogène au lieu de charbon et de coke (voir p. 133).

4
Céramiques et verre

Les céramiques et le verre sont souvent regroupés parce qu'ils sont tous deux d'origine minérale. La plupart des céramiques sont à base d'argile, tandis que le verre est constitué d'une poudre minérale sèche (principalement du dioxyde de silicium provenant du sable). Bien que très abondants sur Terre, ces minéraux ne sont pas renouvelables et doivent être extraits du sol. L'exploitation intensive laisse des séquelles irréversibles dans le paysage ; de plus, si la mine n'est pas exploitée correctement, les minéraux et sous-produits risquent de s'échapper des bassins de rétention et de contaminer le sol et l'eau. En outre, dans certaines régions exploitées depuis longtemps, les matières premières nécessaires à la fabrication de la céramique et du verre sont en voie d'épuisement, ce qui conduit parfois à une exploitation illégale. L'extraction illégale de sable est alarmante, car elle met en péril les rivages et les deltas des fleuves du monde entier. Plusieurs certifications portent sur l'extraction et la production responsables de matériaux céramiques, notamment l'*Initiative for Responsible Mining Assurance* (IRMA).

Outre l'exploitation minière, la fabrication à haute température, très énergivore, alourdit le bilan écologique de la céramique et du verre. Plusieurs projets visent à mettre au point des procédés plus efficaces (voir l'inventaire des projets européens de recherche et d'innovation publié par Cerame-Unie, l'association européenne de l'industrie céramique), mais la plupart des types de céramiques et de verres sont produits dans des fours conventionnels alimentés à l'électricité ou au gaz.

Les céramiques et le verre sont généralement inertes et non toxiques, mais les revêtements et les éléments décoratifs doivent être traités avec une attention particulière. L'émail, souvent nécessaire pour protéger les céramiques contre l'humidité et les produits chimiques, permet également de leur donner de la couleur, de la brillance ou d'autres effets décoratifs. Les émaux anciens contiennent souvent des éléments toxiques : plomb, cadmium ou chrome, très résistants à la chaleur, mais des alternatives non toxiques existent. Pour la même raison, dans le verre décoratif ancien, les finitions contenaient autrefois souvent du plomb et d'autres métaux lourds.

Les options d'élimination en fin de vie sont très variées. Si certains matériaux, comme le verre d'emballage, sont largement recyclés, les options sont plus limitées pour d'autres types de verre et de céramique. Comme le mentionne Ward Massa (interview p. 141), le secteur du bâtiment génère d'énormes volumes de déchets de céramique et de verre, soit plus d'un tiers du volume annuel total de déchets dans l'UE. En revanche, la céramique et le verre sont extrêmement durables à condition d'être correctement entretenus.

Origine des matériaux céramiques

Verre et céramiques sont fabriqués à partir de minéraux qui existent sous différentes formes dans la nature : des énormes blocs de pierre jusqu'au sable fin en passant par l'argile.

Argile pour céramique

Malléable à l'état humide, l'argile devient dure et cassante après séchage et cuisson au four à haute température. Cet ouvrage accorde une grande place à la céramique recyclée, issue du broyage des déchets céramiques afin de produire une nouvelle matière argileuse que l'on cuira à nouveau.

- Argile pour briques à base de déchets (p. 146)

Verre

Le verre est constitué de sable chauffé devenu un liquide en fusion qui peut être façonné ; il se solidifie en refroidissant. En théorie, ce processus est répétable à l'infini par le broyage et la refonte des produits verriers.

- Verre d'emballage sodocalcique recyclé (p. 154)
- Verre plat et soufflé recyclé (p. 156)
- Verre fondu recyclé (p. 158)
- Verre borosilicaté recyclé (p. 160)

Sédiments

Les sédiments sont formés par la lente désagrégation des roches et des minéraux sous l'effet des intempéries, de l'érosion et des cours d'eau. D'un point de vue technique, le sable est constitué de particules minérales de 0,1 à 1 mm, tandis que l'argile est composée de particules encore plus fines et d'eau.

Pierre naturelle

La pierre naturelle est traditionnellement extraite de carrières, en énormes blocs qui sont ensuite découpés en blocs plus petits et en plaques. D'autres méthodes consistent à fabriquer des matériaux de type terrazzo à partir de déchets de pierre naturelle PCR et PIR, ou à produire de la pierre artificielle par frittage à partir de déchets de pierre broyés.

- Terrazzo (p. 148)
- Pierre frittée (p. 150)

Roches

« Je veux démontrer qu'on peut créer un bel objet à partir de déchets. »

Entretien avec Ward Massa, cofondateur et directeur de StoneCycling, une start-up implantée à Amsterdam qui produit des briques et des carreaux à partir de divers flux de déchets de céramiques. Pour en savoir plus, consultez stonecycling.com

Vu de l'extérieur, il me semble que StoneCycling a fait des pas de géant en peu de temps. Racontez-moi comment vous avez créé l'entreprise et où vous en êtes aujourd'hui ?

J'ai créé StoneCycling avec mon ami Tom van Soest en 2011. Tom est designer ; il a inventé le procédé StoneCycling alors qu'il était étudiant à la Design Academy à Eindhoven, tandis que je viens de la communication et des sciences politiques. Je m'intéresse depuis toujours aux systèmes et à leur évolution ; j'étais convaincu que StoneCycling pourrait avoir un impact positif sur le secteur de la construction. Mais il y a bien sûr une énorme différence entre avoir une bonne idée et savoir la développer pour en faire un produit viable. Nous avons créé un réseau de partenaires industriels, d'entreprises de démolition et de sociétés de recyclage qui récupèrent certains flux de déchets que nous pouvons utiliser. Parfois, nous utilisons des déchets provenant d'un site de démolition pour construire un nouveau bâtiment sur le même site, par exemple la Maison commune à Helmond, aux Pays-Bas. Notre premier projet d'envergure a été une maison individuelle à Rotterdam en 2016, mais l'activité n'a vraiment commencé à décoller qu'au cours des deux dernières années, du fait de la nouvelle législation et des mesures incitatives, principalement européennes dans le secteur de la construction qui ont rendu nos produits attractifs pour un public beaucoup plus large. En 2022, le premier bâtiment construit avec nos briques a été achevé aux États-Unis.

Déchets de construction en céramique à l'usine StoneCycling.

La durabilité étant un sujet complexe, il peut être difficile de définir des priorités, mais il semble que dès le départ vous avez repéré les domaines dans lesquels StoneCycling aurait un impact majeur.

Avec Tom, nous avons très vite compris que, partout dans le monde, le bâtiment est la principale source de déchets. Rien qu'en Europe, les chantiers de démolition et de construction et les résidus industriels des fournisseurs de matériaux génèrent près de 850 millions de tonnes de déchets, soit environ un tiers du total des déchets produits dans l'UE. Nous avons été très surpris par ce volume ; je pense que ce fait est largement méconnu. De plus, alors même que les déchets s'accumulent, les matériaux vierges se raréfient, ce qui entraîne des pratiques totalement déprimantes, notamment l'extraction illégale de sable, qui menace les plages et les rivières de toute la planète. Dans ce contexte, nous avons eu l'idée d'une recette de base pour fabriquer de nouveaux produits céramiques à partir de ce qui est essentiellement la plus grande source de déchets de la planète. Pourquoi ne pas fabriquer des briques afin qu'une partie de ces déchets puisse être réinjectée dans l'industrie de la construction, tout en préservant les matières premières ?

Les briques de StoneCycling sont d'une beauté saisissante. Aviez-vous dès le départ une vision esthétique claire du matériau que vous vouliez créer ?

Nous avons toujours voulu démontrer qu'on peut fabriquer du beau à partir de déchets. Nous savions aussi qu'en créant un matériau le plus beau possible, nous augmentions nos chances d'en faire un produit courant, plutôt qu'un produit de niche. Aujourd'hui, nous voyons des acteurs majeurs dans le secteur du bâtiment adopter certaines des pratiques de StoneCycling, ce qui est formidable car cela confirme l'attrait de nos produits ; de plus, collectivement, nous avons plus d'impact. Pourtant, je crois que le fait que de ne pas être un fournisseur de matériaux traditionnel nous permet d'être plus souples et plus clairs sur ce que nous faisons. Il est donc normal que nous soyons en avance sur le reste de l'industrie, que nous allions plus vite, en expérimentant de nouvelles idées en matière de durabilité et d'esthétique.

Sur ce point, comment voyez-vous l'évolution future de StoneCycling ?

Dans l'état actuel des choses, nous savons produire des briques issues de matériaux de récupération, ce qui est très bien, mais il faut encore les cuire dans des fours très énergivores. Pour l'instant, la meilleure solution consiste à utiliser du gaz naturel, que nous compensons par le biais d'un dispositif de compensation carbone, ce qui, nous le savons, est loin d'être suffisant. Nous cherchons donc d'autres moyens de cuire les briques, comme des fours à hydrogène.

En fin de compte, j'ai le sentiment que notre marge de manœuvre sur le plan énergétique est assez limitée. En revanche, les possibilités sont meilleures du côté des matières premières et des types de déchets que nous pouvons utiliser, sans parler du sort de nos propres briques lorsqu'elles arrivent au stade du recyclage. Nous avons également une collaboration très intéressante avec la start-up américaine Biomason, qui a mis au point un processus de culture de matériaux céramiques à basse température en utilisant les mêmes micro-organismes que ceux qui produisent les récifs coralliens dans la nature.

Matériaux WasteBasedBrick® de StoneCycling
(voir aussi p. 146-147).

Recyclage de la céramique

Circularité, modularité, ces termes souvent utilisés pour décrire les technologies de pointe en matière de matériaux durables, semblent faire partie intégrante de l'ADN même de la céramique. En effet, une brique bien conservée lors d'un chantier de démolition peut tout à fait être récupérée et réutilisée dans un nouveau bâtiment. Pourtant, le recyclage des céramiques est loin d'être aussi répandu qu'il pourrait l'être.

Il existe aujourd'hui deux sources fondamentales pour le recyclage des céramiques : les déchets miniers post-industriels et les déchets de production post-industriels et des produits céramiques post-consommation. Les déchets de l'industrie minière sont souvent contaminés par des métaux lourds et d'autres impuretés, difficiles et coûteux à éliminer, mais sous l'influence de nouvelles législations, certains de ces déchets deviennent une source viable de matières premières. Par exemple, le Studio ThusThat, cabinet de conseil en design, a étudié la possibilité d'utiliser les sous-produits de la sidérurgie et de l'extraction de la bauxite comme matières premières pour des céramiques. D'autres flux de déchets, tels que la poussière produite par la taille et le broyage des pierres naturelles, peuvent être intégrés à de l'argile pour de nouveaux produits céramiques, ou **frittés** et transformés en solides à l'aspect de pierre.

Le recyclage des déchets de fabrication et des produits céramiques post-consommation est plus complexe, car il nécessite soit de réduire en morceaux les pièces céramiques pour les recycler dans des matériaux de type terrazzo, soit de les broyer en une fine poudre pour fabriquer de l'argile. Certains fournisseurs, notamment StoneCycling, traitent à la fois des déchets de céramiques industriels et des produits post-consommation comme matières premières pour la production de céramiques recyclées.

Toutefois, à l'heure actuelle, la majeure partie des déchets céramiques post-consommation ne sont pas réintégrés dans la production de nouvelles céramiques. Selon un rapport de l'Agence européenne pour l'environnement publié en 2020, les matériaux recyclés ne représentent que 3 à 4 % des matériaux utilisés dans les nouveaux bâtiments[1]. Selon ce même rapport, la plupart des matériaux de construction récupérés sont soit mis en décharge, soit recyclés et utilisés comme matériau de base dans la construction de routes, par exemple, soit « remblayés » : le matériau est alors utilisé à la place de la terre excavée dans les buttes antibruit et d'autres projets d'aménagement paysager.

Comme on l'a déjà indiqué, le façonnage et la finition de la céramique sont très énergivores ; les matériaux recyclés ne font pas exception. Ainsi, le principal avantage écologique des céramiques recyclées tient sans doute au fait qu'il permet de réduire les volumes de matériaux vierges utilisés et de déchets générés par le secteur ; elles n'ont pour l'instant aucun impact sur la réduction des émissions ; mais cela pourrait changer si des procédés céramiques plus efficaces sont mis au point.

Déchets céramiques et recyclage

Déchets de construction annuels dans l'UE, en millions de tonnes, dont une grande partie est constituée de déchets céramiques. Actuellement, la plupart des déchets céramiques sont soit utilisés dans la construction de routes et d'autres projets d'infrastructure, soit mis en remblais (voir ci-contre). Le reste des déchets est mis en décharge[2].

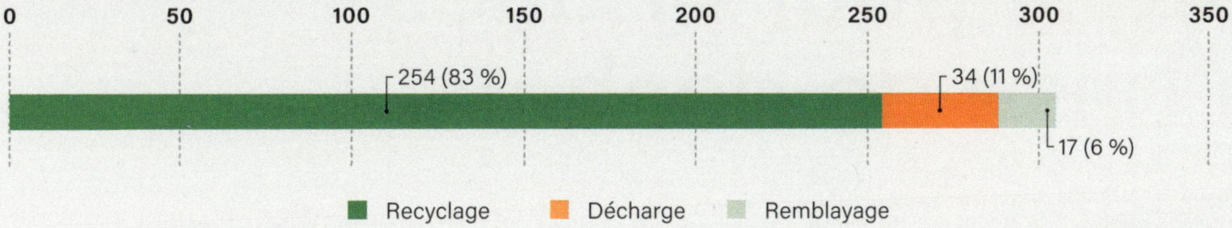

Flux de déchets céramiques

Les procédés courants de fabrication des céramiques, notamment la découpe et le broyage, produisent d'importants volumes de poudre, que l'on utilise dans les céramiques recyclées. Les déchets de produits céramiques post-industriels et post-consommation seront broyés ou concassés pour produire de l'argile recyclée ou des matériaux composites comme le terrazzo.

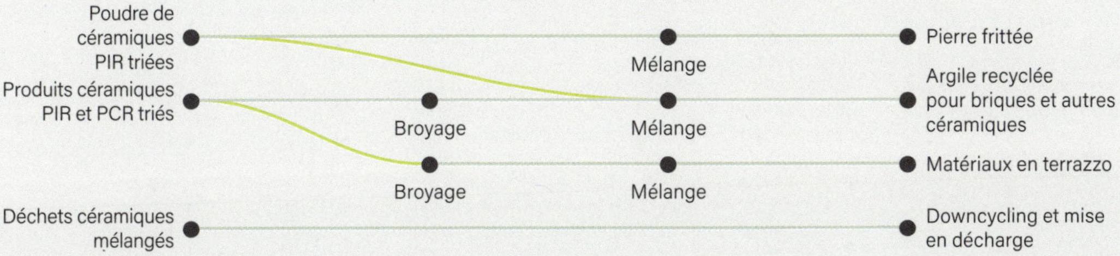

Le procédé StoneCycling

La start-up néerlandaise StoneCycling a mis au point un procédé de recyclage de divers types de déchets céramiques industriels, notamment la poussière provenant de la taille des pierres naturelles, mais aussi des gravats matériaux de construction et d'équipements sanitaires en céramique post-consommation. Pour en savoir plus sur StoneCycling, voir p. 146-147, ainsi que l'interview du cofondateur Ward Massa p. 140-143.

Collecte des déchets
Les sources comprennent les déchets post-industriels et les débris de démolition. Les déchets céramiques sont ensuite triés par type.

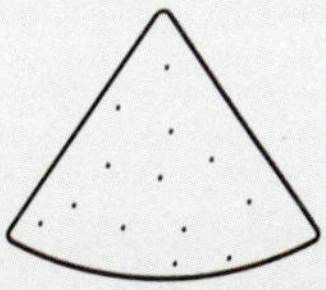

Broyage et mélange
Les déchets sont broyés en une fine poudre, mélangés à d'autres ingrédients et transformés en argile colorée et texturée.

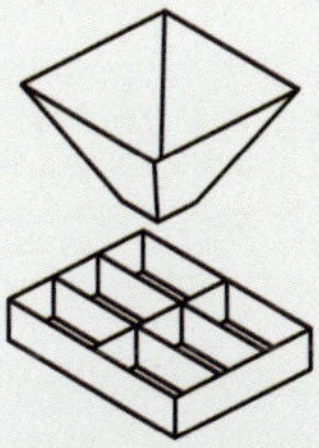

Façonnage et cuisson
L'argile recyclée est versée dans un moule de compression et cuite dans un four. Les formes peuvent être personnalisées.

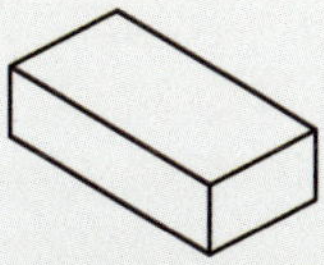

WasteBasedBricks®
Les briques recyclées proposées par StoneCycling sont disponibles dans une large gamme de couleurs et de finitions standard.

Argile pour briques à base de déchets

La brique d'argile à base de déchets est fabriquée à partir de matières premières broyées provenant de divers flux de déchets post-industriels et post-consommation.

Fournisseurs et matériaux	- StoneCycling WasteBasedBricks® - Kenoteq K-BRIQ
Origine des matières premières	Déchets de briques PCR, mais aussi d'autres déchets céramiques, notamment les déchets de sanitaires et les déchets PIR provenant de la fabrication de céramiques. La proportion de déchets utilisés varie entre 60 et 100 % ; demander aux fournisseurs de confirmer l'origine et la proportion de contenu recyclé.

	StoneCycling WasteBasedBricks® [3]	**Briques vierges** [4]
PRG	0,2 kg CO_2eq/kg	0,7 kg CO_2eq/kg
Consommation d'énergie	Pas de données	1,6 MJ/kg
Consommation d'eau	Pas de données	12 l/kg

Toxicité	Les briques WasteBasedBricks® de StoneCycling subissent les mêmes tests que les briques vierges, conformément aux normes de sécurité de l'UE. Faire confirmer la sécurité des ingrédients utilisés dans les briques émaillées, et demander la documentation sur la sécurité des matériaux et la certification pertinente pour l'application envisagée.
Circularité	Les briques produites par StoneCycling et Kenoteq sont soit réutilisées, soit broyées et recyclées en nouvelles briques. Pour un aperçu des taux de recyclage et des instructions en matière de design circulaire pour les céramiques, voir p. 145.
Propriétés mécaniques	Très durable, avec une grande résistance à la compression, bien qu'un peu fragile aux chocs.
Résistance environnementale	Très bonne résistance à la chaleur, aux UV et à l'humidité. Bonne résistance à la plupart des produits chimiques.
Formage	Les briques et autres formes de blocs en argile à briques sont d'abord formées dans un moule, puis séchées et cuites à haute température. Les briques et autres formes moulées peuvent être transformées par usinage, découpe au jet d'eau et autres procédés de découpe de la céramique.
Finition	StoneCycling et Kenoteq proposent tous deux une gamme de couleurs et de finitions standard, ainsi qu'un service sur mesure pour les commandes de gros volumes. StoneCycling propose plusieurs finitions en termes de niveaux de lissage et de brillance. On peut obtenir d'autres finitions par polissage, sablage, gravure et autres procédés de finition de la céramique.

WasteBasedBricks® par StoneCycling. StoneCycling a la capacité de traiter une large gamme de déchets céramiques, y compris les déchets d'usine PIR : poussières de découpe de céramique, mais aussi matériaux de construction PCR et porcelaine sanitaire.

Terrazzo

Inventée à l'origine en Italie dans les années 1600 pour recycler les chutes de pierre naturelle, la famille des terrazzo regroupe différents matériaux composites faits de déchets de céramique et de verre et de divers types de liants.

Fournisseurs et matériaux	- Terrazzo Herrljunga - Terrazzo Alusid SILICASTONE™ - Terrazzo Altrock
Origine des matières premières	Déchets de pierre naturelle, déchets de verre et autres agrégats pouvant être coulés et polis avec un liant. Alors que la plupart des terrazzos utilisent du ciment et de la résine plastique comme liants, Alusid SILICASTONE™ utilise du verre recyclé. Demander aux fournisseurs de confirmer le type de liant et la teneur en matériau recyclé dans chaque matériau donné.
	Herrljunga Terrazzo, HT-LYKKE[5]
PRG	0,2 kg CO_2eq/kg
Consommation d'énergie	2,1 MJ/kg
Consommation d'eau	0,4 l/kg
Toxicité	Les terrazzos qui utilisent le ciment comme matrice sont inertes et non toxiques, mais ce n'est pas forcément le cas des matériaux utilisant d'autres liants. Demander aux fournisseurs la documentation sur la sécurité des matériaux et les certifications correspondant à l'application prévue.
Circularité	Les recycleurs spécialisés peuvent recycler les plaques de terrazzo en d'autres produits, par exemple du carrelage. Pour un aperçu des taux de recyclage et des instructions en matière de design circulaire pour les céramiques, voir p. 145.
Propriétés mécaniques	Très durable, avec une grande résistance à la compression, bien qu'un peu fragile aux chocs. Les grandes surfaces en terrazzo peuvent se fissurer, car le matériau tend à se dilater et à se contracter en réponse aux variations de température et d'humidité. Pour résoudre ce problème, on peut diviser la surface en sections plus petites à l'aide de bandes de séparation.
Résistance environnementale	Les terrazzos à matrice en ciment présentent une bonne résistance thermique, aux UV et à l'humidité, ainsi qu'une bonne résistance à la plupart des produits chimiques, mais les autres liants ont des propriétés variables.
Formage	Les matériaux en terrazzo sont fournis en plaques et en blocs qui peuvent être formés par usinage, découpe au jet d'eau et autres procédés de découpe de la céramique.
Finition	Les terrazzos se déclinent dans toute une variété d'options pour varier l'effet esthétique : taille, forme, couleur et type d'agrégat, mais aussi la couleur et l'aspect plus ou moins lisse de la matrice en béton. Les plaques et blocs de terrazzo peuvent être finis par polissage, sablage, gravure et autres procédés de finition de la céramique.

Applique murale Io, conçue par Hand&Eye Studio. L'abat-jour est en SILICASTONE™ d'Alusid, un matériau composite produit à partir de déchets de verre et de céramique ; la teneur en matériau recyclé est au minimum de 98 %.

Pierre frittée

Les procédés de frittage sont très énergivores, mais la pierre frittée peut être fabriquée à partir de matières premières recyclées, ce qui réduit les volumes de déchets céramiques produits et de pierre naturelle utilisée.

Fournisseurs et matériaux	- Pierre frittée Cosentino Dekton - Pierre frittée Neolith - Pierre frittée IDYLIUM	
Origine des matières premières	Poudre fine issue de divers flux de déchets céramiques, mélangée à des matériaux vierges. Demander aux fournisseurs de confirmer la proportion exacte de matériau recyclé pour chaque matériau.	
	Pierre frittée Cosentino Dekton[6]	**Marbre vierge**[7]
PRG	0,7 kg CO_2eq/kg	0,3 kg CO_2eq/kg
Consommation d'énergie	9,7 MJ/kg	5,2 MJ/kg
Consommation d'eau	161 l/kg	2,3 l/kg
Toxicité	Les matériaux en pierre frittée sont entièrement constitués de minéraux et sont considérés comme inertes et non toxiques. Bien que ces matériaux soient généralement autorisés pour le contact avec les aliments et l'eau, demander aux fournisseurs de confirmer leur adéquation à chaque application donnée.	
Circularité	Les matériaux en pierre frittée peuvent être soit réutilisés, soit broyés et recyclés en nouveaux matériaux. Pour un aperçu des taux de recyclage et des instructions en matière de design circulaire pour les céramiques, voir p. 145.	
Propriétés mécaniques	Très durable, avec une grande résistance à la compression, bien qu'un peu fragile aux chocs.	
Résistance environnementale	Très bonne résistance à la chaleur, aux UV et à l'humidité. Bonne résistance à la plupart des produits chimiques. Confirmer auprès des fournisseurs que le matériau aux applications données.	
Formage	Fournis en feuilles et en blocs qui peuvent être formés par usinage, découpe au jet d'eau et autres procédés de découpe de la céramique.	
Finition	Le rendu esthétique de la pierre frittée est largement personnalisable : on peut sélectionner le type de poudre, les pigments et la composition lors de la fabrication. La plupart des fournisseurs proposent une gamme de couleurs et de textures standard, avec des options sur mesure pour les grosses commandes. Les plaques et blocs de pierre frittée peuvent être finis par polissage, sablage, gravure et autres procédés de finition de la céramique.	

Vase Talyd, conçu par Aljoud Lootah pour la collection Dekton Capsule de Cosentino. Le Dekton est un matériau en pierre frittée qui peut être en partie fabriqué à partir de matériaux recyclés.

Recyclage du verre

La filière de recyclage du verre est bien mieux établie que celle de la céramique, mais les taux sont encore assez faibles par rapport à d'autres matériaux, notamment les métaux et le papier. Selon la revue *Recovery* spécialisée dans le recyclage, seuls quelque 21 % de la quantité totale de verre produite dans le monde en 2018 ont été recyclés, même si ces taux sont plus élevés sur certains marchés, notamment l'UE et les États-Unis.

En ce qui concerne les catégories de verres, le verre sodocalcique (90 % de la production mondiale) est utilisé pour les bouteilles, les bocaux et autres emballages, ainsi que pour la verrerie de table, les vitrages, et bien d'autres applications. L'essentiel du reste comprend le verre borosilicaté, très résistant aux chocs thermiques, fréquemment utilisé dans les ustensiles de cuisine, les applications médicales et les phares de voiture. Citons aussi la vitrocéramique, encore plus résistante aux chocs thermiques, utilisée dans les cuisinières et les applications industrielles, et le verre aluminosilicaté, bien plus résistant aux chocs et aux rayures ; il est utilisé dans les protections d'écrans des téléphones portables.

Actuellement, la quasi-totalité du verre recyclé est du verre sodocalcique, utilisé pour deux catégories de produits : le verre d'emballage, et tout le reste : verre plat utilisé dans les vitres, les miroirs, l'ameublement et les voitures, ainsi que les produits en verre soufflé (verrerie de table et objets décoratifs). Selon la Fédération européenne des recycleurs de verre (FERVER), 9,8 millions de tonnes de verre sodocalcique ont été recyclées dans l'UE en 2018, dont 8,3 millions de tonnes de verre d'emballage, le reste étant du verre plat. Si quelques recycleurs sont spécialisés dans le verre borosilicaté, le recyclage des vitrocéramiques et du verre aluminosilicaté est rare.

Le verre recyclé présente un risque de contamination. Le vitrage, les vitres de voitures et les autres verres non destinés à l'emballage sont souvent feuilletés ou revêtus d'enduits (verre à couches), ce qui risque de colorer et contaminer les produits en verre recyclé, sauf si l'on parvient à séparer ces impuretés. Le recyclage du verre d'emballage est en général moins complexe ; toutefois, par le passé, certaines finitions décoratives (colorants et émaux) contenaient des métaux lourds (plomb, cobalt, cadmium, etc.). Une étude, commanditée en 2000 par l'Agence britannique des normes alimentaires, a porté sur le lessivage de ces substances depuis le verre recyclé utilisé pour les emballages alimentaires ; elle a conclu que si le verre recyclé rayé et usé, ou en contact avec certains acides, présente un faible risque de migration, celui-ci est faible et ne doit pas remettre en cause le recyclage. Sur certains marchés, la teneur en substances préoccupantes dans les emballages recyclés est limitée à 200 ppm ; vérifier quelles sont les règles applicables à votre projet.

La plupart des emballages en verre sont transparents, bruns ou verts ; idéalement, ils sont séparés avant le recyclage afin de préserver la cohérence des couleurs. Hormis ce point, il n'y a aucune différence entre le verre vierge et le verre recyclé en termes d'esthétique et de performance.

L'ajout de verre recyclé permet de faire fonctionner les fours à des températures plus basses, ce qui réduit l'énergie nécessaire de 2 à 3 % pour chaque tranche de 10 % de verre recyclé ajoutée au mélange. De plus, le recyclage permet de préserver les matières premières vierges non renouvelables, en particulier le sable, qui commence à se raréfier dans de nombreuses régions du monde.

Recyclage du verre dans le monde et dans l'UE

Les statistiques sur le recyclage du verre portent surtout sur le verre d'emballage ; les chiffres concernant le verre plat utilisé dans la construction, l'automobile et de nombreux autres secteurs, sont plus difficiles à trouver. Ce graphique présente une estimation des taux actuels de recyclage du verre dans le monde et dans l'UE, en millions de tonnes[1].

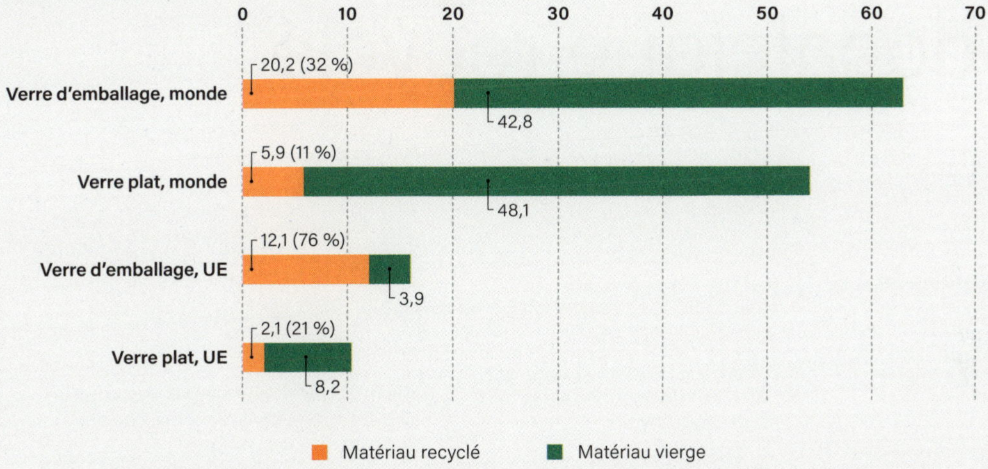

Flux de déchets de verre

Si le recyclage en circuit fermé du verre d'emballage est courant, la verrerie de table et les autres produits de consommation sont plus difficiles à recycler, car les films laminés ou les revêtements décoratifs utilisés contaminent les autres déchets de verre. Le verre plat sans feuilletage ni revêtement peut être recyclé en verre à vitre et autres produits. Les volumes de verre borosilicaté recyclés sont faibles ; le recyclage des vitrocéramiques et des verres aluminosilicatés est quant à lui très rare.

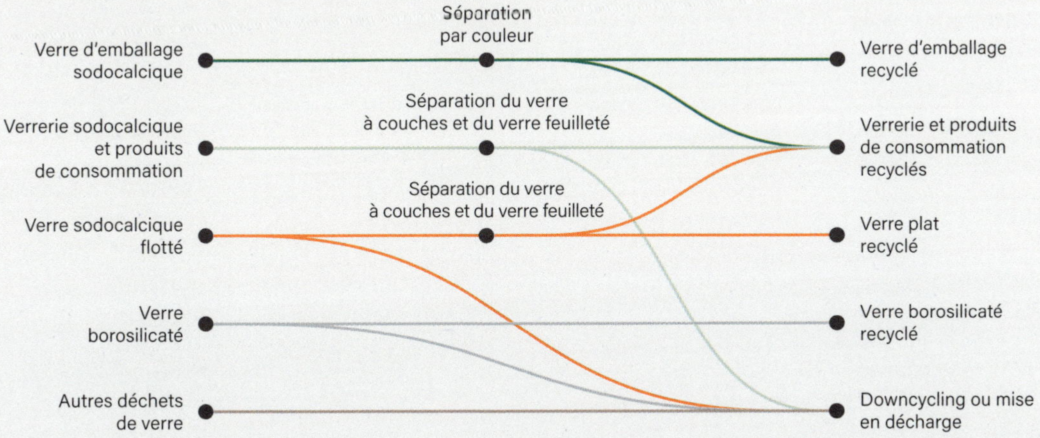

Verre d'emballage sodocalcique recyclé

Ce type de verre est de loin le plus largement recyclé, et de nombreux fournisseurs proposent jusqu'à 80 % de verre recyclé dans les bouteilles et autres contenants.

Fournisseurs et matériaux	- Verre d'emballage sodocalcique recyclé Vetropack - Verre d'emballage sodocalcique recyclé Enva - Verre d'emballage sodocalcique recyclé O-I	
Origine des matières premières	Bouteilles, bocaux et autres emballages en verre. L'essentiel du verre d'emballage recyclé contient un mélange de déchets PCR et PIR de matériau vierge. Demander aux fournisseurs de confirmer le taux de contenu recyclé et l'origine des matières premières recyclées.	
	Verre d'emballage sodocalcique recyclé à 80 %[2]	**Verre d'emballage sodocalcique vierge**[3]
PRG	1 kg CO_2eq/kg	1,1 kg CO_2eq/kg
Consommation d'énergie	13,5 MJ/kg	13,5 MJ/kg
Consommation d'eau	2 000 l/kg	2 000 l/kg
Toxicité	Le verre est considéré comme inerte et non toxique, mais certaines finitions et certains colorants décoratifs utilisés pour le verre contenaient autrefois du plomb et d'autres métaux lourds. Des études ont mis en évidence un faible risque de migration lorsque le verre d'emballage recyclé est rayé et en contact avec certains acides. C'est pourquoi, sur certains marchés, le taux de substances préoccupantes dans le verre d'emballage est limité à 200 ppm. Demander aux fournisseurs de fournir la documentation relative à la sécurité des matériaux et faire confirmer que les matériaux conviennent aux applications impliquant un contact alimentaire.	
Circularité	Le verre d'emballage sodocalcique est largement recyclé ; en théorie, il est recyclable à l'infini. Pour un aperçu des taux de recyclage et des instructions en matière de design circulaire pour le verre, voir p. 153.	
Propriétés mécaniques	Bonne résistance aux rayures et à la compression, mais faible résistance aux chocs.	
Résistance environnementale	Excellente résistance aux UV et aux produits chimiques, mais le matériau ne résiste pas très bien aux chocs thermiques.	
Formage	L'essentiel du verre d'emballage est moulé par soufflage, mais il existe d'autres procédés de formage : moulage par compression, découpe au jet d'eau et d'autres procédés de découpe du verre.	
Finition	Le verre d'emballage recyclé est normalement disponible en trois couleurs : transparent, vert et brun. Le verre transparent recyclé peut être coloré lors de la fabrication ; pour le verre recyclé vert et brun, les possibilités de coloration sont plus limitées. Le verre d'emballage peut faire l'objet d'autres procédés de finition : ajout de textures au moulage, sablage, gravure, etc.	

Bouteille Echovai par Vetropack. Grâce au procédé de trempe thermique, le verre sodocalcique de la bouteille a des parois plus fines et un poids inférieur à celui des bouteilles en verre standard. Les bouteilles Echovai peuvent être recyclées avec les autres déchets de verre d'emballage.

Verre plat et verre soufflé recyclé

Le verre plat des fenêtres et des miroirs, mais aussi la verrerie de table, les luminaires et autres accessoires d'intérieur en verre soufflé, sont moins recyclés que le verre d'emballage. En Europe, les fabricants de verre plat utilisent en moyenne 25 % de verre recyclé[4].

Fournisseurs et matériaux	- Verre plat sodocalcique Saint-Gobain DIAMANT avec au moins 30 % de contenu recyclé - Verre sodocalcique soufflé Le Verre Beldi, avec jusqu'à 100 % de contenu recyclé - **Calcin** Maltha recyclé à partir de déchets de verre sodocalcique plat et soufflé	
Origine des matières premières	Verre de vitrage, miroirs, verre automobile, verrerie de table, éclairage et autres applications du verre plat et soufflé. La teneur en matériaux recyclés est probablement beaucoup plus faible que pour le verre d'emballage ; demander aux fournisseurs de confirmer la proportion exacte pour des matériaux spécifiques.	
	Verre plat Saint-Gobain DIAMANT 30 % de contenu recyclé[5]	**Verre plat vierge**[6]
PRG	1,1 kg CO_2eq/kg	1,3 kg CO_2eq/kg
Consommation d'énergie	15,1 MJ/kg	17,9 MJ/kg
Consommation d'eau	2,6 l/kg	2,3 l/kg
Toxicité	Le verre est considéré comme inerte et non toxique, mais certaines finitions et certains colorants décoratifs utilisés pour le verre contenaient autrefois du plomb et d'autres métaux lourds. Des études ont montré qu'il existe un faible risque de migration lorsque le verre recyclé est rayé et en contact avec certains acides. Demander aux fournisseurs de fournir la documentation relative à la sécurité des matériaux et faire confirmer que les matériaux conviennent aux applications en contact alimentaire.	
Circularité	Le verre sodocalcique est largement recyclé ; en théorie, il est recyclable à l'infini. Pour un aperçu des taux de recyclage et des instructions en matière de design circulaire pour le verre, voir p. 153.	
Propriétés mécaniques	Bonne résistance aux rayures et à la compression, mais faible résistance aux chocs et résistance à la traction limitée.	
Résistance environnementale	Excellente résistance aux UV et aux produits chimiques, mais le matériau ne résiste pas très bien aux chocs thermiques. Les applications qui impliquent de brusques chocs thermiques (comme les ustensiles de cuisine), doivent utiliser un autre type de verre, comme le verre borosilicaté ou le verre céramique.	
Formage	Les principaux procédés de formage compatibles sont le soufflage, le moulage par soufflage, le flottage et le thermoformage. Les feuilles de verre et les pièces en 3D peuvent être formées par découpe au jet d'eau et d'autres procédés de découpe du verre.	
Finition	La couleur des déchets de verre recyclé affecte les colorations possibles du verre recyclé : les déchets de verre incolore sont les plus polyvalents, et tout ajout de couleur rend le verre moins intéressant pour le recyclage. Le verre plat et le verre soufflé peuvent être finis par divers procédés : flocage, ajout de textures au moulage, sablage, gravure, etc.	

Vase marocain par HAY, en verre sodocalcique recyclé soufflé et peint à la main.

Verre fusionné recyclé

Les feuilles et blocs de verre fusionné sont fabriqués à partir de verre recyclé issu de déchets post-industriels : les morceaux de calcin de verre broyés sont clairement visibles à la surface.

Fournisseurs et matériaux	- MAGNA Glaskeramik®
Origine des matières premières	Déchets de verre industriel et d'emballage. Les matériaux MAGNA Glaskeramik® sont produits à partir de 100 % de déchets.
	MAGNA Glaskeramik®[7]
PRG	1,5 kg CO_2eq/kg
Consommation d'énergie	68,3 MJ/kg
Consommation d'eau	3 442 l/kg
Toxicité	Le verre fusionné est entièrement produit à partir de verre recyclé, sans liants synthétiques ; il est donc inerte et non toxique. Demander au fournisseur la documentation relative à la sécurité des matériaux et faire confirmer que le produit convient aux applications voulues.
Circularité	Recyclable avec d'autres verres sodocalciques plats. Pour un aperçu des taux de recyclage et des instructions en matière de design circulaire pour le verre, voir p. 153.
Propriétés mécaniques	Bonne résistance aux rayures, ainsi qu'à la compression et à la traction ; la résistance aux chocs est correcte.
Résistance environnementale	Bonne résistance environnementale, excellente résistance aux UV, aux produits chimiques et aux taches, et bonne résistance thermique.
Formage	Le verre est fourni en feuilles et en blocs qui peuvent être mis en forme par usinage, découpe au jet d'eau et autres procédés de découpe du verre.
Finition	Le verre de fusion existe dans une gamme de couleurs standard ; pour les grosses commandes, les couleurs peuvent être personnalisées. Cela se fait soit en partant de déchets colorés, soit par l'ajout de pigments au mélange de verre recyclé. Les textures de surface peuvent être modifiées par divers procédés de finition : fusionnage, sablage, gravure etc.

Échantillons de Magna Glaskeramik®.
Le matériau est fabriqué à partir de déchets de verre PIR chauffés et comprimés pour former des feuilles et des blocs.

Verre borosilicaté recyclé

Le verre borosilicaté (ou Pyrex) est bien plus résistant aux chocs thermiques que le verre sodocalcique ; il convient donc aux ustensiles de cuisine et autres applications impliquant de brusques variations de température. Le verre borosilicaté est très peu recyclé : seuls quelques fournisseurs spécialisés s'en chargent.

Fournisseurs et matériaux	- Verre borosilicaté recyclé Vitro Minerals	
Origine des matières premières	Applications pour la cuisine, les laboratoires, la médecine et l'industrie. Vitro Minerals propose des qualités de verre borosilicaté jusqu'à 100 % issues de matériau recyclé.	
	Verre borosilicaté 100 % recyclé[8]	**Verre borosilicaté vierge**[9]
PRG	1,9 kg CO_2eq/kg	2,4 kg CO_2eq/kg
Consommation d'énergie	29,4 MJ/kg	37,9 MJ/kg
Consommation d'eau	Pas de données	Pas de données
Toxicité	Le verre borosilicaté est considéré comme inerte et non toxique. Demander aux fournisseurs de fournir la documentation relative à la sécurité des matériaux et faire confirmer que les matériaux conviennent à votre application.	
Circularité	Actuellement, le verre borosilicaté est très peu recyclé, sans doute parce que les volumes produits sont beaucoup plus faibles que ceux du verre sodocalcique. Pour un aperçu des taux de recyclage et des instructions en matière de design circulaire pour le verre, voir p. 153.	
Propriétés mécaniques	Bonne résistance aux rayures et à la compression, mais faible résistance aux chocs.	
Résistance environnementale	Excellente résistance aux produits chimiques, aux taches et à la chaleur. Le verre borosilicaté peut résister à des chocs thermiques allant jusqu'à 180 °C.	
Formage	Soufflage, coulage et étirage continu pour les tubes, et flottage pour les feuilles plates. Le verre borosilicaté peut être transformé par usinage, découpe au jet d'eau et autres procédés de découpe du verre.	
Finition	Des pigments peuvent être ajoutés aux déchets de verre borosilicaté transparent pour créer des matériaux recyclés colorés. On peut obtenir d'autres finitions par sablage, gravure et autres procédés de finition du verre.	

Surface Straws par Layer Design, en verre borosilicaté recyclé. Le verre borosilicaté est actuellement beaucoup moins recyclé que le verre sodocalcique.

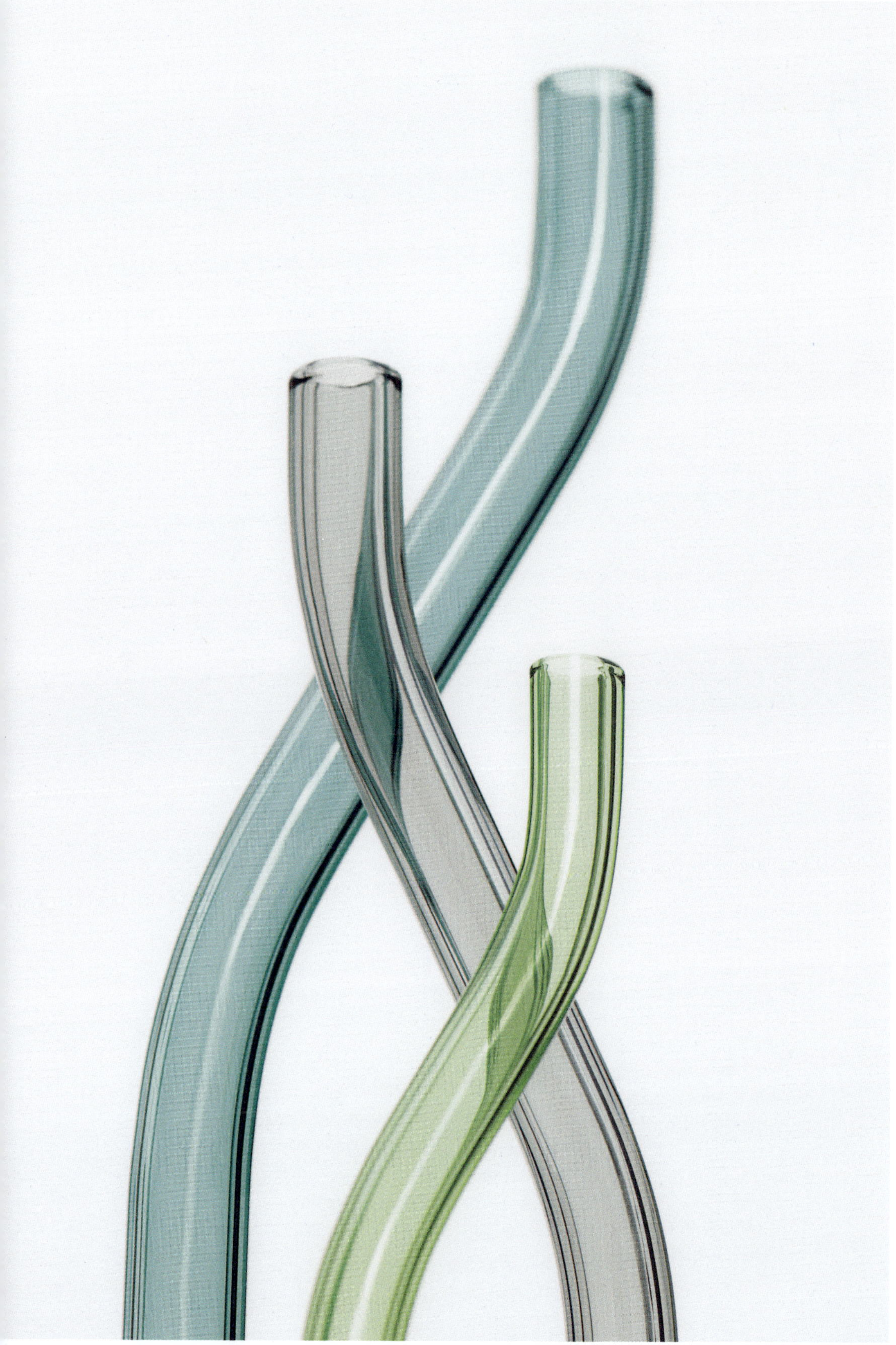

5 Bois

Abris et habitats pour une multitude d'espèces végétales et animales, socle culturel et économique de nombreux peuples, etc. : on ne saurait trop insister sur le rôle environnemental crucial des arbres et des forêts du monde. De plus, les arbres ont une fonction essentielle dans le cycle rapide du carbone (voir p. 10) : ils stockent le carbone et ne le libèrent qu'au moment de mourir et de se décomposer, ou lorsqu'ils brûlent lors de feux de forêt ou sont utilisés comme combustible. Environ la moitié du poids d'un arbre est constituée d'eau et de petites quantités de nutriments absorbés à partir du sol, comme l'azote, le soufre, etc. L'autre moitié est faite de carbone extrait de l'air. Les arbres absorbent du CO_2 au cours leur croissance ; aussi certains fournisseurs déclarent-ils la quantité de CO_2 absorbé (« biogénique ») et stocké dans le bois comme un élément distinct du CO_2 émis lors des étapes de transformation. Celle-ci étant peu énergivore, le CO_2 « biogénique » (c'est-à-dire stocké dans le bois) excède souvent les émissions liées à la transformation, ce qui se traduit par une empreinte carbone négative.

Par rapport à la plupart des matières agricoles cultivées pour produire des aliments et des matériaux, les forêts sont très peu exigeantes : la pluie et l'eau souterraine suffisent à leur croissance. De plus, le bois est assez facile à exploiter, ce qui explique en grande partie son succès comme matériau et combustible depuis la nuit des temps. La déforestation qui en résulte a des répercussions bien connues. Si une forêt est mal exploitée, les écosystèmes qui ont évolué sous le couvert protecteur de ses arbres sont menacés. L'érosion des sols est un problème particulièrement grave, car le soleil assèche la couche fertile où poussaient les arbres auparavant ; au fil du temps, cette couche disparaît et les jeunes plants poussent difficilement, voire plus du tout.

Le Forest Stewardship Council (FSC) et le Programme for the Endorsement of Forest Certification (PEFC) proposent tous deux des certifications pour une sylviculture responsable ; certains critiques les considèrent trop laxistes pour protéger réellement la biodiversité dans les forêts. Chaque essence d'arbres abrite un écosystème spécifique ; on pense même que les interactions entre les différentes essences sont capables de réguler la température des forêts. La gestion forestière doit prendre en compte d'autres aspects, comme le rôle des arbres en décomposition, qui restituent des nutriments au sol et offrent des habitats fertiles pour les champignons, les insectes et d'autres espèces végétales et animales. Il est utile de demander aux fournisseurs de préciser leur démarche en matière de sylviculture durable et l'impact écologique à long terme des matériaux qu'ils produisent.

Gaz à effet de serre absorbés par les forêts mondiales

Ce graphique présente la capacité annuelle estimée des forêts du monde à absorber les émissions de CO_2, en milliards de tonnes. Ces chiffres doivent être envisagés à la lumière du problème de la déforestation : à mesure l'on rase des surfaces arborées au profit de l'agriculture, de l'urbanisation ou des autres usages des sols, on réduit fortement la capacité des forêts à absorber le CO_2 émis[1].

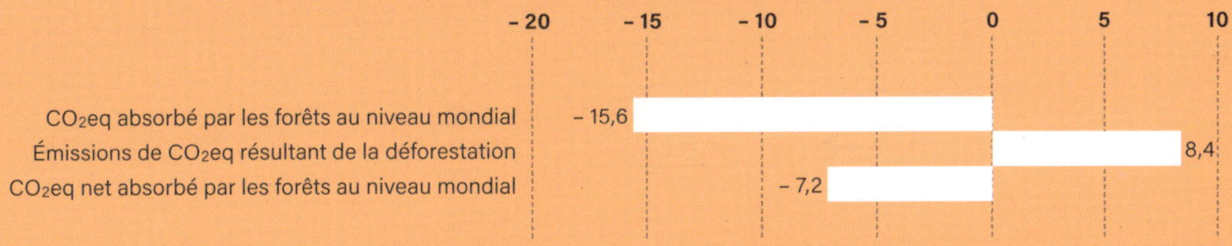

Surface forestière certifiée au niveau mondial

Selon le PEFC et le FSC, en 2020, quelque 460 millions d'hectares de forêts, soit un peu plus de 11 % des forêts mondiales, étaient certifiés par l'une ou l'autre de ces organisations, ou par les deux. Ces organismes promeuvent la préservation et l'extension des forêts, la protection de la biodiversité, les droits et salaires des travailleurs, ainsi que la réduction de l'usage des produits chimiques dangereux dans la sylviculture[2].

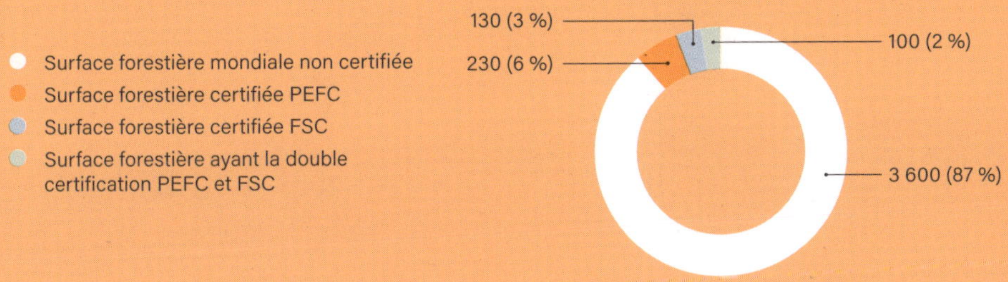

Commerce mondial du bois

Avec près de 500 millions de mètres cubes par an, le bois massif constitue la majeure partie du commerce mondial du bois : il comprend les grumes entières, les poutres, les planches et tous les autres formats de découpes. Les informations sur les volumes de bois certifiés PEFC et FSC sont très difficiles à obtenir ; leurs parts approximatives sont représentées ci-dessous[3].

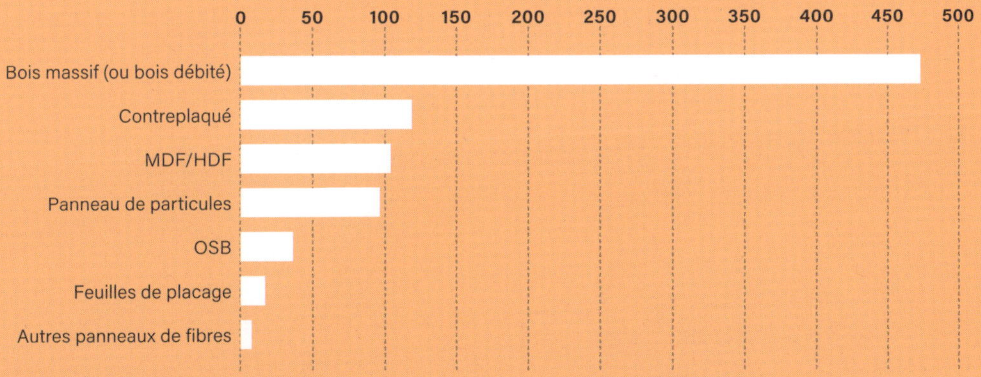

« Si quelqu'un mettait au point ce nouveau matériau qui pousse tout seul dans nos forêts, on croirait qu'il s'agit d'un super-matériau issu de la recherche spatiale. »

Entretien avec Henrik Taudorf Lorensen, fondateur et PDG de TAKT, une entreprise de meubles danoise qui, par ses performances écologiques et son *business model*, se démarque de la plupart de ses concurrents. Pour en savoir plus, consultez le site taktcph.com.

Par sa transparence concernant son activité et son impact environnemental, TAKT occupe une place à part dans la filière de l'ameublement. Comment en êtes-vous arrivé là ?

Il faut remonter à l'expérience acquise lors du lancement de B&O Play ; de cette marque vieille de 90 ans, assez haut de gamme, presque extravagante, j'ai fait une marque qui s'adresse à un public plus jeune et beaucoup plus large. Lorsque nous avons lancé TAKT, j'ai voulu faire quelque chose d'analogue pour le design des meubles danois. Les classiques du design danois atteignent aujourd'hui des prix tels qu'on oublie facilement qu'au départ, ils étaient conçus pour être abordables et accessibles à la classe moyenne émergeante d'après-guerre. Mais j'ai aussi voulu explorer ce que pourrait être une véritable approche du développement durable dans le domaine du mobilier.

Détail de la chaise Soft Chair,
conçue par Thomas Bentzen pour TAKT.

Il y a cinq ans, lorsqu'on a commencé à travailler sur la question, il n'était pas rare de voir des fabricants de mobilier prendre un produit existant, remplacer le tissu d'ameublement par un tissu contenant 10 % de laine recyclée, et l'étiqueter « collection durable ». Je trouvais ça gonflé de leur part. Nous avons vite compris qu'il nous fallait aller plus loin et être transparents sur nos pratiques. Je suis convaincu que les jeunes consommateurs actuels savent très bien faire la différence entre les messages marketing et les modes de production réels ; donc, si nous ne sommes pas capables de prouver nos dires, le client pensera que tout cela est trop beau pour être vrai. Nous avons décidé d'obtenir les éco-certificats et labels pertinents pour toutes nos gammes de produits, et de publier les données détaillées sur notre impact environnemental. Notre site web est conçu pour être une sorte de commercial omniscient qui serait là pour tout expliquer au client, de l'empreinte carbone et des éco-certificats jusqu'à la production et au coût réel de fabrication de nos produits. Comme nous avons pris le développement durable au sérieux dès le départ, nous n'avons aucun mal à être transparents. Je crois que cela nous donne un avantage concurrentiel : cela revient presque à transférer la charge de la preuve à nos concurrents, en leur disant « si nous pouvons être ouverts sur notre empreinte environnementale, pourquoi pas vous ? »

Si l'on regarde le catalogue de TAKT, il ne fait aucun doute que le bois occupe une place particulière pour la marque. Il s'agit d'un matériau tout à fait traditionnel, mais aussi très contemporain, dans le contexte du développement durable.

Si quelqu'un venait vous dire qu'il a mis au point un nouveau matériau qui pousse tout seul dans la forêt, tout en aspirant le carbone de l'atmosphère, vous vous diriez probablement qu'il s'agit d'une sorte de super-matériau issu des toutes dernières technologies. Ajoutez à cela que le bois est simple et facile à travailler, qu'il est assez résistant pour fabriquer des produits très durables, qu'il est d'une beauté rare et d'un toucher agréable, qui évoluera au fil des ans ; vous obtenez ainsi un matériau remarquable. Et, cerise sur le gâteau, lorsqu'on jette des produits en bois, ils libèrent dans le cycle biologique leur carbone et leurs autres constituants. Pour ce qui est de l'approvisionnement durable, il faut toutefois tenir compte de plusieurs éléments. Tout d'abord, nous excluons les essences de bois menacées d'une manière ou d'une autre, et n'utilisons que des bois certifiés. Par ailleurs, petit à petit, nous cherchons à ouvrir les yeux des consommateurs sur d'autres essences que le chêne, bois le plus recherché pour les meubles. Ici, dans les pays nordiques, nous avons beaucoup de pins et de hêtres. Ils sont excellents pour le mobilier, mais les utiliser pour fabriquer des meubles aussi attrayants pour les consommateurs est un vrai défi.

J'ai l'impression qu'il y a encore un vaste champ d'expérimentation dans les traitements de finition du bois. Qu'en pensez-vous ?

Actuellement, nous utilisons des laques à base d'eau ou des traitements à l'huile, ce qui est logique d'un point de vue écologique, mais nous aimerions passer autant que possible à des finitions à base d'huile, parce qu'elles sont très faciles d'entretien pour l'utilisateur : pour éliminer les taches, il suffit de les poncer légèrement, puis de réappliquer la finition à l'huile. En tant que marque, nous cherchons à faire évoluer les choses et, à mon avis, il y a vraiment de quoi être très enthousiaste face à la vague actuelle d'approches nouvelles en matière de design durable avec le bois.
Dans cent ans, certains de ces modèles seront considérés comme des classiques.

Chaise Cross, conçue par Pearson Lloyd pour TAKT. Composée de quatre pièces de bois assemblées par quatre vis, la chaise peut être emballée à plat et réparée facilement.

Bois massif

Pour le designer soucieux de connaître l'impact environnemental du bois massif, la principale difficulté tient sans doute aux énormes écarts de valeur marchande entre les espèces. Les applications traditionnelles (ameublement, architecture, etc.) tendent à valoriser certaines essences beaucoup plus que d'autres, ce qui peut conduire à l'abattage illégal des espèces les plus convoitées.

L'Union Internationale pour la Conservation de la Nature (UICN) tient à jour une liste rouge des espèces d'arbres menacées d'extinction. Autre élément essentiel : le rythme de pousse est très variable d'une essence à l'autre. Une fois un arbre abattu, les nouvelles pousses mettront entre 40 et 150 ans pour atteindre l'âge adulte, ce qui a bien sûr un impact majeur sur la gestion et la continuité des forêts.

Les deux principales certifications pour le bois massif sont le FSC et le PEFC, mais il existe d'autres labels, notamment le label écologique de l'UE et Origine et Légalité des Bois (OLB), délivrés par le Bureau Veritas. Ces organismes sont reconnus et réputés très fiables, mais leur rôle et leur impact font l'objet de critiques, nourrissant d'incessants débats, que l'on peut suivre sur certains forums et au travers d'organismes indépendants, notamment **fsc-watch.com**. Les questions de biodiversité et de capacité des forêts à abriter la vie des insectes et des autres animaux sont de plus en plus présentes. À ce jour, les monocultures forestières (rangées d'arbres identiques plantés uniquement pour maximiser le rendement de telle ou telle espèce ou d'une matière première essentielle, comme le caoutchouc) ne représentent que 3 % des forêts mondiales environ. Mais on comprend sans peine qu'une extension de ces plantations à l'avenir risque de menacer les écosystèmes et les populations locales.

Après l'abattage, le bois doit être séché avant toute autre transformation. Le séchage à l'air est l'option la moins énergivore ; plus gourmand en énergie, le séchage au four peut rendre le bois plus durable, car la température élevée élimine les moisissures et les insectes. Une fois séché, le bois est moins énergivore que bien d'autres matériaux, comme les métaux ou les plastiques, dont l'élaboration exige des températures élevées et des équipements lourds. En outre, de nombreuses scieries sont alimentées en énergie par la combustion des sous-produits (sciure, écorces, etc.).

Modes de débit du bois massif et direction des fibres

Les différents modes de débit définissent la direction des fibres, l'aspect visuel et les performances du bois, mais aussi le rendement et le volume de pertes. La sciure et le bois restant dans les espaces négatifs après la coupe sont généralement utilisés pour alimenter la scierie en énergie, ou comme matière première pour le bois d'ingénierie (voir p. 172).

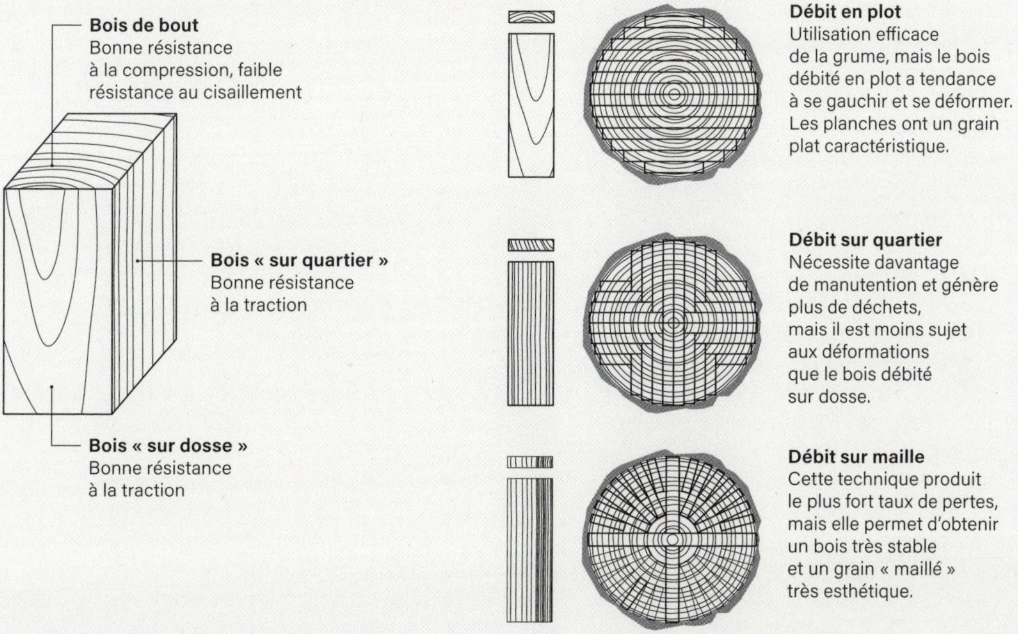

Taux de rotation des forêts

Nombre d'années nécessaires pour que les différentes essences de bois atteignent l'âge optimal pour la coupe (les marques hachurées indiquent une fourchette). Plus récemment, la sylviculture dite à courte rotation, utilisant des espèces à croissance rapide, suscite un vif intérêt de par sa capacité à absorber d'importants volumes de CO_2 en peu de temps[4].

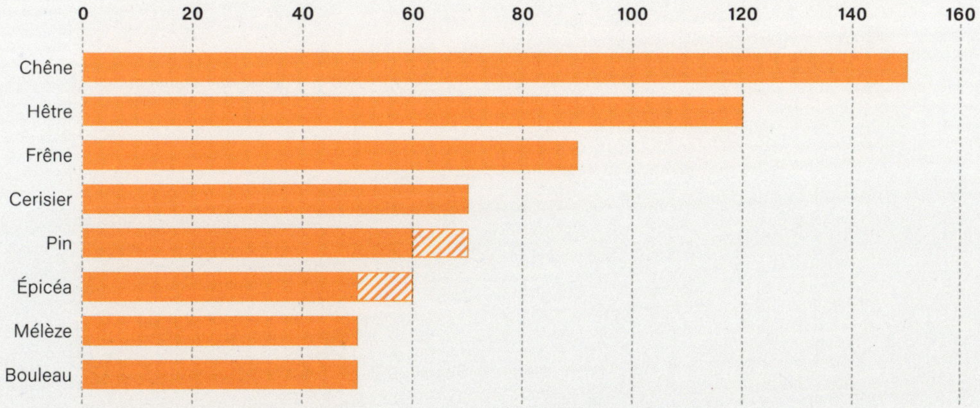

Le designer qui travaille avec du bois massif (voir p. 169) doit prendre en compte un autre aspect : le sens des fibres (voir illustration ci-contre). La résistance à la traction du bois est bien plus élevée dans le sens de la longueur des fibres que dans le sens parallèle ; à l'inverse, la résistance à la compression est maximale dans le sens du bois de bout.

La surface du bois doit en général être enduite d'un produit de protection contre l'humidité, les graisses et les rayons UV ; de plus, ces produits permettent de jouer sur la couleur, le brillant ou d'autres qualités esthétiques. La plupart des laques et vernis sont à base de solvants, mais il faut savoir que la majorité de ces produits contiennent des composés organiques volatils (COV) qui s'évaporent lors de l'application, et que les produits finis en bois peuvent continuer à dégager des vapeurs toxiques longtemps après l'application du revêtement. De plus en plus d'enduits sont à base d'eau ; selon les formules, ils émettent moins, voire pas du tout de COV. On trouve par ailleurs une multitude de traitements du bois traditionnels, renouvelables et non toxiques : huile de lin et cire d'abeille, pigments d'origine minérale, animale et végétale, etc.

Le type de finition utilisée détermine les options en fin de vie des objets en bois : recyclage, compostage ou utilisation comme combustible. Un rapport publié en 2018 par BioReg, un projet financé par l'UE visant à améliorer les taux de recyclage du bois en Europe, énumère plusieurs exemples de filières de recyclage du bois dans l'UE, en particulier les déchets d'emballage en bois (en général des palettes) et le bois massif post-industriel déchiqueté et recyclé en bois d'ingénierie ou transformé en d'autres produits, comme le paillage végétal.

Le bois massif peint et laqué est actuellement peu recyclé ; de plus, il n'est le plus souvent pas compostable, ces enduits n'étant pas biodégradables. Les seules options viables sont donc la mise en décharge ou la combustion des déchets de bois pour produire de l'énergie. Au vu des volumes de déchets de bois générés au niveau mondial, le tableau est donc plutôt sombre. Selon la Confédération européenne des industries de l'ameublement (EFIC), en 2018, quelque 11 millions de tonnes de meubles usagés ont été jetés rien qu'en Europe, dont une proportion importante serait en bois.

De gauche à droite, de haut en bas
Rangée 1 : pin sylvestre, épicéa commun, mélèze d'Europe
Rangée 2 : tremble, bouleau argenté, aulne
Rangée 3 : hêtre, chêne pédonculé, orme wych
Rangée 4 : merisier, érable de Norvège, frêne

Bois d'ingénierie

La plupart des bois d'ingénierie sont produits à partir de déchets post-industriels issus de la production de bois massif (sciure, chutes, bois tordu et noueux inutilisable comme bois massif), mais le bois d'ingénierie recyclé post-consommation est de plus en plus courant.

L'un des premiers types de bois d'ingénierie, le contreplaqué, est fait de minces plaques de bois collées, en général perpendiculaires les unes aux autres pour améliorer la résistance à la traction. Les panneaux de fibres à moyenne densité (MDF), composés de fines particules de bois prises dans une matrice de résine, ont des propriétés mécaniques identiques dans toutes les directions. De nombreux autres produits, panneaux à lamelles orientées (OSB), PSL (bois à copeaux parallèles), etc. utilisent des copeaux ou du bois déchiqueté pour obtenir une meilleure résistance.

Ces matériaux offrent des performances mécaniques renforcées et permettent d'utiliser efficacement les déchets, mais leur production est beaucoup plus énergivore que celle du bois massif. De plus, ils utilisent en général des liants en résine à base de formaldéhyde. L'urée-formaldéhyde (UF) pose des problèmes particulièrement graves, surtout pour les ouvriers des usines, mais aussi du fait des émissions de poussières à la découpe ; même pour les consommateurs, ces produits ne sont pas sans risques, car les résines UF continuent d'émettre de faibles niveaux de formaldéhyde longtemps après leur sortie d'usine. La résine phénol-formaldéhyde (PF) est une alternative moins néfaste ; dans la plupart des pays, la législation exige que les bois d'ingénierie utilisés en intérieur emploient la résine PF. Les liants en résine UF sont encore courants dans les applications en extérieur.

Les résines mises à part, il faut savoir que le bois contient naturellement du formaldéhyde en faibles quantités : aucun produit à base de bois ne peut donc prétendre être totalement exempt de ce composé organique toxique. Plusieurs certifications encadrent le recours au formaldéhyde dans les bois d'ingénierie, notamment les certificats NAF (« *no added formaldehyde* », sans formaldéhyde ajouté) et ULEF (« *ultra-low emitting formaldehyde* », à très faibles émissions de formaldéhyde) délivrées par le California Air Resources Board (CARB), et le certificat GREENGUARD proposé par UL Solutions, entreprise de conseil en sécurité industrielle et association de consommateurs basée aux États-Unis. Voir ci-contre pour plus d'informations sur ces deux sujets.

Pour remplacer le formaldéhyde, les bois d'ingénierie certifiés NAF utilisent en général des adhésifs à base de diisocyanate de diphénylméthylène (MDI), d'isocyanates et de polyuréthane, censés émettre moins de COV. Quelques fournisseurs ont également développé de nouveaux types de liants à base de matières premières renouvelables, comme le MDF Green d'Evertree et l'ECO-HPL de Dekodur®.

La majorité des bois d'ingénierie ne sont ni biodégradables ni compostables, car les résines utilisées comme liants ne sont pas dégradables. Théoriquement, la plupart sont recyclables, mais de nombreux recycleurs les refusent car le formaldéhyde est néfaste pour la santé. Toutefois, cette situation devrait changer : les résines au formaldéhyde sont progressivement abandonnées, et des producteurs mettent au point de nouveaux procédés de recyclage du bois, comme le fournisseur belge UNILIN Panels, qui produit du MDF recyclé.

Volumes mondiaux de déchets de bois

Déchets de bois post-industriels et post-consommation, en millions de mètres cubes. Les déchets d'exploitation forestière (bois noueux et tordu, petites branches, etc.), sont le plus souvent déchiquetés pour produire des panneaux de particules et des panneaux d'OSB. Les déchets de scierie (sciure et autres résidus) servent à produire du MDF et des matériaux similaires. Les volumes de déchets de bois post-consommation récupérés et recyclés pour produire des bois d'ingénierie sont beaucoup plus faibles [5].

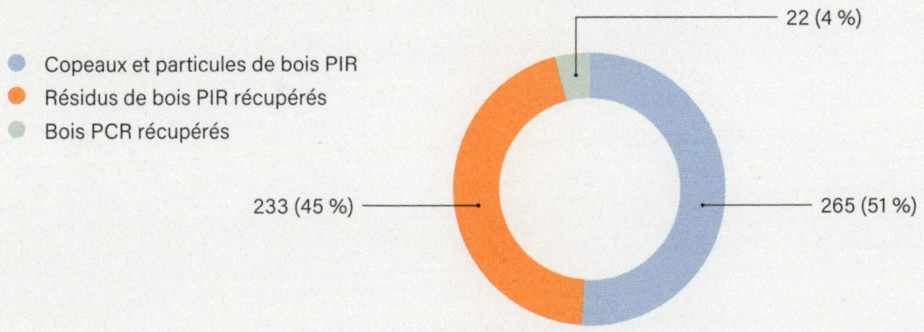

Flux de déchets de bois

Différents flux de déchets de bois peuvent entrer dans les bois d'ingénierie. Le recyclage des bois d'ingénierie eux-mêmes est plus compliqué, car ils contiennent souvent des liants formaldéhydes potentiellement nocifs ; à ce jour, le recyclage du MDF est très rare.

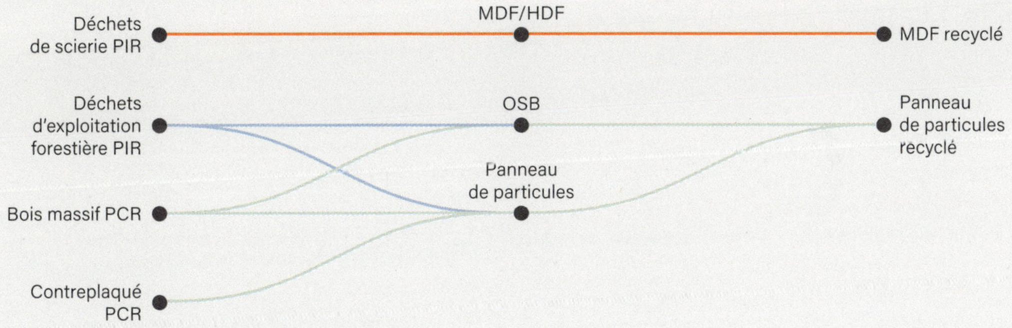

Bois d'ingénierie et formaldéhyde

La nocivité des résines au formaldéhyde est bien connue ; pourtant, fait surprenant, tous les types de bois contiennent du formaldéhyde en faibles quantités. Aucun matériau en bois ne peut donc prétendre être entièrement exempt de formaldéhyde, ce qui explique en partie les critères des certifications qui encadrent l'utilisation du formaldéhyde et d'autres COV dans les bois d'ingénierie.

- **Sans formaldéhyde ajouté (NAF)**
  Aucune résine au formaldéhyde n'est autorisée ; seul le formaldéhyde naturellement présent dans le bois utilisé est autorisé dans le bois d'ingénierie obtenu.

- **Formaldéhyde à très faibles émissions (ULEF)**
  En général, ce certificat signifie qu'une résine au phénol-formaldéhyde a été utilisée, qui produit moins d'émissions que les autres types de résines au formaldéhyde. Les niveaux d'émission de formaldéhyde autorisés sont de 0,05 ppm pour le contreplaqué, 0,09 ppm pour les panneaux de particules et 0,11 ppm pour le MDF.

- **UL GREENGUARD et GREENGUARD Gold**
  UL GREENGUARD autorise des émissions maximales de formaldéhyde de 0,05 ppm pour tous les bois d'ingénierie ; le certificat UL GREENGUARD Gold est extrêmement strict, avec seulement 0,0073 ppm.

Contreplaqué NAF

La production ordinaire de contreplaqué utilise des résines au formaldéhyde émettant des COV toxiques, mais de plus en plus de fournisseurs proposent des contreplaqués sans formaldéhyde ajouté (NAF), à base de résines sans formaldéhyde.

Fournisseurs et matériaux	- Contreplaqué NAF Panguaneta PureGlue™ - Contreplaqué NAF Dyas - Contreplaqué NAF PureBond® Columbia Forest Products
Origine des matières premières	Les contreplaqués certifiés FSC et PEFC sont généralement disponibles sur demande. Les matériaux énumérés ci-dessus utilisent des liants à base de résines MDI d'origine pétrochimique, hormis le contreplaqué PureBond® de Columbia Forest Products, qui utilise un adhésif d'origine végétale.
	Contreplaqué NAF Panguaneta PureGlue™[6]
PRG (traitement)	0,9 kg CO_2eq/kg
PRG (carbone biogénique)	Pas de données
Consommation d'énergie	64,5 MJ/kg
Consommation d'eau	3,4 l/kg
Toxicité	Les matériaux présentés ici sont conformes à la norme CARB 2 NAF – ils sont exempts de résines à base de formaldéhyde, et leurs émissions de formaldéhyde en COV sont inférieures à 0,05 ppm.
Circularité	En théorie, le contreplaqué NAF peut être recyclé en d'autres produits de bois d'ingénierie, mais de nombreux recycleurs refusent le contreplaqué parce qu'il contient souvent du formaldéhyde. En outre, les contreplaqués utilisant des résines non dégradables (à base de formaldéhyde ou autres) ne sont ni biodégradables ni compostables. Pour une vue d'ensemble du recyclage du bois, voir p. 173.
Propriétés mécaniques	Excellent rapport résistance/poids. Les panneaux de contreplaqué peuvent être rendus plus ou moins résistants en jouant sur la direction et le nombre de couches de placage.
Résistance environnementale	Faible résistance à l'humidité et aux produits chimiques, sauf si le panneau est correctement protégé par un enduit étanche. Le contreplaqué se dilate et se contracte sous l'effet des variations de température et d'humidité, mais moins que le bois massif.
Mise en forme	Fourni en plaques qui peuvent être façonnées par usinage.
Finition	La qualité de la surface du contreplaqué est en général classée de A à D : la classe A correspond à un placage de surface lisse et sans défaut, et la classe D à une surface rugueuse avec de nombreux défauts et de gros nœuds. Le contreplaqué est compatible avec les finitions courantes du bois : huiles, laques, peintures, cires et teintures.

Chaise Röhsska, conçue par Fredrik Paulsen pour Blå Station. Le contreplaqué utilisé dans la chaise n'emploie pas de colle à base de formaldéhyde.

Panneau de fibres à moyenne densité (MDF) NAF

Comme le contreplaqué, le MDF ordinaire utilise des liants à base de formaldéhyde qui émettent des COV toxiques, mais de plus en plus de fournisseurs proposent des produits en MDF sans formaldéhyde ajouté (NAF) utilisant des résines alternatives sans formaldéhyde.

Fournisseurs et matériaux	- MDF NAF Fibracolour FINSA - MDF NAF MEDITE® CLEAR NAF MDF - MDF NAF Evertree MDF Green Ultimate™
Origine des matières premières	Sciure, écorce et autres déchets post-industriels de scieries. MDF certifié FSC et PEFC disponible sur demande. Les matériaux mentionnés ci-dessus utilisent des liants à base de résine MDI, hormis le MDF Evertree Green Ultimate™, qui utilise une résine renouvelable d'origine végétale.
	MDF NAF FINSA Fibracolour[7]
PRG (traitement)	0,5 kg CO_2eq/kg
PRG (carbone biogénique)	– 2,6 kg CO_2eq/kg
Consommation d'énergie	11,8 MJ/kg
Consommation d'eau	82,1 l/kg
Toxicité	Les différents types de MDF répertoriés sont classés comme conformes à la norme NAF de CARB 2 : ils n'utilisent pas de liants résineux à base de formaldéhyde et leurs émissions de COV de formaldéhyde sont inférieures à 0,11 ppm.
Circularité	Le MDF NAF est théoriquement recyclable, mais de nombreux recycleurs refusent de traiter le MDF, parce qu'il contient souvent du formaldéhyde. À ce jour, le MDF recyclé du producteur belge UNILIN Panels est sans doute le seul MDF recyclé commercialisé. En outre, les blocs ou panneaux de MDF utilisant des résines non dégradables (à base de formaldéhyde ou autres) ne sont ni biodégradables ni compostables. Pour une vue d'ensemble du recyclage du bois, voir p. 173.
Propriétés mécaniques	Le MDF présente une résistance et des propriétés mécaniques uniformes dans toutes les directions, mais sa résistance structurelle n'atteint pas celle du contreplaqué ; de plus, il est aussi beaucoup plus lourd.
Résistance environnementale	Faible résistance à l'humidité, sauf si le panneau est correctement couvert d'un enduit étanche. Contrairement au bois massif et à certains bois d'ingénierie, le MDF ne se dilate pas et ne se contracte pas en réaction aux variations de température et d'humidité.
Formage	Fournis en plaques et en blocs qui peuvent être façonnés par usinage.
Finition	La surface des panneaux MDF est très lisse et uniforme. Elle convient à la peinture et aux laques, et peut également être vernie et teintée.

Étagères modulaires Montana System.
Les blocs sont en MDF utilisant un liant en résine sans formaldéhyde.

A. JOURNAL OF WEST COAST CULINARY

Panneau de lamelles orientées (OSB) NAF

La mise au point de résines sans formaldéhyde pour les panneaux à lamelles orientées (OSB) a pris du retard par rapport au contreplaqué et au MDF, mais de plus en plus de fournisseurs sont à présent en mesure de proposer des produits OSB sans formaldéhyde ajouté (NAF).

Fournisseurs et matériaux	- OSB NAF MEDITE® SMARTPLY - OSB NAF Bonzano OSB Color
Origine des matières premières	Déchets de bois PIR (chutes, bois tordu et noueux, etc.) qui ne conviennent pas à la production de bois massif. OSB certifié FSC et PEFC disponible sur demande. Les matériaux énumérés ci-dessus utilisent des liants à base de résine MDI.
	OSB NAF MEDITE® SMARTPLY[8]
PRG (traitement)	0,5 kg CO_2eq/kg
PRG (carbone biogénique)	- 1,5 kg CO_2eq/ kg
Consommation d'énergie	23,6 MJ/kg
Consommation d'eau	1,8 l/kg
Toxicité	Officiellement, les panneaux d'OSB sont exemptés de la norme CARB 2, mais les matériaux mentionnés ci-dessus sont classés comme NAF parce qu'ils n'utilisent pas de résines au formaldéhyde.
Circularité	Le OSB NAF est théoriquement recyclable, mais de nombreux recycleurs refusent de traiter l'OSB, car il contient souvent du formaldéhyde. En outre, les blocs ou panneaux d'OSB utilisant des résines non dégradables (à base de formaldéhyde ou autres) ne sont ni biodégradables ni compostables. Pour une vue d'ensemble du recyclage du bois, voir p. 173.
Propriétés mécaniques	Solide et léger, avec des performances comparables à celles du contreplaqué.
Résistance environnementale	Faible résistance à l'humidité, sauf si le panneau est correctement protégé par un enduit étanche. On trouve plusieurs qualités de panneaux OSB NAF offrant une meilleure résistance à l'humidité et aux flammes.
Mise en forme	Fournis en plaques et en blocs qui peuvent être façonnés par usinage.
Finition	Les panneaux d'OSB sont disponibles en différentes qualités de surface, de lisse à rugueuse. Cependant, les « filaments » de bois sont toujours clairement visibles à la surface. Certains fournisseurs proposent une sélection de couleurs standard pour les panneaux OSB préfinis, ainsi que des couleurs sur demande pour les commandes importantes. L'OSB est compatible avec les produits usuels de traitement du bois : vernis, peintures et huiles.

Échantillons de couleurs de panneaux d'OSB Bonzano. Bonzano propose une gamme de couleurs et de niveaux de brillance pour les panneaux d'OSB NAF préfinis.

Stratifiés haute pression (HPL)

Bien qu'étant techniquement à base de papier, les stratifiés haute pression (HPL) sont souvent associés avec des bois d'ingénierie ; ils utilisent en général des liants similaires à base de formaldéhyde. Les HPL présentés ici ont des émissions de COV très faibles, voire nulles.

Fournisseurs et matériaux	- HPL Abet Laminati SCS Indoor Advantage™ Gold-certified - HPL Panolam® Pionite® et Nevamar® certifié UL GREENGUARD Gold - ECO-HPL sans formaldéhyde Dekodur®
Origine des matières premières	Papier kraft contenant jusqu'à 20 % de matériaux recyclés, avec une couche extérieure décorative en papier vierge imprimé. Ces matériaux sont généralement saturés en résine phénol-formaldéhyde ; Dekodur® ECO-HPL utilise une résine alternative d'origine végétale. Des HPL certifiés FSC et PEFC sont disponibles sur demande. Demander aux fournisseurs la certification SCS précisant la teneur en contenu recyclé ou toute autre certification pertinente indiquant l'origine des matières premières.
	HPL Abet Laminati PRINT Thin[9]
PRG	2,7 kg CO_2eq/kg
Consommation d'énergie	126 MJ/kg
Consommation d'eau	2 816 l/kg
Toxicité	Les HPL proposés par Abet Laminati et par Panolam® utilisent des résines phénol-formaldéhyde ; cependant, ils sont tous deux certifiés à faibles émissions de COV. Dekodur® ECO-HPL utilise une résine alternative d'origine végétale. Demander aux autres fournisseurs les certifications SCS Indoor Advantage™, UL GREENGUARD Gold ou toute autre certification pertinente pour les matériaux correspondants.
Circularité	Actuellement, les HPL ne sont pas recyclés. Bien qu'étant à base de papier, ils ne sont ni biodégradables ni compostables, en raison des résines non dégradables utilisées. Pour une vue d'ensemble du recyclage du bois, voir p. 173.
Propriétés mécaniques	Solides, rigides et présentant une excellente résistance aux rayures, les HPL sont assez denses et lourds ; ils sont souvent associés à un matériau de support plus léger tel que le MDF pour ajouter de l'épaisseur.
Résistance environnementale	Excellente résistance à l'humidité, aux UV et aux produits chimiques.
Façonnage	Fourni en panneaux, qui sont ensuite façonnés par sciage, usinage et autres procédés de façonnage du bois.
Finition	Disponible dans une large gamme de couleurs et de finitions standard, avec possibilité de conception personnalisée et de couleurs sur demande pour les commandes importantes.

Exposition *In a Box* à la Semaine du design de Milan 2022. Les pièces ont été recouvertes de stratifiés de la collection Whimsy d'Arthur Arbesser x Abet Laminati.

Composites de liège

Les matériaux de liège composite sont usuellement produits à partir de déchets post-industriels provenant de l'industrie des bouchons de vin et des chaussures, qui sont broyés et transformés en plaques et en blocs.

Fournisseurs et matériaux	- Panneau en liège expansé Amorim - Composite de liège Amorim Wise UL certifié GREENGUARD Gold - Composite de liège Granorte
Origine des matières premières	Principalement déchets de liège PIR provenant de la production de bouchons de vin et de chaussures. Les fournisseurs présentés ici proposent du liège certifié FSC et PEFC. Le panneau de liège expansé Amorim est entièrement en liège, tandis que le composite de liège Amorim Wise utilise des particules de liège mélangées à un liant polyuréthane d'origine pétrochimique. Demander aux fournisseurs de confirmer le type de liant utilisé dans chaque matériau composite en liège.
	Panneau en liège Amorim[10]
PRG	– 1,7 kg CO_2eq/kg (PRG du traitement et PRG biogénique combinés)
Consommation d'énergie	68 MJ/kg
Consommation d'eau	14 l/kg
Toxicité	Le liège pur utilisé dans les panneaux de liège Amorim est considéré comme non toxique. Le composite de liège Amorim Wise a reçu la certification UL GREENGUARD Gold, qui garantit des émissions de COV très faibles. Demander aux fournisseurs de composites de liège la documentation concernant les émissions de COV, l'aptitude au contact alimentaire et les autres certifications pertinentes en fonction de vos exigences.
Circularité	Les composites à base de liège sont actuellement très peu recyclés. Fabriqué exclusivement à base de déchets de liège PIR, le panneau de liège expansé est biodégradable, tandis que le composite de liège Amorim Wise utilise un liant en polyuréthane et n'est donc pas compostable. Pour une vue d'ensemble du recyclage du bois, voir p. 173.
Propriétés mécaniques	Excellente résistance à la compression, avec une certaine souplesse et une bonne capacité à reprendre sa forme initiale. Les plaques de liège expansé risquent davantage de se déchirer que les plaques de liège composite Wise.
Résistance environnementale	Le liège est naturellement résistant à l'humidité, mais il se tache au contact des aliments et des produits chimiques. Le composite de liège Amorim Wise existe dans des qualités résistantes à l'humidité et aux produits chimiques.
Formage	Fournis en plaques et en blocs, qui sont ensuite façonnés par usinage.
Finition	Le panneau de liège expansé Amorim n'est proposé qu'en couleur naturelle et présente une finition de surface assez rugueuse, tandis que le composite de liège Amorim Wise existe dans de nombreuses couleurs et finitions différentes.

Tabouret Bob, conçu par Michael Sodeau pour Modus. Le tabouret est fabriqué à partir d'un matériau composite en liège provenant du fournisseur portugais Granorte, qui utilise des déchets de liège PIR certifiés FSC provenant de l'industrie des bouchons de vin.

6
Papier

Sur le plan écologique, le papier ne manque pas d'atouts : léger, renouvelable et largement recyclé, il est biodégradable et peut servir de combustible. D'ailleurs, de nombreuses papeteries sont partiellement ou totalement alimentées en énergie par les résidus de l'industrie du papier elle-même. Si le bois est de loin la principale source de fibres de cellulose pour la production de papier, toutes les plantes contiennent de la cellulose et pourraient en théorie servir à fabriquer du papier, ce qui ouvre un très large éventail de sources potentielles de matière première. Par ailleurs, le papier est un matériau relativement simple à travailler ; à la différence des métaux, des plastiques et du verre, il n'y a pas besoin de le chauffer, et son façonnage par formage à froid ne requiert aucun outillage complexe.

Cela dit, la fabrication du papier pose des problèmes écologiques majeurs. Dans de nombreuses régions du monde, la surexploitation du bois, souvent illégale, provoque déforestation et érosion des sols. En outre, la fabrication du papier consomme beaucoup d'eau, ce qui est bien sûr un problème en soi, mais peut aussi être source de pollution, faute d'un traitement correct des eaux usées avant leur rejet dans l'environnement. La plupart des produits chimiques toxiques dangereux ont été éliminés, mais certains sont encore utilisés dans certaines régions, en particulier le chlore pour le blanchiment du papier (voir p. 198).

Par ailleurs, le papier présente plusieurs inconvénients intrinsèques, dont on doit tenir compte lorsqu'on l'utilise pour l'emballage ou d'autres applications liées au design. Son principal point faible est qu'il résiste mal aux graisses, à l'eau et autres liquides. Il se déchire facilement et a une faible résistance structurelle globale. Ce chapitre présente plusieurs options pour pallier ces défauts sans compromettre la recyclabilité ou la biodégradabilité, en mettant l'accent sur le papier d'emballage, le carton et la pâte à papier moulée, comme indiqué ci-contre.

Plusieurs normes et certifications de développement durable s'appliquent au papier. Concernant les matières premières, le *Forest Stewardship Council* (FSC) et le *Programme for the Endorsement of Forest Certification* (PEFC) proposent des certifications pour le papier issu de bois d'origine responsable et de papier recyclé, tandis que le label écologique de l'UE pour le papier définit des exigences strictes concernant l'origine des matières premières, l'utilisation de produits chimiques dangereux, l'efficacité énergétique et la gestion des déchets dans la production de papier. En outre, la certification ECOLOGO© délivrée par la société américaine UL Solutions, définit des normes spécifiques pour l'impression et le couchage du papier.

Matériaux en papier

Comme toutes les plantes contiennent des fibres de cellulose, l'élément de base du papier, n'importe quelle plante peut en principe servir à fabriquer du papier. Ce livre présente plusieurs types de matériaux en papier destinés à l'emballage et à d'autres applications, depuis les matériaux en feuilles jusqu'aux moulages de pâte à papier.

Papiers et cartons à revêtement barrière
Les papiers traités anti-humidité et anti-graisse ordinaires sont revêtus d'une pellicule plastifiée ou métallisée, mais de nouveaux types de revêtements assurent une protection sans nuire à la circularité du produit.

- Papier à revêtement barrière (p. 202)
- Carton à revêtement barrière (p. 210)

Papier translucide
Papier translucide, parfois recouvert d'une protection contre l'humidité et les graisses, recyclable avec les autres déchets de papier sans séparation.

- Papier translucide (p. 204)

Papier et carton
Le papier est généralement défini comme une feuille unique de papier d'un grammage inférieur à 250 g/m², tandis que le carton est plus épais et comporte généralement plusieurs couches de matériau.

- Papier d'emballage (p. 200)
- Papier d'emballage recyclé (p. 192)
- Carton (p. 208)
- Carton recyclé (p. 194)

Pâte à papier moulée
La pâte à papier moulée est souvent grossière et peu raffinée, mais certains procédés améliorés, utilisant des moules en deux parties et un séchage dans le moule pour obtenir une surface plus lisse, rivalisent maintenant avec le plastique moulé dans de nombreuses applications.

- Pâte à papier moulée (p. 214)
- Pâte à papier moulée recyclée (p. 196)

Papier à base de fibres alternatives
Les papiers et cartons à base de fibres alternatives sont le plus souvent issus de la paille, de la bagasse (déchets de canne à sucre) ou du bambou.

- Papier d'emballage à base de fibres alternatives (p. 206)
- Carton à base de fibres alternatives (p. 212)

Papier à base de fibres de bois

Sources de la fibre de cellulose

« Je veux donner au papier toute sa dignité et le mettre en valeur. »

Entretien avec l'architecte Riccardo Cavaciocchi, fondateur de Paper Factor, un étonnant matériau de revêtement fabriqué à partir de fibres de cellulose issues de différentes matières premières ; son usine est installée dans une ancienne cave viticole à Lecce, dans le sud de l'Italie. Pour en savoir plus sur Riccardo et Paper Factor, consultez le site paperfactor.com.

En découvrant Paper Factor, j'ai d'abord été attiré par la beauté du matériau. Plus tard, quand j'ai mieux compris le processus de fabrication, mon intérêt s'est encore accru. Parlez-moi un peu de l'histoire de ce matériau et de votre propre histoire.

Ma mère, Lidiana Miotto, est restauratrice d'œuvres d'art et travaille pour des collections publiques et privées (Centro Restauro Materiale Cartaceo) en Italie. À l'époque de ma naissance, elle a inventé le matériau composite qui est à la base de Paper Factor. On peut donc dire que j'ai connu ce matériau toute ma vie. J'adore le côté artisanal du papier. La philosophie principale de Paper Factor, c'est d'expérimenter, d'explorer différentes pistes et observer ce qui se passe.

À l'inverse d'autres matériaux qui nécessitent un équipement sophistiqué, chez Paper Factor, nous n'utilisons presque que des instruments que l'on trouverait dans une cuisine ordinaire. Nous travaillons aussi beaucoup sur les technologies contemporaines. Les principaux composants du matériau sont un mélange de (fibres de) papier vierge certifié FSC et de papier recyclé, mais nous faisons aussi des essais avec toutes sortes de matières premières issues de déchets, notamment des résidus ou des sous-produits issus de l'agriculture (légumes, production de vin, de chocolat, de tabac et d'huile d'olive), mais aussi des déchets textiles et des vêtements comme des vieux jeans.

Ensemble de mini-tables mobiles, par Paper Factor

Du point de vue du développement durable, le papier est intéressant, car il est renouvelable et recyclable. Quelle est votre opinion personnelle sur ce point en ce qui concerne Paper Factor ?

J'estime que Paper Factor a toujours été soucieux de la protection de l'environnement. Pour moi, la raison d'être de Paper Factor est de réduire la quantité de déchets en les transformant en un matériau utile. Cette façon de penser est inscrite dans mon ADN, pas seulement parce que ma mère travaillait comme restauratrice d'art, mais aussi parce que c'est mon mode de vie. Si quelque chose est cassé, je préfère toujours le réparer plutôt que le jeter. C'est là mon idée phare à la tête de Paper Factor. Ainsi, pour économiser l'énergie et être plus efficaces, nous surveillons de très près les temps de séchage de nos matériaux.

En tant que designer, ma première réaction a été qu'avec Paper Factor, on est très loin de la conception première que je me fais du papier. Ensuite, je me suis demandé : « que puis-je faire avec un tel matériau ? »

Pour moi, les possibilités d'utilisation de Paper Factor sont illimitées ; pour l'instant, il sert à habiller des meubles et fabriquer des luminaires ou d'autres objets d'intérieur.

Sur le plan esthétique, il y a dans le papier un élément d'imperfection qui me séduit – si l'on regarde du papier de près, on observe les irrégularités de la fibre en surface. D'une certaine façon, ce que nous faisons chez Paper Factor relève de l'alchimie : nous extrayons la beauté intérieure du papier pour la transformer en un matériau qui peut être utilisé dans des applications plus durables que ce que l'on attendrait normalement d'un tel matériau. Disons que je veux donner au papier sa dignité et le mettre en valeur en tant que matériau architectural.

Échantillons de matières
produites par Paper Factor

Recyclage du papier

On estime qu'un peu plus de 50 % du volume total de papier produit en 2019 est issu de fibres recyclées[1], ce qui réduit considérablement la quantité de matières premières vierges, d'énergie, d'eau et de produits chimiques nécessaires à l'industrie papetière mondiale.

Même si la forte demande de papier recyclé est une tendance très positive, le recyclage du papier présente certains problèmes dont les designers doivent être conscients s'ils veulent tirer le meilleur parti de ce matériau.

Le recyclage consiste essentiellement à re-pulper le papier : les fibres de cellulose sont broyées, ce qui a pour effet de les raccourcir. Le papier recyclé est donc moins solide que le papier vierge : pour une solidité égale, le papier recyclé demandera un grammage supérieur. Autre conséquence, comme le traitement a pour effet de raccourcir les fibres, le papier ne peut être recyclé que quatre à six fois avant que les fibres ne deviennent trop courtes. Selon la Confédération européenne des industries de la papeterie, en Europe, le papier est recyclé en moyenne 2,4 fois. Il y a donc une relation étroite entre la production de papier vierge et celle de papier recyclé, car le stock de matériaux recyclés doit être continuellement complété par du papier vierge pour ne pas se retrouver en rupture.

La plupart des unités de recyclage du papier ne sont pas en mesure de traiter tous les types de papiers. Le plus souvent, il est possible de séparer les encres d'imprimerie, les revêtements solubles dans l'eau et les adhésifs, mais le traitement des matériaux plus complexes, notamment les briques d'emballage multicouches à base de papier utilisées pour les boissons exigent des entreprises spécialisées. Tous les matériaux en papier, revêtements et adhésifs présentés dans cet ouvrage appartiennent à la première catégorie, et peuvent être traités dans des installations standard.

Le schéma figurant au bas de la page ci-contre présente une synthèse du processus de recyclage du papier. Tout d'abord, les déchets sont récupérés et triés en différentes catégories, notamment papiers et cartons d'emballage, cartons, journaux et magazines. Le papier recyclé destiné au contact alimentaire doit faire l'objet d'un traitement spécifique. Les papiers humides ou contenant trop de résidus alimentaires ne peuvent pas être recyclés, mais sont compostables. Le papier utilisé pour le papier graphique ou d'autres applications très exigeantes est nettoyé et désencré avant d'être envoyé en papeterie pour la suite du traitement.

Le FSC et le PEFC délivrent des certifications pour le papier recyclé. Le label FSC Recyclé désigne le papier 100 % recyclé et le label FSC Mix, le papier contenant un mélange de fibres vierges et de fibres recyclées. Le label PEFC Recyclé s'applique au papier contenant au minimum 70 % de fibres recyclées. Citons également la certification SCS Global Services Recycled Content, qui précise le type et le pourcentage de matériaux recyclés.

Taux de recyclage du papier dans le monde

Le BIR (Bureau of International Recycling) indique que la production de papier et carton a atteint environ 412 millions de tonnes en 2019, dont un peu plus de la moitié issue de fibres recyclées. Les papeteries d'Asie et d'Amérique latine viennent en tête avec un taux de 70 % de fibres recyclées, suivies par l'Europe avec environ 55 % et le reste du monde avec environ 40 % en moyenne[2].

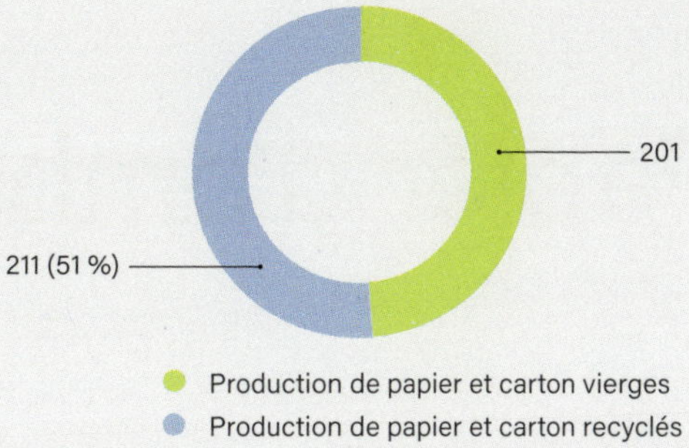

Débouchés du papier recyclé

Papier recyclé, en millions de tonnes. Les plus gros volumes de papier recyclé sont utilisés pour l'emballage, avec un taux moyen mondial de matière recyclée d'environ 70 %, suivi par le papier journal, avec un taux d'environ 65 %. En bas de l'échelle, le papier graphique et le papier d'impression n'utilisent qu'environ 9 % de matières recyclées[3].

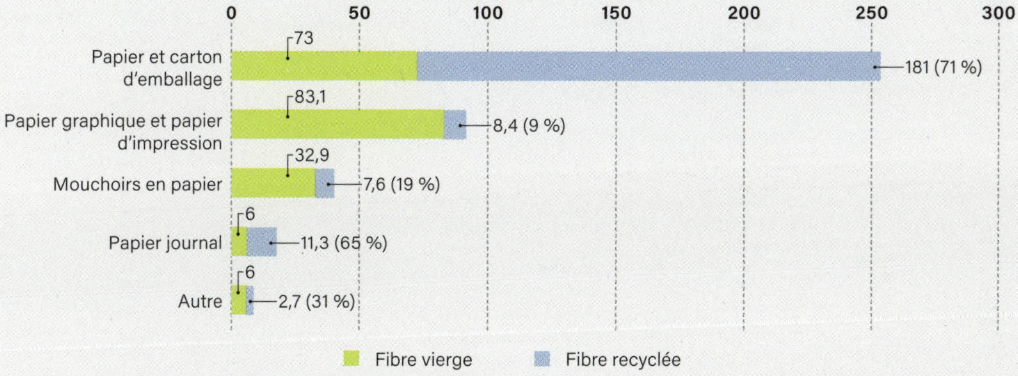

Flux de déchets papier

Le papier de haute qualité destiné aux arts graphiques et à l'impression est en général désencré et blanchi séparément, ce qui est inutile pour les autres catégories de déchets de papier. Le papier souillé et gras contamine les autres déchets ; il doit donc être mis au rebut et de préférence composté. Il en va de même pour le papier qui a été recyclé plus de quatre à six fois, au point que la fibre de cellulose est devenue trop courte.

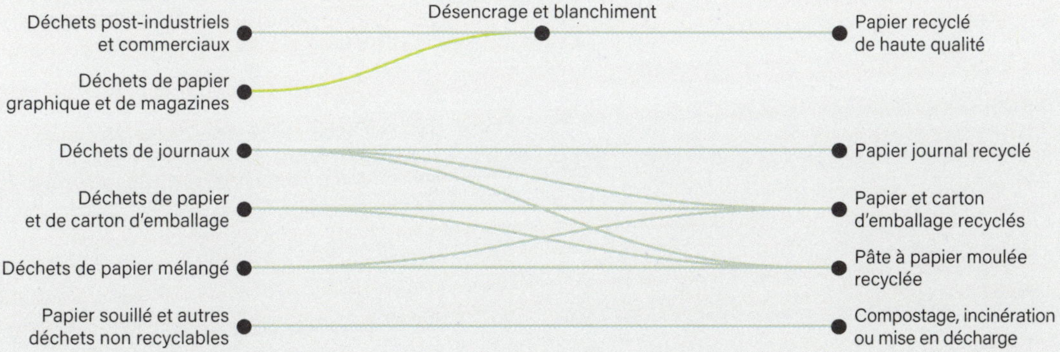

Papier d'emballage recyclé

Le papier d'emballage est largement recyclé ; l'impact écologique du papier recyclé est nettement inférieur à celui des matériaux vierges.

Fournisseurs et matériaux	- Papier d'emballage recyclé Cyclus Pack et Cocoon Pack d'ArjoWiggins - Papier d'emballage recyclé LEIPA Classic White C, Lux PLUS et Spirit White - Papier d'emballage recyclé Mondi EcoVantage	
Origine des matières premières	Combinaison de déchets de papier PIR et PCR mélangés à des fibres vierges. Demander aux fournisseurs de préciser la teneur exacte en matières recyclées, et de présenter toutes les certifications pertinentes, telles que FSC Recyclé et PEFC Recyclé.	
	ArjoWiggins Cyclus Pack[4]	**Papier d'emballage vierge FSC**[5]
PRG	0,5 kg CO_2eq/kg	1,3 kg CO_2eq/kg
Consommation d'énergie	Pas de données	20,4 MJ/kg
Consommation d'eau	Pas de données	480 l/kg
Toxicité	Le papier recyclé peut contenir des traces d'encres d'origine pétrochimique provenant de certains déchets, notamment le papier journal. Les résidus d'encres issues de la pétrochimie présents dans les papiers d'emballage recyclé peuvent contaminer les aliments ; demander aux fournisseurs de garantir que leurs papiers recyclés sont compatibles avec le contact alimentaire. Vérifier que le papier recyclé blanchi utilise un procédé sans chlore élémentaire.	
Circularité	Recyclable avec les autres types de papier, à condition que le matériau soit conservé au sec et ne contienne pas trop de déchets alimentaires. Les papiers souillés et autres déchets non recyclables peuvent être compostés à domicile ou en composteurs industriels. Les encres d'imprimerie, les adhésifs à base d'eau et les étiquettes en papier recyclable n'empêchent pas le papier d'être recyclable et biodégradable. Synthèse des taux de recyclage et des recommandations en matière de design circulaire avec le papier en p. 191.	
Propriétés mécaniques	Fragilisée par le processus de recyclage, la fibre de cellulose du papier présente une **résistance à la rupture** et un volume dégradés par rapport au matériau vierge. Demander aux fournisseurs une fiche technique pour chaque type de papier d'emballage recyclé afin de comparer leurs performances à celles des papiers vierges.	
Résistance environnementale	Les papiers d'emballage recyclés non enduits d'une pellicule de protection résistent mal à l'humidité et aux graisses. Inflammable, le papier ne doit pas être utilisé dans des applications à haute température.	
Mise en forme	Compatible avec les procédés courants de façonnage et d'assemblage du papier, notamment la découpe et le pliage. L'utilisation d'adhésifs à base d'eau n'empêche pas le matériau d'être recyclable et biodégradable.	
Finition	Les papiers d'emballage recyclés sont disponibles en version blanchie (blanche) ou écrue (brune, parfois grise). Certains papiers recyclés présentent des taches noires dues à des résidus d'encre dans la surface, ce qui peut être décoratif. La plupart ne posent pas de problème à l'impression, même si certains peuvent être optimisés pour des procédés d'impression et des encres spécifiques. Utiliser des encres sans produits pétrochimiques, à faible migration, afin d'améliorer la recyclabilité et la biodégradabilité du papier.	

Sac d'expédition en papier d'emballage recyclé, fabriqué par By Humankind.

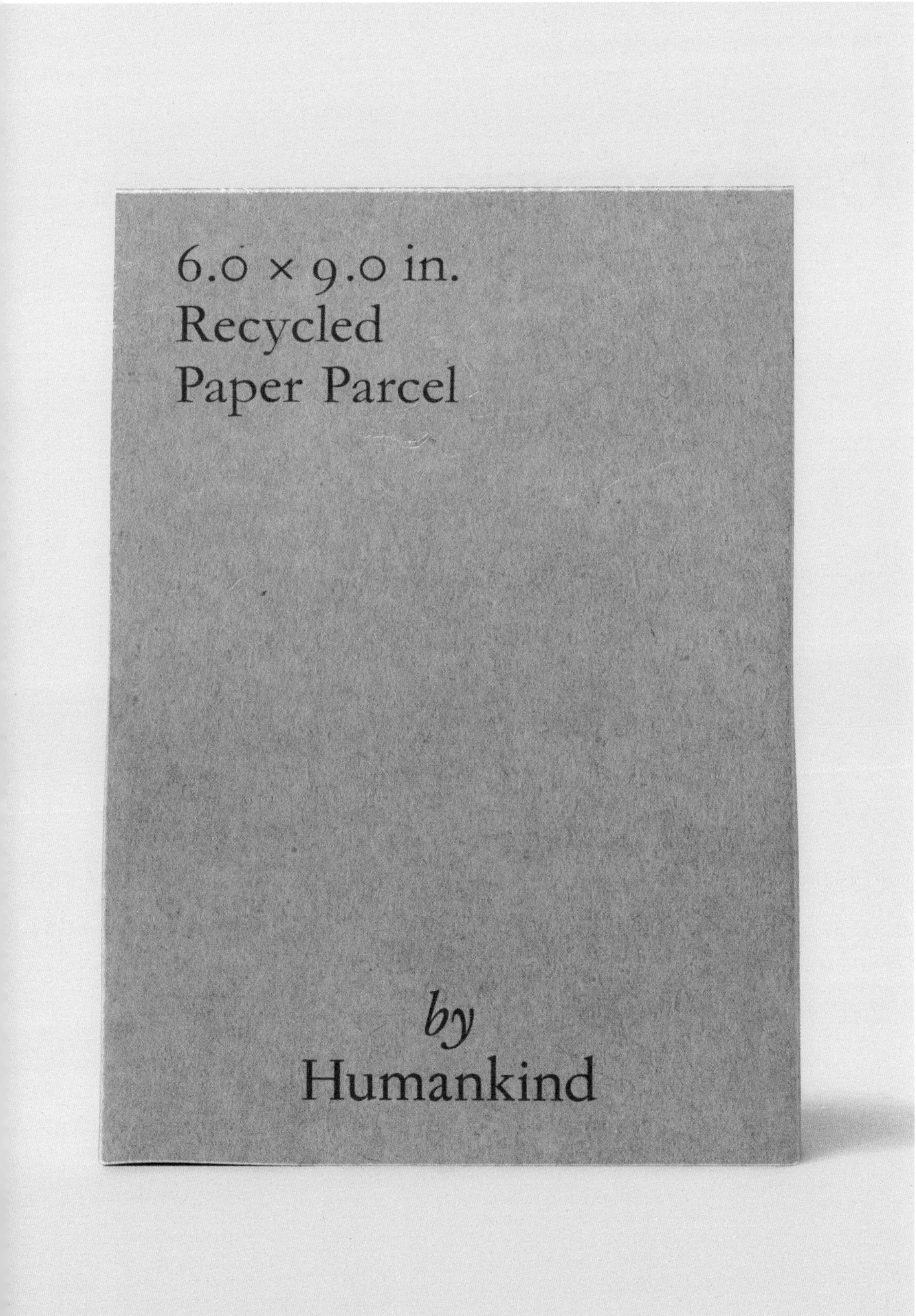
6.0 × 9.0 in.
Recycled
Paper Parcel
by
Humankind

Carton recyclé

Si le carton recyclé a un impact environnemental moins important que le matériau vierge, il est aussi en général plus fragile, ce qui peut nécessiter des ajustements lors du design pour les applications exigeant une bonne résistance structurelle.

Fournisseurs et matériaux	- Carton recyclé ArjoWiggins Teknocard - Carton recyclé LEIPA Board - Carton recyclé Westrock ReNew100	
Origine des matières premières	Combinaison de déchets de papier PIR et PCR mélangés à des fibres vierges. Demander aux fournisseurs de préciser la teneur exacte en matières recyclées, et de présenter toutes les certifications pertinentes, telles que FSC Recyclé et PEFC Recyclé.	
	ArjoWiggins Teknocard[6]	**Carton FSC**[7]
PRG	0,7 kg CO_2eq/kg	1,2 kg CO_2eq/kg
Consommation d'énergie	Pas de données	18,5 MJ/kg
Consommation d'eau	Pas de données	2 490 l/kg
Toxicité	Le carton recyclé peut contenir des traces d'encres issues de la pétrochimie provenant de certains déchets de papier, comme le papier journal. Les résidus d'encres issues de la pétrochimie présents dans les papiers d'emballage recyclé peuvent contaminer les aliments ; demander aux fournisseurs de garantir que leurs papiers recyclés sont compatibles avec le contact alimentaire. Vérifier également que le papier recyclé blanchi utilise un procédé sans chlore élémentaire.	
Circularité	Recyclable avec les autres types de papier, à condition que le matériau soit conservé au sec et ne contienne pas trop de déchets alimentaires. Les papiers souillés et autres déchets non recyclés peuvent être compostés à domicile ou en composteurs industriels. Les encres d'imprimerie, les adhésifs à base d'eau et les étiquettes en papier recyclable n'empêchent pas le papier d'être recyclable et biodégradable. Synthèse des taux de recyclage et des recommandations en matière de design circulaire en p. 191.	
Propriétés mécaniques	La fibre de cellulose est fragilisée par le recyclage, de sorte que la résistance à la traction, la rigidité et le volume du carton recyclé sont en général inférieurs à ceux des matériaux vierges. Demander aux fournisseurs la fiche technique pour chaque type de papier d'emballage recyclé afin de comparer les performances avec celles des cartons vierges.	
Résistance environnementale	Les matériaux en carton recyclé non enduits d'une pellicule de protection résistent mal à l'humidité et aux graisses. Étant inflammable, le papier ne doit pas être utilisé dans des applications à haute température.	
Mise en forme	Compatible avec les procédés courants de façonnage et d'assemblage du papier, notamment la découpe et le pliage. L'utilisation d'adhésifs à base d'eau n'empêche pas le matériau d'être recyclable et biodégradable.	
Finition	Le carton recyclé se décline en version blanchie (blanche) ou écure (brune, parfois grise). Certains cartons recyclés présentent des taches noires dues à des résidus d'encre en surface, ce qui peut être décoratif. La plupart des papiers recyclés ne posent pas de problème particulier à l'impression, même si certains peuvent être optimisés pour des procédés d'impression et des encres spécifiques. Utiliser des encres sans produits pétrochimiques, à faible migration, afin d'améliorer la recyclabilité et la biodégradabilité du papier.	

Écouteurs Sumpan d'Urban Ears.
L'emballage est fabriqué à partir de carton recyclé.

Pâte à papier moulée recyclée

La plupart des produits moulés en pâte à papier, comme les boîtes à œufs, sont issus de matières premières recyclées, même si certaines applications nécessitant des surfaces plus lisses et une meilleure colorabilité utilisent des matières vierges (voir p. 214).

Fournisseurs et matériaux	- Pâte à papier moulée recyclée Pulp-Tec - Pâte à papier moulée recyclée par UFP Technologies - Pâte à papier moulée recyclée TRIDAS®
Origine des matières premières	Généralement journaux récupérés. Demander aux fournisseurs de préciser la teneur exacte en matières recyclées, et de présenter toutes les certifications pertinentes, telles que FSC Recyclé et PEFC Recyclé.
	Pâte à papier moulée recyclée[8]
PRG	0,4 kg CO_2eq/kg
Consommation d'énergie	0,5 MJ/kg
Consommation d'eau	0,5 l/kg
Toxicité	La pâte à papier moulée recyclée contient presque toujours des traces d'encres d'origine pétrochimique, couramment utilisées dans le papier journal, qui est la principale source de matière première de ce matériau. Il est établi que les résidus d'encre d'origine pétrochimique présents dans les papiers d'emballage risquent de contaminer les aliments ; demander aux fournisseurs de pâte à papier moulée de préciser que leur produit est bien homologué pour contact alimentaire.
Circularité	Recyclable avec les autres types de papier, à condition que le matériau soit conservé au sec et ne contienne pas trop de déchets alimentaires. La pâte à papier moulée souillée ou non recyclable pour d'autres raisons peut être compostée. Les encres d'imprimerie, les adhésifs à base d'eau et les étiquettes en papier recyclable n'affectent ni la recyclabilité ni la biodégradabilité de la pâte à papier moulée.
Propriétés mécaniques	La pâte à papier moulée recyclée offre une bonne absorption d'énergie, mais, ses fibres recyclées étant plus courtes, sa résistance à la traction et à la compression et sa stabilité dimensionnelle sont inférieures à celles du matériau vierge. On peut améliorer la résistance et la rigidité de la pièce en ajoutant des nervures, en prévoyant des sections de parois plus épaisses par endroits, ou par d'autres procédés similaires.
Résistance environnementale	Résiste mal à l'humidité et aux graisses. Étant inflammable, la pâte à papier moulée ne doit pas être utilisée dans des applications à haute température.
Mise en forme	La pâte moulée recyclée est généralement mise en forme par simple compression ou par thermoformage, ce dernier permettant d'obtenir des formes plus complexes et une meilleure qualité de surface.
Finition	Disponible en version blanchie ou écrue, brune, parfois grise. La surface des pièces en pâte à papier moulée recyclée est souvent très rugueuse, ce qui rend difficile l'impression directe. La pâte peut être teintée pour des applications en couleurs unies, mais les impuretés présentes dans le matériau, comme les résidus d'encre, resteront visibles.

Emballage de la brosse à dents Green Clean par Jordan. L'emballage en pulpe moulée est issu de papier recyclé.

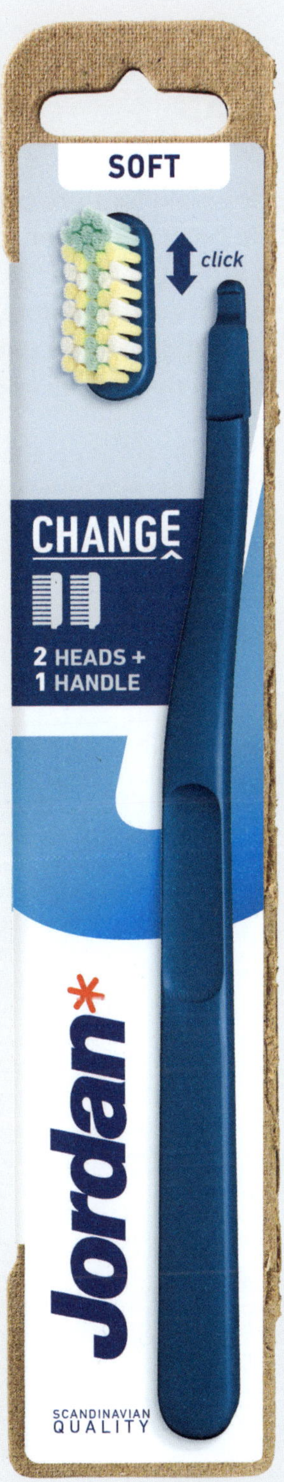
SOFT
click
CHANGE
2 HEADS +
1 HANDLE
Jordan*
SCANDINAVIAN
QUALITY

Papier vierge

S'il est vrai que le bois est la principale matière première du papier, la fibre de cellulose (qui est l'élément de base du papier) est en réalité présente dans toutes les cellules de tous les végétaux ; c'est donc la matière organique la plus abondante sur terre. Une simple recherche sur le papier provenant de sources autres que le bois révèle une multitude de matières premières possibles : herbe, noyaux de cerises, algues, balle de blé, résidus de brasseries, etc.

La teneur en cellulose varie d'une plante à l'autre : dans le coton, elle atteint environ 90 %, le bois en contenant environ 45 %. Pourtant, une plante à forte teneur en cellulose n'est pas forcément le meilleur choix pour la fabrication du papier. Le bois domine parce qu'il est assez facile à faire pousser et à exploiter en très grands volumes. Malgré tout, les sources alternatives connaissent un développement spectaculaire, notamment avec les déchets agricoles : en Inde, le brûlage des chaumes (résidus de paille après la moisson) est une cause majeure de pollution de l'air ; fabriquer le papier à base de paille est ainsi un moyen d'éviter de brûler des déchets agricoles.

On distingue deux principaux procédés industriels de fabrication du papier. Le premier est la trituration mécanique, qui consiste à broyer mécaniquement le bois et d'autres matières premières pour les réduire en pâte à papier. Les substances autres que la cellulose présentes dans la matière première se retrouvent alors dans le papier. Dans le cas du bois, on trouve surtout un autre composé organique, la lignine. Elle nuit à la qualité du papier, notamment en réduisant sa résistance (elle affaiblit la liaison entre les fibres de cellulose) et en faisant jaunir progressivement le papier lors de l'exposition à l'oxygène et à la lumière du soleil.

Le second procédé, dit « procédé kraft », consiste à réduire le bois en pâte par voie chimique. Au lieu de broyer la matière première, on extrait les fibres de cellulose et on isole d'autres éléments, comme la lignine, avec de l'eau à très haute température et des produits chimiques. Presque entièrement constitué de fibres de cellulose, le papier kraft est plus résistant et ne jaunit pas.

Environ 80 % de la production mondiale utilise le procédé kraft, mais le procédé par trituration mécanique reste utile. Il a un rendement d'environ 95 % et sert souvent à fabriquer le corps principal du carton, en pris sandwich avec le papier kraft.

Quel que soit le procédé utilisé, le papier est le plus souvent blanchi, faute de quoi le résultat obtenu est brun ou beige, avec des fibres visibles en surface. Autrefois, la quasi-totalité du papier était blanchie au chlore, souvent rejeté avec les eaux usées dans les rivières et les lacs avoisinants. Si le chlore est encore utilisé dans certains endroits du monde, le traitement des eaux usées fait l'objet de restrictions plus strictes, et d'autres procédés sont désormais plus répandus, notamment le blanchiment sans chlore élémentaire (ECT) et le blanchiment totalement exempt de chlore (TCF). Demander aux fournisseurs de préciser quel procédé ils utilisent et de fournir toutes les certifications pertinentes, notamment FSC et PEFC pour le bois issus de forêts gérées durablement, et le label écologique de l'UE, qui fixe des normes strictes pour l'utilisation des produits chimiques, l'efficacité énergétique et la gestion des déchets dans l'industrie du papier.

Production mondiale de papier vierge

En 2020, quelque 189 millions de tonnes de papier vierge, soit 94 % de la production totale, utilisent des fibres de cellulose issues du bois. Contrairement à de nombreuses autres sources de fibres de cellulose, notamment les cultures agricoles et par suite les déchets agricoles, le bois est disponible tout au long de l'année. En outre, l'industrie forestière dispose d'une infrastructure robuste pour l'abattage, le transport et le stockage des matières premières issues du bois, ce qui n'est pas encore le cas à la même échelle pour les matières premières alternatives[1].

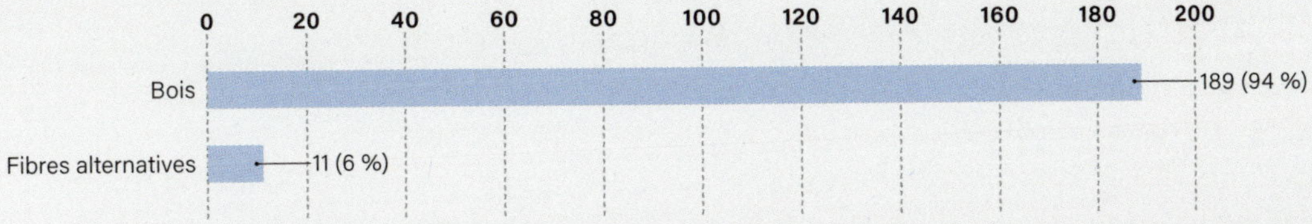

Production de papier à base de fibres alternatives

Même s'il ne représente aujourd'hui qu'un volume assez faible (11 millions de tonnes/an), le papier à base de fibres alternatives est une démarche intéressante face à la surexploitation des forêts pour la production de papier et de bois, mais aussi à d'autres problèmes environnementaux, comme le brûlage des chaumes, qui provoque des pollutions majeures dans les régions où il est très répandu[2].

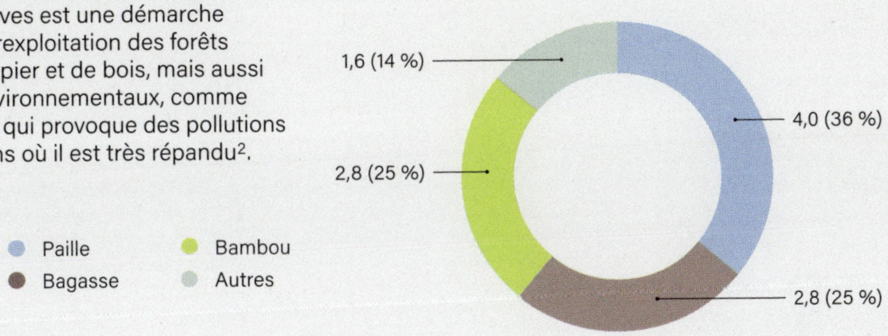

Certifications du papier

Il existe plusieurs certifications pour les différentes matières premières du papier, dont voici les plus courantes.

- **Papier à base de bois**
  Les labels PEFC et FSC proposent tous deux une certification du papier, comme des autres produits forestiers. Les deux certificats sont disponibles pour le papier issu de bois provenant de forêts gérées durablement ou issu de matières premières recyclées. Environ 11 % des forêts mondiales sont certifiées PEFC, FSC ou doublement certifiées PEFC/FSC, un ratio similaire à celui de la production mondiale de papier à base de bois.

- **Papier à base de bambou**
  PEFC et FSC proposent également des certifications pour les forêts et les matériaux issus du bambou. À ce jour, il est impossible d'établir des statistiques sur le pourcentage de la production mondiale de bambou certifiée.

- **Papier à base de bagasse**
  La bagasse est le produit des résidus de tiges de canne à sucre après extraction du jus ; elle est réduite en pulpe (« pulpée ») et transformée en papier. Bonsucro est la principale certification internationale pour la production de canne à sucre. On veillera donc à s'assurer que le papier bagasse est issu de résidus de plantations certifiées Bonsucro. Selon Bonsucro, environ 5 % des plantations de canne à sucre dans le monde sont certifiées ; ce ratio devrait se retrouver dans la proportion de papier bagasse certifié.

Papier d'emballage

Plusieurs fournisseurs proposent des papiers d'emballage qui, associés à des adhésifs thermocollants, permettent de remplacer les plastiques dans les applications d'emballages souples qui ne requièrent pas de résistance à l'humidité et aux graisses.

Fournisseurs et matériaux	- Papier d'emballage Munken Kraft par Arctic Paper - Papier d'emballage UniquePack™ et Solide™ par UPM - Papier d'emballage Axello par Billerud - Adhésif thermocollant recyclable et biodégradable LOCTITE LIOFOL par Henkel
Origine des matières premières	Bois provenant de forêts gérées de manière responsable. Demander aux fournisseurs de confirmer les certifications pertinentes, notamment FSC, PEFC et le label écologique de l'UE. Sur demande, certains fournisseurs peuvent indiquer l'origine des matières premières utilisées. Les adhésifs thermocollants risquent de contenir des ingrédients issus de la pétrochimie ; demander aux fournisseurs de confirmer l'origine et le type d'ingrédients utilisés.
	Papier d'emballage Arctic Paper Munken Kraft[3]
PRG	0,5 kg CO_2eq/kg
Consommation d'énergie	9,4 MJ/kg
Consommation d'eau	Pas de données
Toxicité	Pour les applications impliquant un contact avec les aliments, il convient de vérifier si chaque type de papier est adéquat. Sans être toxiques, certains risquent de provoquer une réaction imprévue (altération de la couleur ou du goût des aliments...). Nul papier d'emballage présenté ici n'utilise de chlore élémentaire pour le blanchiment. On trouve des adhésifs thermocollants pour les applications en contact avec les aliments - demander aux fournisseurs de recommander des qualités adaptées à chaque application.
Circularité	Recyclable avec les autres déchets de papier, à condition d'être conservé au sec et de ne pas contenir trop de déchets alimentaires. Le papier d'emballage contaminé non recyclable peut être composté à domicile ou en composteur industriel. Les encres d'imprimerie, les étiquettes en papier recyclable et les types d'adhésifs thermocollants présentés ici n'affectent ni la recyclabilité ni la biodégradabilité du papier d'emballage. Synthèse des taux de recyclage et des recommandations en matière de design circulaire en p. 191.
Propriétés mécaniques	La solidité des papiers d'emballage, mesurée en résistance à l'éclatement, est directement corrélée à leur épaisseur. Demandez aux fournisseurs de vous aider à identifier un grammage de papier adapté à vos applications spécifiques.
Résistance environnementale	Résiste mal à l'humidité et aux graisses. Le papier fabriqué avec le procédé de pulpage chimique (« papier kraft ») est plus résistant aux UV que le papier produit par pulpage mécanique. Étant inflammable, le papier ne doit pas être utilisé dans des applications à haute température.
Mise en forme	Compatible avec les procédés courants de façonnage et d'assemblage du papier, notamment la découpe et le pliage. Le papier d'emballage doté d'un adhésif thermocollant compatible peut souvent être mis en forme et scellé sur les lignes de fabrication utilisées pour les emballages en film plastique souple.
Finition	Disponible en version blanchie (blanche) ou écrue (brune). Les deux versions sont imprimables, mais certains matériaux peuvent être optimisés pour des procédés d'impression et des encres particuliers. Utiliser des encres sans produits pétrochimiques, à faible migration, afin d'améliorer la recyclabilité et la biodégradabilité du papier.

Emballage Ritter Sport Mini. Cette pochette en papier est enduite d'un adhésif biodégradable, recyclable et thermocollant : le papier peut donc être façonné et scellé sur des lignes de fabrication du même type que celles utilisées pour fabriquer les pochettes d'emballage en plastique.

PAPER BAG
CHOCOLATE
9 PIECES
Ritter SPORT
mini
MIX
MARZIPAN
CORNFLAKES
with crispy-crunchy cornflakes
PRALINE
ALPINE MILK CHOCOLATE
BUTTER BISCUIT
HAZELNUTS

Papier barrière

Offrant une excellente résistance à l'humidité et aux graisses sans perdre leur recyclabilité et leur biodégradabilité, les papiers barrière de dernière génération peuvent remplacer les plastiques dans de nombreuses applications d'emballages souples.

Fournisseurs et matériaux	- Papier barrière UPM Asendo™ - Papier barrière Sappi Guard Nature - Papier barrière Mondi AegisPaper
Origine des matières premières	Bois provenant de forêts gérées de manière responsable. Demander aux fournisseurs de confirmer les certifications pertinentes, notamment FSC, PEFC et le label écologique de l'UE. Sur demande, certains fournisseurs peuvent indiquer l'origine des matières premières utilisées. Confirmer le type exact de revêtement barrière avec les fournisseurs ; dans l'idéal, il doit être produit à partir de matières premières renouvelables et d'origine durable.
	Papier barrière UPM Confidio™ [4]
PRG	0,4 kg CO_2eq/kg
Consommation d'énergie	1,9 MJ/kg
Consommation d'eau	Pas de données
Toxicité	Les papiers barrière présentés dans ce livre sont exempts de fluoropolymères, de PVDC et d'autres matériaux potentiellement nocifs. Demander aux fournisseurs les certificats de compatibilité avec le contact alimentaire, comme ceux de la FDA des États-Unis et du BfR allemand. Aucun des papiers barrière présentés dans ce livre n'utilise de chlore élémentaire pour le blanchiment.
Circularité	Recyclable dans le flux normal des déchets de papier, mais certains enduits barrière sont incompatibles avec le compostage. Demander aux fournisseurs le certificat de biodégradabilité correspondant, comme OK Compost HOME et INDUSTRIAL. Synthèse des taux de recyclage et des recommandations en matière de design circulaire en p. 191.
Propriétés mécaniques	La solidité des papiers d'emballage, mesurée en résistance à l'éclatement, est directement corrélée à leur épaisseur. Demandez aux fournisseurs de vous aider à identifier un grammage de papier adapté à vos applications spécifiques.
Résistance environnementale	Bonne résistance à l'humidité et aux graisses ; certains fournisseurs garantissent les performances pendant une période donnée. Le papier fabriqué par pulpage chimique (le « papier kraft ») est plus résistant aux UV que le papier produit par pulpage mécanique. Étant inflammable, le papier ne doit pas être utilisé dans des applications à haute température.
Mise en forme	Compatible avec les procédés usuels de formage et d'assemblage du papier, notamment la découpe et le pliage. L'utilisation d'adhésifs à base d'eau n'affecte ni la recyclabilité ni la biodégradabilité. Certains papiers barrière sont thermocollants et peuvent être façonnés et scellés sur les lignes de fabrication utilisées pour les emballages en film plastique souple.
Finition	Les papiers barrière sont disponibles en version blanchie (blanche) ou écrue (brune). Les deux versions sont imprimables, mais certains matériaux peuvent être optimisés pour des procédés d'impression et des encres particuliers. Utiliser des encres sans produits pétrochimiques, à faible migration, afin d'améliorer la recyclabilité et la biodégradabilité du papier.

Emballage du chocolat Tony's Chocolonely. L'emballage utilise un papier barrière avec un revêtement à base de minéraux qui n'altère ni la biodégradabilité ni la recyclabilité du papier.

TONY'S
CHOCOLONELY
TONY'S CHOCOLONELY
colate almond honey nougat
together we'll make chocolate 100% slave free
Tony's Chocolonely

Papier translucide

Le papier translucide est légèrement transparent, ce qui lui permet de remplacer le plastique transparent dans de nombreuses applications, en particulier lorsqu'il est associé à un revêtement barrière qui le rend résistant à l'humidité et aux graisses.

Fournisseurs et matériaux	- Papier translucide UPM Solide™ Lucent - Papier translucide Ahlstrom-Munksjö Cristal™ - Papier translucide Seaman Paper Vela
Origine des matières premières	Bois provenant de forêts gérées de manière responsable. Demander aux fournisseurs de confirmer les certifications pertinentes, notamment FSC, PEFC et le label écologique de l'UE. Sur demande, certains fournisseurs peuvent indiquer l'origine des matières premières utilisées Si le papier est recouvert d'un revêtement barrière, faire confirmer le type et l'origine des matières premières par le fournisseur.
	Papier translucide UPM Solide™ Lucent[5]
PRG	0,46 kg CO_2eq/kg
Consommation d'énergie	10 MJ/kg
Consommation d'eau	Pas de données
Toxicité	Aucun des papiers translucides présentés ici n'utilise de chlore élémentaire pour le blanchiment. Si un revêtement barrière est utilisé, s'assurer qu'il est exempt de fluoropolymères, de PVDC et d'autres produits potentiellement nocifs. Demander aux fournisseurs les certificats de compatibilité au contact alimentaire, comme ceux de la FDA des États-Unis et du BfR allemand.
Circularité	Recyclable avec les autres déchets de papier, mais certains revêtements barrière sont incompatibles avec le compostage. Demander aux fournisseurs le certificat de biodégradabilité correspondant, comme OK Compost HOME et INDUSTRIAL. Synthèse des taux de recyclage et des recommandations en matière de design circulaire en p. 191.
Propriétés mécaniques	La solidité des papiers d'emballage, mesurée en résistance à l'éclatement, est directement corrélée à leur épaisseur. Demandez aux fournisseurs de vous aider à identifier un grammage de papier adapté à vos applications spécifiques.
Résistance environnementale	Le papier recouvert d'un enduit barrière a une bonne résistance à l'humidité et aux graisses ; certains fournisseurs garantissent une certaine durée de performance. Étant inflammable, le papier translucide ne doit pas être utilisé dans des applications à haute température.
Mise en forme	Compatible avec les procédés usuels de formage et d'assemblage du papier, notamment la découpe et le pliage. L'utilisation d'adhésifs à base d'eau n'affecte pas la recyclabilité et la biodégradabilité. Certains papiers translucides sont thermocollants et peuvent souvent être formés et scellés sur les lignes de fabrication utilisées pour les emballages en film plastique souple.
Finition	L'épaisseur de la finition impacte la translucidité – plus le matériau est épais, plus il est opaque. Les papiers barrière translucides peuvent être imprimés, mais certains peuvent être optimisés pour des procédés d'impression et des encres particuliers. Utiliser des encres sans produits pétrochimiques, à faible migration, afin d'améliorer la recyclabilité et la biodégradabilité du papier.

Sac en papier translucide Vela de Seaman Paper.
Le sac en papier non couché convient pour les produits souples, les documents et les applications d'emballage similaires.

This bag is
made of paper.
Switching from plastic to paper is a great way for a brand to demonstrate their commitment to sustainable packaging. Paper is made from renewable resources and is one of the most highly recycled materials in the world.
please recycle this bag.
Vela
MIX
FSC
Recyclable
Made of Paper
www.vela.eco

Papier d'emballage à base de fibres alternatives

L'utilisation de sources alternatives de fibres de cellulose pour la production de papier peut réduire les déchets agricoles et les émissions dues au brûlage des chaumes, source majeure de pollution dans le monde.

Fournisseurs et matériaux	- Papier d'emballage à base de paille PaperWise - Papier d'emballage à base de bagasse PropalPack	
Origine des matières premières	En Inde, PaperWise travaille avec des agriculteurs et des papeteries locales pour récupérer les déchets agricoles tels que le chaume, qui sinon seraient brûlés, entraînant une grave pollution locale. Pour fabriquer ses papiers d'emballage, PropalPack utilise la bagasse, résidu du broyage de la canne à sucre, produite par des agriculteurs colombiens.	
	Papier à base de paille PaperWise[6]	**Papier d'emballage vierge FSC**[7]
PRG	0,7 kg CO_2eq/kg	1,3 kg CO_2eq/kg
Consommation d'énergie	Pas de données	20,4 MJ/kg
Eau	Pas de données	480 l/kg
Toxicité	Le papier à base de fibres alternatives est réputé non toxique, mais, pour les applications impliquant un contact avec les aliments, il convient de vérifier auprès du fournisseur si chaque type de papier est adéquat, car certains risquent de provoquer une réaction imprévue, notamment en altérant la couleur ou le goût des aliments. Aucun des papiers d'emballage à fibres alternatives présentés dans ce livre n'utilise de chlore élémentaire pour le blanchiment.	
Circularité	Recyclable avec les autres types de papier, à condition que le matériau soit conservé au sec et ne contienne pas trop de déchets alimentaires. Le papier contaminé qui ne peut être recyclé peut être composté à la maison ou en composteur industriel. Les encres d'imprimerie, les adhésifs à base d'eau et les étiquettes en papier recyclable n'empêchent pas le papier d'être recyclable et biodégradable. Synthèse des taux de recyclage et des recommandations en matière de design circulaire en p. 191.	
Propriétés mécaniques	La solidité des papiers d'emballage, mesurée en résistance à l'éclatement, est directement corrélée à leur épaisseur. Demandez aux fournisseurs de vous aider à identifier un grammage de papier adapté à vos applications spécifiques.	
Résistance environnementale	Résiste mal à l'humidité et aux graisses. Le papier fabriqué par pulpage chimique (le « papier kraft ») est plus résistant aux UV que le papier produit par pulpage mécanique. Étant inflammable, le papier ne doit pas être utilisé dans des applications à haute température.	
Mise en forme	Compatible avec les procédés courants de façonnage et d'assemblage du papier, notamment la découpe et le pliage. L'utilisation d'adhésifs à base d'eau n'affecte pas la recyclabilité ou la biodégradabilité.	
Finition	Disponible en version blanchie (blanche) ou écrue (brune). Certains papiers à fibres alternatives présentent des fibres et des particules visibles à la surface. Les matériaux sont imprimables, mais certains peuvent être optimisés pour des procédés d'impression et des encres spécifiques. Utiliser des encres sans produits pétrochimiques, à faible migration, afin d'améliorer la recyclabilité et la biodégradabilité du papier.	

Pain de savon par Loeze. Le papier d'emballage, produit par le papetier néerlandais PaperWise, est issu de déchets de paille agricole provenant d'Inde.

loeze®
ORGANIC
HANDMADE SOAP
Big Boost
Oppeppende sheaboter
en de stimulerende geur
van citroengras

Carton

Le carton est en général constitué de plusieurs couches, qui lui confèrent une rigidité accrue, ce qui en fait une solution idéale pour les applications nécessitant une plus grande résistance, comme les emballages structurels.

Fournisseurs et matériaux	- MetsäBoard : Cartons MetsäBoard Natural FBB, MetsäBoard Classic FBB, MetsäBoard Pro FBB OBAfree, MetsäBoard Pro FBB Bright et MetsäBoard Prime FBB Bright - Carton Billerud CrownBoard - Carton Holmen Iggesund Incada® - Carton Sappi Algro et Atelier
Origine des matières premières	Bois provenant de forêts gérées de manière responsable. Demander aux fournisseurs de confirmer les certifications pertinentes, notamment FSC, PEFC et le label écologique de l'UE. Sur demande, certains peuvent indiquer l'origine des matières premières utilisées
	Carton Billerud CrownBoard[8]
PRG	0,5 kg CO_2eq/kg
Consommation d'énergie	22 MJ/kg
Consommation d'eau	45 l/kg
Toxicité	Le papier est réputé non toxique, mais, pour les applications impliquant un contact avec les aliments, il convient de vérifier auprès du fournisseur si chaque type de papier est adéquat, car certains risquent de provoquer une réaction imprévue (altération de la couleur ou du goût des aliments...). Aucun des types de cartons présentés ici n'utilise de chlore élémentaire pour le blanchiment.
Circularité	Recyclable avec les autres types de papier, à condition que le matériau soit conservé au sec et ne contienne pas trop de déchets alimentaires. Le carton contaminé non recyclable peut être composté à la maison ou en composteur industriel. Les encres d'imprimerie, les adhésifs à base d'eau et les étiquettes en papier recyclable n'empêchent pas le carton d'être recyclable et biodégradable. Synthèse des taux de recyclage et des recommandations en matière de design circulaire en p. 191.
Propriétés mécaniques	Résistants et rigides, les matériaux en carton offrent également une bonne résistance à la compression. Demander une fiche technique pour les différents types de matériaux, de grammages et de qualités.
Résistance environnementale	Les cartons dépourvus de revêtement barrière présentent une faible résistance à l'humidité et aux graisses. Le papier fabriqué par pulpage chimique (le « papier kraft ») est plus résistant aux UV que le papier produit par pulpage mécanique. Étant inflammable, le papier ne doit pas être utilisé dans des applications à haute température.
Mise en forme	Compatible avec les procédés courants de façonnage et d'assemblage du papier, notamment la découpe et le pliage. L'utilisation d'adhésifs à base d'eau n'affecte pas la recyclabilité et la biodégradabilité du carton.
Finition	Les cartons existent en version blanchie (blanche) ou écrue (brune). Les deux versions sont imprimables, mais certains matériaux peuvent être optimisés pour des procédés d'impression et des encres particuliers. Utiliser des encres à faible migration et sans produits pétrochimiques pour améliorer la recyclabilité et la biodégradabilité du carton.

Emballage d'Arctic Blue Gin. Cette boîte est recouverte d'Envirofoil®, un film décoratif du producteur américain Hazen exempt de plastique et contenant seulement une petite quantité d'aluminium, qui n'affecte donc pas la recyclabilité et la biodégradabilité du carton.

ARCTIC BLUE
GIN
500ML 46.2% VOL.
HANDCRAFTED IN FINLAND
FROM ARCTIC BOTANICALS
AND PURE SPRING WATER

Carton barrière

Le carton barrière présente une bonne résistance et une bonne rigidité, ainsi qu'une excellente résistance à l'humidité et aux graisses.

Fournisseurs et matériaux	- Carton barrière EB MetsäBoard Prime FBB EB - Carton barrière Stora Enso Cupforma Natura™ Bio - Carton barrière Holmen Iggesund Invercote Bio E
Origine des matières premières	Bois provenant de forêts gérées de manière responsable. Demander aux fournisseurs de confirmer les certifications pertinentes, notamment FSC, PEFC et le label écologique de l'UE. Sur demande, certains peuvent indiquer l'origine des matières premières utilisées. Les revêtements barrière utilisés dans les matériaux présentés ici sont issus de matières premières renouvelables ; demander aux fournisseurs de préciser le type exact de revêtement utilisé et de fournir les certificats pertinents.
	Carton MetsäBoard Prime FBB EB barrier[9]
PRG	0,16 kg CO_2eq/kg
Consommation d'énergie	4,4 MJ/kg
Consommation d'eau	Pas de données
Toxicité	Les matériaux de carton barrière présentés ici sont exempts de fluoropolymères, de PVDC et d'autres matériaux potentiellement nocifs. Demander aux fournisseurs les certificats de compatibilité avec le contact alimentaire, comme ceux de la FDA des États-Unis et du BfR allemand. Aucun des matériaux de carton barrière présentés dans ce livre n'utilise de chlore élémentaire pour le blanchiment.
Circularité	Recyclable avec les autres déchets de papier, mais certains revêtements barrières sont incompatibles avec le compostage. Demander aux fournisseurs le certificat de biodégradabilité correspondant, comme OK Compost HOME et INDUSTRIAL. Synthèse des taux de recyclage et des recommandations en matière de design circulaire en p. 191.
Propriétés mécaniques	Résistants et rigides, les matériaux en carton offrent également une bonne résistance à la compression. Demander une fiche technique pour les différents types de matériaux, de grammages et de qualités.
Résistance environnementale	Bonne résistance à l'humidité et aux graisses. Certains fournisseurs garantissent les performances pendant une période donnée. Le papier fabriqué par pulpage chimique (le « papier kraft ») est plus résistant aux UV que le papier produit par pulpage mécanique. Étant inflammable, le carton ne doit pas être utilisé dans des applications à haute température.
Mise en forme	Compatible avec les procédés courants de façonnage et d'assemblage du papier, notamment la découpe et le pliage. L'utilisation d'adhésifs à base d'eau n'empêche pas le matériau d'être recyclable et biodégradable.
Finition	Les matériaux en carton barrière sont disponibles en version blanchie (blanche) ou écrue (brune). Les deux versions sont imprimables, mais certains matériaux peuvent être optimisés pour des procédés d'impression et des encres particuliers. Utiliser des encres à faible migration et sans produits pétrochimiques pour améliorer la recyclabilité et la biodégradabilité du carton.

Emballage en carton barrière de Grönska, avec un design imprimé de Saga Maria Sandberg. L'emballage est biodégradable et compostable avec les autres déchets biodégradables.

BASILIKA
Närodlad
Komposterbar kruka
Obesprutad
NÄRODLADE GRÖDOR
GRÖNSKA
VERTIKAL ODLING

Carton à fibres alternatives

Tout comme le papier d'emballage issu de fibres alternatives, le carton issu de fibres alternatives permet de réduire les déchets d'origine agricole et les émissions polluantes des brûlis.

Fournisseurs et matériaux	- Carton à base de paille PaperWise - Carton à base de bagasse PropalPack	
Origine des matières premières	En Inde, PaperWise travaille avec des agriculteurs et des papeteries locales pour récupérer les déchets agricoles comme les chaumes, évitant ainsi les brûlis, sources de pollutions locales majeures. Pour fabriquer ses papiers d'emballage, PropalPack utilise la bagasse, résidu du broyage de la canne à sucre, produite par des agriculteurs colombiens.	
	Carton à base de paille PaperWise[10]	**Carton FSC**[11]
PRG	0,65 kg CO_2eq/kg	1,2 kg CO_2eq/kg
Consommation d'énergie	Pas de données	18,5 MJ/kg
Consommation d'eau	Pas de données	2 490 l/kg
Toxicité	Pour les applications impliquant un contact avec les aliments, il convient de vérifier auprès du fournisseur si chaque type de papier est adéquat, car certains risquent de provoquer une réaction imprévue (altération de la couleur ou du goût des aliments...). Aucun des types de carton à base de fibres alternatives présentés ici n'utilise de chlore élémentaire pour le blanchiment.	
Circularité	Recyclable avec les autres types de papier, à condition que le matériau soit conservé au sec et ne contienne pas trop de déchets alimentaires. Le papier contaminé qui ne peut être recyclé peut être composté à la maison ou en composteur industriel. Les encres d'imprimerie, les adhésifs à base d'eau et les étiquettes en papier recyclable n'empêchent pas le papier d'être recyclable et biodégradable. Synthèse des taux de recyclage et des recommandations en matière de design circulaire en p. 191.	
Propriétés mécaniques	Résistants et rigides, les matériaux en carton offrent également une bonne résistance à la compression. Demander une fiche technique pour les différents types de matériaux, de grammages et de qualités.	
Résistance environnementale	Le carton sans enduit barrière résiste mal à l'humidité et aux graisses. Le papier fabriqué par pulpage chimique (le « papier kraft ») est plus résistant aux UV que le papier produit par pulpage mécanique. Étant inflammable, le papier ne doit pas être utilisé dans des applications à haute température.	
Mise en forme	Compatible avec les procédés courants de façonnage et d'assemblage du papier, notamment la découpe et le pliage. L'utilisation d'adhésifs à base d'eau n'empêche pas le matériau d'être recyclable et biodégradable	
Finition	Disponible en version blanchie (blanche) ou écrue (brune). Certains cartons à base de fibres alternatives présentent des fibres et des particules visibles à la surface. Les matériaux sont imprimables, mais certains peuvent être optimisés pour des procédés d'impression et des encres spécifiques. Utiliser des encres à faible migration et sans produits pétrochimiques pour améliorer la recyclabilité et la biodégradabilité du matériau.	

Huile de squalane de Biossance. L'emballage est en carton produit à partir de bagasse (résidus de canne à sucre).

BIOSSANCE
100%
SQUALANE OIL
PLANT DERIVED SQUALANE
Sugarcane-Derived Oil to Hydrate
Body, Face, & Hair
Huile dérivée de la canne à sucre pour
hydrater le corps, le visage et les cheveux
WHAT IS SQUALANE
(C30H62)?
BERKELEY CALIFORNIA
BIOSSANCE

Pâte à papier moulée

Les pâtes à papier moulées de dernière génération offrent des surfaces lisses de haute qualité, capables de remplacer les pièces moulées en plastique dans toutes sortes d'applications, tout en offrant tous les avantages environnementaux des matériaux en papier conventionnels.

Fournisseurs et matériaux	- Pâte à papier moulée PaperFoam® - Pâte à papier moulée Knoll Ecoform™ - Pâte à papier moulée FibreForm® par Billerud
Origine des matières premières	Bois provenant de forêts gérées de manière responsable. Demander aux fournisseurs de confirmer les certifications pertinentes, notamment FSC, PEFC et le label écologique de l'UE. PaperFoam est un matériau bi-composants constitué de fibres de cellulose et d'amidon de pommes de terre industriel.
	Pâte à papier moulée PaperFoam® [12]
PRG	0,9 kg CO_2eq/kg
Consommation d'énergie	11,6 MJ/kg
Consommation d'eau	2,2 l/kg
Toxicité	La pâte à papier moulée pure est réputée non toxique, mais, pour les applications impliquant un contact avec les aliments, il convient de vérifier auprès du fournisseur si chaque produit est adéquat, car certains risquent de provoquer une réaction imprévue (altération de la couleur ou du goût des aliments...). Aucun des types de pâte à papier moulée présentés ici n'utilise de chlore élémentaire pour le blanchiment.
Circularité	Recyclable avec les autres types de papier, à condition que le matériau soit conservé au sec et ne contienne pas trop de déchets alimentaires. Le papier contaminé qui ne peut être recyclé peut être composté à la maison ou en composteur industriel. Les encres d'imprimerie, les adhésifs à base d'eau et les étiquettes en papier recyclable n'empêchent pas le papier d'être recyclable et biodégradable. Synthèse des taux de recyclage et des recommandations en matière de design circulaire en p. 191.
Propriétés mécaniques	La pâte à papier moulée offre une bonne stabilité dimensionnelle et une bonne résistance à la compression, ainsi qu'une bonne absorption d'énergie. On peut améliorer la résistance et la rigidité de la pièce en ajoutant des nervures, en prévoyant des sections de parois plus épaisses par endroits, ou par d'autres procédés similaires.
Résistance environnementale	Résiste mal à l'humidité et aux graisses. Étant inflammable, la pâte à papier moulée ne doit pas être utilisée dans des applications à haute température.
Mise en forme	Les procédés de moulage diffèrent selon les matériaux présentés ici, mais tous ont en commun d'être des variantes du moulage par compression ou, dans le cas de PaperFoam®, du moulage par injection.
Finition	Par rapport à la pâte à papier recyclée conventionnelle, les matériaux présentés ici offrent des surfaces de bien meilleure qualité qui permettent une impression détaillée et des textures de surface fines. Le matériau peut être teinté pour des applications en couleur unie. Utiliser des encres et des colorants sans produits pétrochimiques, à faible migration, afin d'améliorer la recyclabilité et la biodégradabilité de la pâte à papier moulée.

Échantillons de PaperFoam. Ce matériau en mousse de papier est composé d'un mélange de fibres de cellulose et de fécule de pomme de terre. Il peut être moulé par injection pour réaliser des pièces complexes et très détaillées.

we
care
TOP-Smartphones

7

Technologies émergentes pour des matériaux durable

La plupart des matériaux et technologies présentés dans cet ouvrage sont assez bien connus, disponibles dans le commerce, et se situent dans la lignée des matériaux conventionnels. En même temps, de plus en plus d'industriels, mais aussi de chercheurs, artistes ou designers, soucieux de développement durable, explorent des technologies émergentes, souvent irréductibles aux catégories traditionnelles.

Le travail de Teresa van Dongen illustre parfaitement cette volonté d'expérimenter avec un regard neuf des technologies alternatives. Elle a créé Aireal, une base de données (**aireal-materials.com**) qui présente une sélection de matériaux dérivés des technologies de capture et d'utilisation du carbone (CCU), ce qui constitue une excellente introduction à ce domaine fascinant et très actif de la science des matériaux. Pour découvrir son travail au carrefour de la science et du design, voir p. 218 à 221.

Industriels et chercheurs s'inspirent de plus en plus des processus de croissance naturels. Citons par exemple le mycélium, le réseau de minces filaments qui relie les champignons. En design, une technique consiste simplement à faire pousser du mycélium pour lui donner une forme prédéfinie, en alternative à la mousse plastique utilisée dans les emballages. On peut également le transformer pour créer d'autres matériaux, comme le cuir artificiel. Pour en savoir plus sur le mycélium et d'autres exemples de processus de croissance naturelle, voir p. 224 à 225.

Enfin, peut-être est-il temps de revisiter notre approche assez linéaire du recyclage avec un regard moins conventionnel. Vu la complexité des flux de déchets, est-il raisonnable d'espérer obtenir des matériaux recyclés purs et non contaminés ? Le recyclage chimique des plastiques offre un potentiel énorme pour faire naître une nouvelle génération de matériaux recyclés de haute qualité, mais les nouveaux mélanges et matériaux hybrides constituent sans doute aussi une alternative d'avenir légitime. Ou peut-être faut-il changer notre manière de fabriquer les matériaux, et éviter complètement les composites et les combinaisons complexes de matériaux. Le dernier chapitre de ce livre étudie toutes ces démarches : recyclage chimique (p. 226-227), recyclage des plastiques mixtes (p. 228-229) et composites plastiques monomatériaux (p. 230-231).

Technologies émergentes

Une vue d'ensemble des technologies émergentes en matière de matériaux durables présentées dans ce chapitre.

Conversion
Utilisation du CO_2 pour produire des produits chimiques et d'autres matières premières

- LanzaTech
- Fairbrics

Utilisation directe
Utilisation du CO_2 sans conversion comme matière première à part entière ou utilisation de matériaux qui absorbent simplement le CO_2

- Carbstone
- GreenSand
- Green Minerals

Capture et utilisation du carbone (CCU ; p. 222)

Micro-organismes
Exploitation du rôle des bactéries et autres micro-organismes à l'œuvre dans les processus naturels tels que la fermentation et la formation des coraux

- SCOBY
- BioBasedTiles®

Mycélium
Le mycélium, le réseau de minces filaments qui relie les champignons, devient une matière première utile pour le design de produits

Processus de croissance naturelle (p. 224)

Recyclage chimique (p. 226)
Décomposition des déchets plastiques en éléments chimiques

- Dissolution
- Polymérisation
- Conversion

Recyclage mécanique des plastiques mélangés (p. 228)
Recyclage de matériaux plastiques mélangés sans séparation

- OmniPO
- SABIC XENOY™ PC/PET
- EcoRub

Composites plastiques monomatériaux (p. 230)
Composites entièrement fabriqués à partir d'une seule matière plastique, recyclables dans les flux de déchets plastiques ordinaires

- Film à orientation biaxiale
- Composites auto-renforcés

Nouveaux procédés de recyclage

Approches alternatives au recyclage du plastique

« Je m'intéresse au rôle du design dans la recherche scientifique sur les nouveaux matériaux. »

Entretien avec la designer Teresa van Dongen, installée à Amsterdam. Son travail, au carrefour du design et de la biologie, explore des sujets tels que la bioluminescence, les bactéries électroactives et l'utilisation du CO_2 comme matière première. Pour en savoir plus sur son travail, consultez le site teresavandongen.com, et découvrez Aireal (sélection de technologies de matériaux à base de CO_2) sur le site aireal-materials.com.

J'ai lu un entretien dans lequel vous parliez d'une promenade en forêt et de la découverte d'un « puits de boue » abritant le plus puissant écosystème de bactéries électroactives que vous ayez jamais vu. Ce n'est pas la promenade typique d'un designer ordinaire.

J'ai étudié la biologie avant d'entrer à l'Académie de design d'Eindhoven, aux Pays-Bas. Je n'avais pas l'intention de mener de front ces deux cursus, mais après un certain temps à l'académie, j'ai réalisé des expériences sur des champignons. J'ai soudain compris que le design avait un rôle à jouer dans la recherche sur les matériaux microbiens et biosourcés, comme d'autres processus et technologies découverts pendant mes études de biologie. J'ai été marquée par le travail de l'un de mes professeurs de biologie, qui cherchait à produire des biocarburants à partir d'algues par des processus naturels. Une fois diplômée, je l'ai recontacté pour lui demander où il en était de ces recherches : alors qu'il avait résolu plusieurs aspects techniques difficiles, sa technologie n'avait pas encore d'applications dans la vie quotidienne. En m'inspirant de son travail, j'ai exploré ce point de convergence entre le design et la biologie pour découvrir à quoi pourraient ressembler ces applications – comme Ambio, une lampe que j'ai conçue avec des bactéries bioluminescentes qui s'allume lorsqu'on l'effleure.

Installation *Mud Well* de Teresa van Dongen, île de Terschelling, Pays-Bas, 2019.

Potentiellement, votre capacité à exploiter les ressources de la biologie modifie notre compréhension de certains processus et matériaux. La plupart d'entre nous ne voient dans le dioxyde de carbone et les autres gaz à effet de serre qu'une source de pollution, mais votre recherche sur Aireal permet de changer de point de vue.

Lorsque je travaillais à l'université de Gand, en Belgique, les chercheurs du Centre d'écologie et de technologie microbienne m'ont montré leurs expériences sur la transformation des gaz à effet de serre en éléments utiles, comme des nutriments et des matériaux. Pour mes propres recherches, je me suis intéressée au CO_2. Si l'on ne regarde que les combustibles fossiles et l'industrie, le CO_2 est une pollution, or c'est aussi un élément essentiel du cycle de la vie et un composant vital de toutes les plantes. Plutôt que de le traiter comme un déchet, j'ai recherché des processus utilisant le CO_2 comme matière première, et j'ai fini par découvrir tout un réseau d'initiatives, de groupes de recherche et d'universités explorant cette piste. J'ai donc décidé de collecter des informations et d'établir une sorte de sélection pour y voir plus clair. C'est le point de départ d'Aireal, la base de données que j'ai créée pour recenser les matériaux produits à partir de CO_2.

Une fois cette plateforme en place, certaines tendances ont émergé. Certains matériaux de la base de données reproduisent des processus naturels se déroulant autour de nous en permanence, comme celui de l'olivine, un minéral volcanique très commun, qui fixe le CO_2. En le broyant finement, on augmente sa surface de réaction, ce qui lui permet d'absorber davantage de CO_2. En conditions naturelles, une tonne de sable d'olivine peut absorber près d'une tonne de CO_2. On peut l'utiliser partout où l'on met du sable ou du gravier, par exemple pour le ballast des voies ferrées. De plus, après avoir réagi avec le CO_2, l'olivine a des propriétés différentes et devient une matière première intéressante pour la production de matériaux. Le seul inconvénient du processus est sa lenteur : le sable d'olivine met près de dix ans à absorber la quantité maximum de CO_2 possible. Mais dans un réacteur, ce délai se réduit à quelques minutes. On obtient une poudre minérale permettant de fabriquer du papier ou du ciment et utile à d'autres applications nécessitant ce type de poudres minérales. En réacteur, l'olivine n'absorbe plus que la moitié de sa masse en CO_2, ce qui est inférieur à son potentiel en milieu naturel, mais ces conditions de laboratoire facilitent grandement sa production pour transformation ultérieure.

La base de données Aireal recense d'autres matériaux de pointe, produits à l'aide de réacteurs et d'autres procédés de laboratoire. Mis au point par le fabricant allemand de polymères Covestro, Cardyon® est un polyol en partie à base de CO_2. Les polyols sont un ingrédient clé des plastiques souples, comme la mousse de polyuréthane et les élastomères thermoplastiques à base de polyuréthane (TPU). On pourrait envisager de les produire à partir CO_2, qui remplacerait les matières premières d'origine pétrochimique. Citons aussi Carbstone, un substitut au béton utilisant les déchets de l'industrie minière du fer comme matière première et le CO_2 comme agent durcissant (voir p. 222). Carbstone peut absorber à peu près la quantité de CO_2 émise lors de la production de béton conventionnel, ce qui pourrait inverser l'empreinte carbone de l'industrie du béton, tout en réduisant les volumes de déchets issus de l'industrie sidérurgique.

Les technologies de la base de données Aireal sont à des stades de développement différents ; il reste maintenant à trouver le moyen d'utiliser ces matériaux dans des applications réelles. Il est parfois difficile de trouver des incitations commerciales (par exemple, il est impossible de breveter le sable d'olivine), mais c'est là que le design peut avoir un rôle à jouer.

Matériaux de la collection Aireal, de gauche à droite, de haut en bas
Rangée 1 : béton d'olivine (Green Minerals) ; protéines microbiennes (Avecom)
Rangée 2 : poudre minérale d'olivine ; mousse souple Cardyon® (Covestro, Carbon4PUR)
Rangée 3 : mousse de PUR dure (Covestro, Carbon4PUR) ; fil élastique en polyuréthane (Covestro, Institut de technologie textile RWTH d'Aix-la-Chapelle, Carbon4PUR)
Rangée 4 : papier d'olivine (Green Minerals) ; minéral d'olivine brut broyé

Capture et utilisation du carbone (CCU)

On considère souvent le CO_2 comme une simple pollution ; or, comme le montre l'interview de Teresa van Dongen (voir p. 218-221), ce n'est pas si simple. Le CO_2 est indispensable à la vie sur Terre, et est une brique essentielle d'une multitude de processus naturels, en premier lieu la croissance des végétaux. On voit émerger de nombreux procédés basés sur le principe de la capture et de l'utilisation du carbone (CCU), visant à capter les oxydes de carbone (CO et CO_2) pour les convertir en divers combustibles et produits chimiques, voire à en faire une matière première à part entière.

Certaines technologies de CCU peuvent être mises en œuvre par les aciéries, les centrales électriques et d'autres sites industriels très énergivores, pour capter le carbone à la source et éviter sa libération dans l'atmosphère. La société américaine LanzaTech a installé une usine pilote de CCU dans une aciérie (Hebei, Chine) qui convertit ce carbone en divers produits chimiques, notamment les matières premières nécessaires à la production de mousse EVA utilisée dans la semelle de la chaussure de course CleanCloud™ de On Running. En outre, la tige de la chaussure utilise des textiles en polyester issus d'un procédé de CCU du fabricant français Fairbrics. Selon Fairbrics, leurs textiles extraient du carbone de l'atmosphère et consomment moins d'énergie que le polyester conventionnel issu de la pétrochimie.

D'autres technologies de CCU utilisent le carbone capté sans conversion. Deux acteurs belges des technologies vertes, VITO et Orbix, emploient des déchets de l'industrie sidérurgique comme matière première et du carbone capté comme agent de durcissement pour fabriquer Carbstone, une alternative au béton issu d'un procédé de CCU. Chaque mètre cube de Carbstone séquestre une quantité de carbone à peu près égale à la quantité de CO_2 émise par la production d'un mètre cube de béton conventionnel : le procédé recèle un immense potentiel pour inverser le gigantesque impact environnemental de l'industrie du béton.

Une troisième approche consiste à laisser les processus naturels de capture du carbone suivre leur cours. L'olivine est un minéral volcanique abondant qui fixe naturellement le CO_2 atmosphérique. En broyant les roches d'olivine en sable ou en gravier, on augmente leur surface de contact, ce qui démultiplie la capacité du minéral à capter le carbone. Selon GreenSand, producteur de sable d'olivine basé aux Pays-Bas, une tonne de sable d'olivine peut d'absorber une tonne de CO_2 de l'atmosphère. GreenSand a lancé plusieurs projets, notamment pour le ballast des voies d'une ligne de chemin de fer entre Rotterdam et Hoek van Holland. Une autre entreprise néerlandaise, Green Minerals, a mis au point un réacteur capable d'accélérer le processus d'absorption du CO_2 par l'olivine, produisant ainsi de la poudre d'olivine entièrement saturée en CO_2. Elle peut ensuite entrer dans des applications utilisant des minéraux similaires, tels le papier couché, le ciment et les charges fonctionnelles pour les plastiques.

Chaussure de course CleanCloud™ CloudPrime par On Running. La chaussure associe deux matériaux issus des technologies de capture du carbone : la tige est faite d'un textile en polyester produit par Fairbrics et la semelle intermédiaire en mousse EVA a été développée en collaboration avec LanzaTech.

Dalle de Carbinox par VITO et Orbix. Carbinox est un matériau semblable au béton, produit à partir de scories issues de la sidérurgie, selon un procédé qui absorbe à peu près la même quantité de CO_2 que celle émise lors de la production d'un volume égal de béton conventionnel.

Installation de captage du carbone de LanzaTech dans une aciérie du groupe Shougang dans le Hebei, en Chine.

Processus de croissance naturelle

De nombreux matériaux et structures solides et durables que l'on trouve dans la nature résultent de processus de croissance naturels. De plus en plus de fournisseurs développent des techniques pour « apprivoiser » ces processus afin de produire des pièces et des composants destinés au design de produits.

Le mycélium est sans doute l'un des exemples les plus connus de l'exploitation de la puissance des processus de croissance naturels. Ce réseau de fines racines reliant les champignons est en soi un sujet fascinant - pour en savoir plus, plongez-vous dans l'étonnant livre *Le monde caché* de Merlin Sheldrake. En design, plusieurs entreprises ont mis au point des procédés transformant ces structures de micro-organismes interconnectés en matériaux extraordinairement solides et résistants à la déchirure, qui de plus sont doux au toucher et naturellement hydrofuges. Well Kept, marque de produits de soins corporels basée à Vancouver, utilise ainsi du mycélium pour le plateau moulé de l'emballage de ses rasoirs, au lieu d'un plateau en mousse plastique ou moulé sous vide.

Le SCOBY, acronyme de « *symbiotic culture of bacteria and yeast* » (culture symbiotique de bactéries et de levures), est lui aussi basé sur la croissance naturelle d'organismes, ici des bactéries. Ce biofilm gélatineux est un sous-produit de la fermentation naturelle de certains aliments et boissons comme le kimchi, la sauce soja et le kombucha. Une fois séché, il devient un matériau à la fois solide, durable et souple, aux propriétés similaires à celles du cuir. Pour l'instant, la plupart des cuirs SCOBY (ou « cuirs de kombucha ») sont produits en petites quantités par des designers comme le Studio Lionne van Deursen, qui démontrent l'intérêt du matériau dans toutes sortes d'applications : accessoires d'intérieur, bijoux, mais aussi des expériences telles que le projet Unfold présenté ci-contre.

La croissance et la formation des coraux sont un autre exemple de processus naturel qui peut être mis à profit pour le design. En étudiant les interactions entre les différents micro-organismes qui se combinent pour former les coraux, Biomason a mis au point le procédé de culture du Biocement®, alternative au ciment Portland conventionnel, qui peut être cultivée à des températures ambiantes et sans émissions de CO_2. Le premier produit commercialisé par Biomason est un carrelage en granit recyclé, dont le liant est le Biocement®. Ces produits sont désignés sous les noms de marques Biolith® aux États-Unis et BioBasedTiles® en Europe.

BioBasedTiles® par StoneCycling et Biomason. Les tuiles sont cultivées selon un procédé inspiré de la formation des coraux dans la nature.

Le projet Unfold du Studio Lionne van Deursen utilise les techniques de pliage de l'origami pour explorer la fonctionnalité des feuilles de SCOBY.

Emballage de rasoir par Well Kept. La garniture de la boîte est faite d'un mycélium cultivé dans un moule qui lui donne sa forme.

Recyclage chimique du plastique

Dans le contexte des plastiques, le recyclage chimique désigne les procédés de recyclage capables de décomposer les déchets plastiques en éléments chimiques, que l'on peut ensuite utiliser pour produire des plastiques recyclés ou d'autres produits chimiques.

Contrairement au recyclage mécanique des plastiques, le recyclage chimique permet de produire des matières plastiques recyclées aux propriétés quasi identiques à celles des matières vierges pures : les procédés sont capables de séparer les pigments, additifs et autres contaminants présents dans les déchets plastiques. Dans certains cas, il est même possible de recycler ensemble différents types de plastique sans séparation. Malgré ces atouts majeurs par rapport au recyclage mécanique, et bien qu'il permette de recycler une plus grande variété de déchets plastiques, le recyclage chimique n'en reste pas moins assez énergivore.

D'une manière générale, il existe trois types de recyclage chimique. Pour en tirer le meilleur parti, il est utile d'en savoir un peu plus sur la fabrication des plastiques. La plupart sont produits à partir d'hydrocarbures (pétrole et gaz), qui sont raffinés en monomères, lesquels sont à leur tour transformés en polymères, ou plastiques, par une réaction en chaîne.

Le premier type de recyclage chimique est appelé dissolution. Ce procédé permet d'éliminer tous les pigments, additifs et autres contaminants des déchets plastiques, qui redeviennent ainsi des polymères purs. Ce procédé nécessite un tri des déchets par types de plastiques, mais il peut être assez efficace ; ainsi, le fournisseur américain PureCycle indique que le polypropylène recyclé à l'aide de son procédé de dissolution exclusif émet environ 35 % de CO_2eq en moins que le polypropylène vierge issu de la pétrochimie.

Le deuxième type de recyclage chimique est la dépolymérisation. Elle permet aussi d'éliminer tous les contaminants, mais va plus loin en décomposant les déchets plastiques en monomères qui peuvent ensuite être raffinés pour former des polymères recyclés. Ce procédé est plus polyvalent, car le même type de monomère peut servir à produire plusieurs types de plastique. Eastman, fournisseur spécialisé proposant un large portefeuille de copolyesters, a mis au point un procédé de dépolymérisation utilisant des monomères issus de déchets de PET recyclés chimiquement pour produire deux types de copolyesters : Tritan Renew et Cristal Renew.

Le troisième processus de recyclage chimique, la conversion, décompose les déchets plastiques en matières premières. À l'inverse de la dissolution et de la dépolymérisation, les procédés de conversion sont en général capables de prendre en charge des déchets plastiques mixtes. L'entreprise Plastic Energy, basée à Londres, a construit deux usines de recyclage chimique qui fournissent aux fabricants de plastiques du TACOIL™, une matière première pouvant servir à produire l'éthylène et le propylène, deux composants de nombreuses matières plastiques. Le polyéthylène basse densité (LDPE) produit à base de TACOIL™, émet 55 % de CO_2eq de moins que le LDPE issu de matériaux vierges.

Sur le site cefic.org, le CEFIC (Conseil européen de l'industrie chimique) présente une excellente synthèse des procédés de recyclage chimique et des principaux fournisseurs ainsi que des études de cas.

Principaux types de recyclage chimique

La dissolution élimine les contaminants des déchets plastiques, ce qui permet d'obtenir un plastique recyclé de haute qualité aux propriétés similaires à celles du matériau vierge. La dépolymérisation élimine toute contamination et décompose les déchets plastiques en monomères pour produire divers types de plastiques recyclés. La conversion transforme les déchets plastiques en matières premières qui, en principe, peuvent servir à fabriquer n'importe quel type de plastique recyclé.

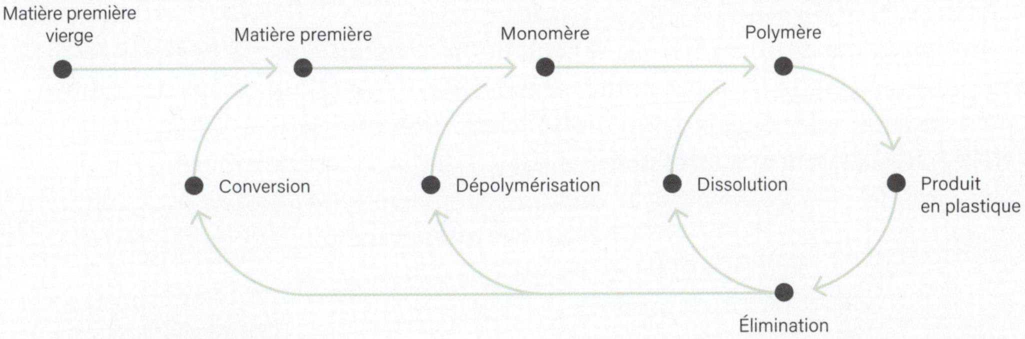

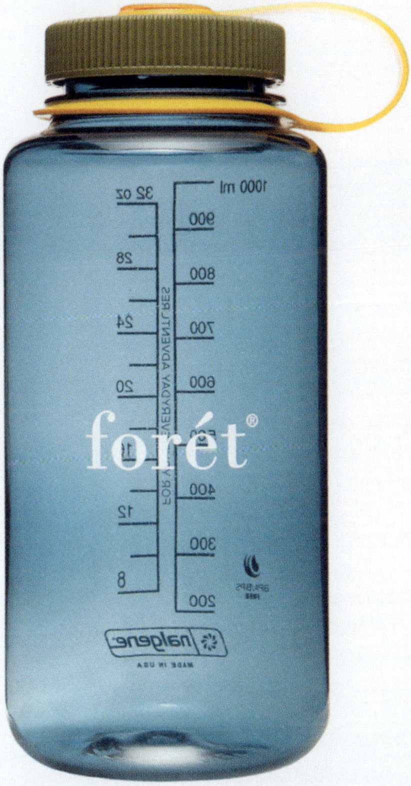

Une édition spéciale de la bouteille classique Nalgene conçue par Forét®. La bouteille est en Tritan Renew, un copolyester d'Eastman, partiellement issu de bouteilles PET recyclées par dépolymérisation.

Usine de recyclage chimique de Plastic Energy à Almeria, en Espagne. Plastic Energy exploite actuellement deux usines de recyclage chimique qui fournissent la matière première recyclée TACOIL™ aux fabricants, qui les transforment en divers matériaux plastiques.

Recyclage mécanique des plastiques mélangés

L'un des principaux obstacles au recyclage du plastique est la nécessité de séparer soigneusement les différents types de plastique avant de pouvoir mettre en œuvre le recyclage mécanique proprement dit (voir un aperçu p. 20-22). Cela montre à quel point le recyclage mécanique diffère de la fabrication de plastiques à partir de matières premières vierges ; cela dit, peut-être faut-il reconsidérer nos attentes envers les plastiques recyclés.

Omni Polymers est une entreprise de recyclage suédoise spécialisée dans les emballages en plastique souple. Classiquement, ce type d'emballage se compose de plusieurs couches de différents plastiques et d'autres matériaux destinés à améliorer les performances, par exemple l'étanchéité aux liquides et à l'oxygène, ou les propriétés antistatiques. Elles sont souvent impossibles à séparer pour le recyclage. Omni Polymers a donc mis au point un processus de recyclage mécanique de ces matériaux sans séparation, ce qui permet d'obtenir un mélange de plastiques composé principalement de polypropylène et de polyéthylène. À ce jour, il est difficile d'obtenir des données sur les performances réelles du matériau, mais Omni Polymers indique que plusieurs clients ont effectué des tests concluants avec le matériau, et une usine pilote parrainée par Nestlé et l'Agence suédoise de protection de l'environnement a été ouverte en octobre 2022, avec une capacité de production de 15 000 tonnes de plastique recyclé par an.

Au-delà des emballages, SABIC, fournisseur mondial de matières plastiques, a mis au point un polycarbonate contenant 20 % de PET recyclé après consommation. Selon SABIC, les déchets de PET sont collectés en milieu ouvert : les matières premières sont donc souvent fortement dégradées par les UV, l'eau de mer et les intempéries. En mélangeant le PET recyclé avec du polycarbonate vierge, SABIC est en mesure d'offrir un matériau suffisamment performant pour être utilisé dans des applications aussi exigeantes que la souris Ocean Plastic de Microsoft.

EcoRub, autre recycleur suédois de matières plastiques, est spécialisé dans les élastomères, un groupe de matières plastiques souples et élastiques actuellement insuffisamment recyclées. Le matériau TPRR® (caoutchouc thermoplastique recyclé) produit par EcoRub est un mélange de caoutchouc de pneus recyclés après consommation et de polypropylène façonnable au moyen de procédés thermoplastiques courants, comme le moulage par injection et l'extrusion. Cette innovation ouvre toute une gamme d'applications nouvelles, car le caoutchouc thermodurcissable pur est incompatible avec ces procédés.

Si l'on peut faire valoir que l'introduction de nouveaux plastiques mixtes sur le marché ne fait qu'aggraver les difficultés de recyclage des produits à base de matériaux plastiques mélangés, il faut tenir compte du fait que des millions de tonnes de déchets plastiques sont constamment incinérés ou mis en décharge, ou pire, finissent dans la nature. Dans ce contexte, les nouveaux procédés de recyclage qui permettent de maintenir les déchets plastiques en circulation plus longtemps présentent un réel intérêt.

Échantillons de TPRR®, par EcoRub. Le matériau est constitué d'un mélange de caoutchouc de pneus PCR et de polypropylène qui peut être façonné au moyen de procédés thermoplastiques tels que le moulage par injection et l'extrusion.

Souris Ocean Plastic de Microsoft. L'extérieur est en XENOY™, un mélange de polycarbonate vierge et de PET PCR développé par Sabic. Le PET recyclé est clairement visible dans les taches de couleur à la surface du produit.

Composites plastiques monomatériaux

Les composites plastiques offrent des propriétés et des fonctionnalités nettement meilleures. Mais étant constitués de mélanges de différents matériaux, ils sont également difficiles à recycler. Plutôt que de chercher à mettre au point de nouvelles solutions de recyclage pour les composites, de plus en plus de fournisseurs développent des composites plastiques monomatériaux, entièrement fabriqués à partir d'un seul matériau.

Comme indiqué à propos du recyclage des plastiques mélangés, les films d'emballage souples sont souvent constitués d'une combinaison de différents matériaux pour améliorer l'étanchéité et d'autres propriétés. Dans des applications d'emballage nécessitant une bonne étanchéité, l'utilisation d'un film constitué d'un seul type plastique pose problème : en effet, les longues chaînes de molécules composant le matériau sont orientées dans la même direction, ce qui limite l'étanchéité à l'oxygène et aux liquides. En analysant de plus près la fabrication des films plastiques, les industriels sont parvenus à mettre au point des procédés de fabrication de films à orientation biaxiale, qui offrent de bien meilleures propriétés d'étanchéité, avec un seul et même matériau. Plusieurs fournisseurs, dont Ampacet, Mitsubishi et SABIC proposent des films de polyéthylène (BOPE), de polypropylène (BOPP) et de PET (BOPET) à orientation biaxiale.

Les pièces en plastique rigide utilisées dans des applications pointues nécessitant davantage de solidité et de résistance aux chocs (dans l'industrie automobile, les équipements sportifs ou encore l'aérospatiale), sont souvent faites de composites constitués d'une matrice de plastique (le liant), mélangée à un textile de renfort ou à des fibres textiles libres.

Le problème est que seuls quelques recycleurs spécialisés sont en mesure de traiter ces matériaux, et même dans ce cas, il y a plusieurs inconvénients. Comme le recyclage mécanique consiste à broyer les déchets composites, les textiles utilisés sont déchiquetés, ce qui dégrade fortement leurs propriétés : le tissu de renfort est broyé, et les fibres sont de plus en plus courtes à chaque cycle, ce qui réduit également la résistance.

Une autre approche consiste donc à créer des structures composites à partir d'un seul matériau : les composites auto-renforcés. Plusieurs exemples à base de polypropylène sont déjà commercialisés, notamment CURV®, par Propex Furnishing Solutions ; Torodon®, par Don & Low ; et PURE®, par DIT Weaving. Il s'agit de matériaux en feuilles constitués de fibres de polypropylène conventionnelles qui renforcent la résistance et la rigidité du matériau. Quelques fournisseurs spécialisés, dont Comfil au Danemark, proposent des composites auto-renforcés en d'autres matériaux, comme le PET et ou PLA. Ces matériaux peuvent être recyclés avec d'autres déchets plastiques du même type, tout en offrant des performances souvent capables rivaliser avec les composites conventionnels.

Sachet de café par Coffee Collective. Le sachet est entièrement composé d'un film de polyéthylène à orientation biaxiale (BOPE), avec une couche extérieure recyclée et une couche intérieure provenant de matériaux vierges. Les sachets peuvent être recyclés avec d'autres déchets de polyéthylène sans séparation.

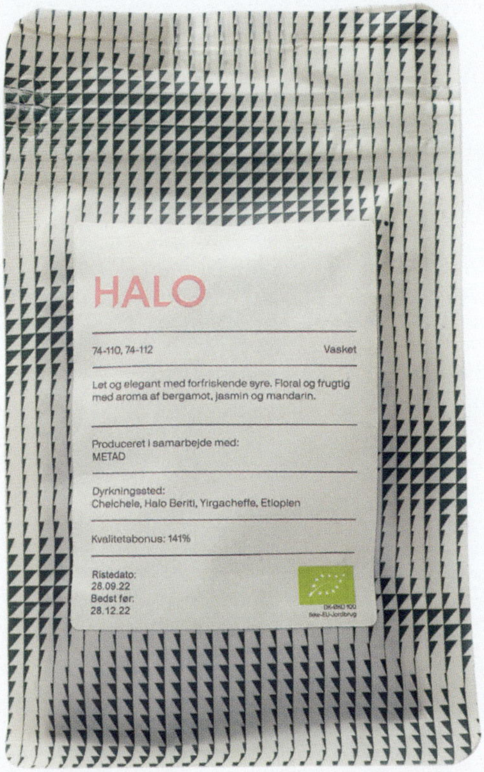

Casque d'escalade SALATHE LITE par Edelrid. La coque rigide est en composite de polypropylène auto-renforcé Curv®, avec une âme en mousse de polypropylène expansé. Cette combinaison permet d'obtenir un assemblage monomatériau léger qui peut être recyclé avec d'autres déchets de polypropylène sans séparation.

Notes

Introduction

1. Taux de recyclage dans le monde : acier *(World Steel in Figures*, 2021, et fiche technique « *Scrap Use in the Steel Industry* », 2021 – tous deux par la World Steel Association) ; acier inoxydable *(Stainless Steel in Figures*, 2022, et « *The Global Life Cycle of Stainless Steels* », 2016 – tous deux par WorldStainless) ; aluminium (statistiques mondiales annuelles, 2020, et « *Aluminium Recycling Factsheet* », 2020 – tous deux par l'International Aluminium Institute) ; papier (Bureau of International Recycling, « *Paper and Board Recycling in 2019* ») ; plastiques (Organisation de coopération et de développement économiques, *Global Plastics Outlook*, 2020) ; verre (Dr.-Ing. J. Harder, OneStone Consulting, « Glass Recycling – Current Market Trends », *Recovery* magazine, mai 2018) ; textiles (Textile Exchange, *Preferred Fiber & Materials Market Report*, 2021).

Chapitre 1 : Plastiques

Recyclage du plastique

1. Plastics Europe, *The Circular Economy for Plastics*, 2022
2. Plastics Recyclers Europe, *Report on Plastics Recycling Statistics 2020*
3. Eunomia pour Plastics Recyclers Europe, *PET Market in Europe: State of Play*, 2022 ; *HDPE and PP Market in Europe: State of Play*, 2020 ; et *Flexible Films Market in Europe : State of Play*, 2020
4. ACV Fortum Circo
5. Plastics Europe, Eco-profiles
6. Eunomia for Plastics Recyclers Europe, *HDPE and PP Market in Europe : State of Play*, 2020
7. ACV Fortum Circo®
8. Plastics Europe, Eco-profiles
9. Eunomia for Plastics Recyclers Europe, *HDPE and PP Market in Europe : State of Play*, 2020
10. Indorama Deja™ PCR PET report
11. Plastics Europe, Eco-profiles
12. Eunomia pour Plastics Recyclers Europe, *PET Market in Europe: State of Play*, 2022
13. Certification Carbon Trust de MBA Polymers
14. Plastics Europe, Eco-profiles
15. Covestro Circular CMF guide
16. Plastics Europe, Eco-profiles
17. EPD du PA6 PCR Aquafil ECONYL®
18. Plastics Europe, Eco-profiles
19. ACV de TRINSEO™ APILON™ 52 Bio, 2021
20. Moyenne européenne des TPU, estimée par l'ACV de TRINSEO™ APILON™ 52 Bio, 2021
21. Estimation de l'auteur, à partir de la base de données IDEMAT
22. Commission européenne, base de données du CCR sur l'empreinte environnementale
23. Base de données Idemat 2022
24. Base de données Idemat 2022 ; CE, base de données du CCR sur l'empreinte environnementale
25. Communiqué de presse de l'Association européenne des fabricants de pneumatiques et de caoutchouc (ETRM), 11 mai 2021

Plastiques renouvelables

1. European Bioplastics, Bioplastics *Market Development Update 2021*
2. Ibid.
3. ACV Borealis
4. Plastics Europe, Eco-profiles
5. ACV Borealis Bornewables™
6. Plastics Europe, Eco-profiles
7. PLA Total Corbion Luminy
8. Base de données Idemat 2022
9. ACV de SABIC
10. Plastics Europe, Eco-profiles
11. ACV de l'EcoPaXX de DSM
12. Plastics Europe, Eco-profiles
13. EPD de l'ENVIPOXY Spolchemie
14. Moyenne européenne, CE, base de données des empreintes environnementales du CCR
15. ACV de TRINSEO™ APILON™ 52 BIO
16. Moyenne européenne de TPU, estimée par TRINSEO™
17. Base de données des empreintes environnementales de la CE et du CCR
18. Communiqué de presse de l'ETRMA, 11 mai 2021

Chapitre 2 : Textiles

1. Données de : Textile Exchange, *Preferred Fiber and Materials Market Report*, 2021

Recyclage des textiles

1. Textile Exchange, 2021
2. ACV du PET PCR Teijin ECOPET ; N. M. van der Velden *et al.*, 'LCA Benchmarking Study on Textiles Made of Cotton, Polyester, Nylon, Acryl, or Elastane', *International Journal of Life Cycle Assessment*, 2012
3. Van der Velden *et al.*, 2012
4. Textile Exchange, 2021
5. Fil en EPD PA6 PCR Aquafil ECONYL ; Van der Velden *et al.*, 2012
6. Van der Velden *et al.*, 2012
7. Textile Exchange, 2021
8. Fibre : Base de données IDEMAT 2023 ; textile tissé : Van der Velden *et al.*, 2012
9. SCS Global Services, 2017
10. Textile Exchange, 2021
11. Fibre : F. A. Esteve-Turrillas et M. de la Guardia, « Environmental Impact of Recover Cotton in Textile Industry », *Resources, Conservation and Recycling*, janvier 2017 ; Textile weaving : Van der Velden *et al.*, 2012
12. PE *International* for Textile Exchange, *The Life Cycle Assessment of Organic Cotton Fiber – A Global Average*, 2014 ; Textile weaving : Van der Velden *et al.*, 2012
13. Textile Exchange, 2021
14. Manteco MWool LCA
15. S. G. Wiedemann *et al.*, « Environmental Impacts Associated with the Production, Use, and End-of-life of a Woollen Garment », *International Journal of Life Cycle Assessment*, 2020
16. Textile Exchange, 2021
17. ELeather LCA
18. Base de données *Product Environmental Footprint* (PEF)
19. Textile Exchange, 2021

Textiles renouvelables

1. ACV du paraxylène renouvelable Virent
2. Van der Velden *et al.*, 2012
3. ACV de la Fulgar EVO ; Van der Velden *et al.*, 2012
4. Van der Velden *et al.*, 2012
5. Fibre : Base de données IDEMAT 2023 ; textile tissé : Van der Velden et *al.*, 2012
6. Textile Exchange, 2021
7. SCS Global Services, 2017
8. Textile Exchange, 2021
9. Cuir LCA Bioleather1 Modern Meadow
10. Base de données PEF
11. PE International pour Textile Exchange, 2014 ; tissage textile : Van der Velden *et al.*, 2012
12. Ibid.
13. Textile Exchange, 2021

Page 233

14. Fibre : Wiedemann et *al.*, 2020. Valeur médiane. Les données sur le PRP

de l'ACV des fibres de laine varient de 10,4 kg CO_2eq/ kg à 103 kg/kg. Tissage textile : Van der Velden et *al.*, 2012
15. Base de données PEF
16. Textile Exchange, 2021

Chapitre 3 : Métaux

1. Émissions de métaux : acier (*Steel Facts*, 2018, et *World Steel in Figures*, 2021 – tous deux de la World Steel Association) ; aluminium (International Aluminium Institute [IAI], *Greenhouse Gas Emissions – Primary* Aluminium, 2018)
2. Ibid. Pour les sources concernant les différents matériaux en acier et en aluminium, voir les profils des livres

Recyclage des métaux

1. Acier (*Steel Facts*, 2018, et *World Steel in Figures*, 2021 – tous deux par la World Steel Association) ; aluminium (*Annual Global Statistics*, 2020, et Recycling Fact Sheet, 2020 – tous deux par l'IAI) ; acier inoxydable (*Stainless Steel in Figures*, 2022, et *The Global Life Cycle of Stainless Steels*, 2016, par WorldStainless)
2. Lingots d'aluminium Hydro CIRCAL 6000 EPD
3. Base de données Product Environmental Footprint (PEF), lingots d'aluminium (silicium et magnésium comme principaux solutés), moyenne de l'UE
4. Alliage Novelis HRC57S 5005, estimé par Novelis
5. Base de données PEF, lingot d'aluminium (soluté principal de magnésium), moyenne de l'UE
6. EPD du lingot d'aluminium Raffmetal SILVAL
7. Base de données PEF, lingot d'aluminium (solutés principaux de silicium), moyenne de l'UE
8. ThyssenKrupp Bluemint Bobine laminée à chaud recyclée, DIN EN ISO/IEC 17020 et déclaration de conformité TÜV SÜD VERIsteel
9. Étude de l'ICV des bobines laminées à chaud par la World Steel Association, 2020
10. EPD des bobines d'acier inoxydable laminées à froid Outokumpu
11. Base de données PEF, moyenne mondiale des bobines d'acier inoxydable laminées à froid

Métaux bas-carbone

1. EPD des lingots d'aluminium Hydro REDUXA 6000
2. Base de données PEF, lingots d'aluminium (silicium et magnésium comme solutés principaux), moyenne de l'UE
3. ThyssenKrupp Bluemint Pure hot rolled coil DNV Independent Limited Assurance Report
4. World Steel Association, 2020 hot rolled coil LCI study, 2020 (étude sur l'ICV des bobines laminées à chaud)

Chapitre 4 : Céramiques et verre

Recyclage de la céramique

1. Agence européenne pour l'environnement (AEE), «Construction and Demolition Waste : Défis et opportunités dans une économie circulaire», 2020
2. Eurostat, «Mineral Waste from Construction and Demolition, Waste Treatment», 2020 ; AEE, «Construction and Demolition Waste : Défis et opportunités dans une économie circulaire», 2020
3. EPD de Salami WasteBasedBrick par StoneCycling
4. Base de données Product Environmental Footprint (PEF), moyenne de l'UE
5. EPD du Terrazzo HT-LYKKE Herrljunga
6. EPD du Dekton Cosentino
7. Base de données ÖKOBAUDAT, plaque de marbre de 20 mm

Recyclage du verre

1. Verre d'emballage et verre plat, monde (Dr.-Ing. J. Harder, OneStone Consulting, « Glass Recycling – Current Market Trends », *Recovery magazine*, mai 2018) ; verre d'emballage, UE (European Container Glass Federation, « Year 2018 Glass Recycling Statistics ») ; verre plat, UE (European Federation of Glass Recyclers, « Statistics 2014-2018 »)
2. Base de données PEF, verre d'emballage recyclé à 80 %, moyenne de l'UE et de l'Association européenne de libre-échange (AELE)
3. Base de données PEF, verre d'emballage vierge, moyenne UE et AELE
4. Katy Devlin, « Flat Glass Recycling », *Glass Magazine*, 22 mars 2022
5. EPD du verre plat 3 mm recyclé à 30 % DIAMANT par Saint-Gobain
6. Base de données ÖKOBAUDAT, verre plat vierge de 4 mm
7. EPD de Glaskeramik par MAGNA
8. Base de données Idemat, estimation
9. Ibid.

Chapitre 5 : Bois

1. Flux de gaz à effet de serre liés aux forêts, Global Forest Watch, tinyurl.com/mr2wsrbe (consulté en janvier 2023)
2. Superficie forestière mondiale (Division des statistiques de l'Organisation des Nations unies pour l'alimentation et l'agriculture [FAOSTAT], superficie forestière mondiale 2015-2020) ; superficie forestière certifiée (Organisation des Nations unies pour l'alimentation et l'agriculture [FAO] et Commission économique des Nations unies pour l'Europe, *Forest Products Annual Market Review 2020-2021*, graphique 1.4, superficie forestière certifiée FSC et PEFC, 2013-2020)
3. Commerce mondial du bois en 2020, FAOSTAT, Forestry Production and Trade, 2020, tinyurl.com/47hseb7m. (consulté en janvier 2023)
4. J. Bojesen Jensen, « An Investigation into the Suitablility of Pawlonia as an Agroforestry Species for UK & NW European Farming Systems », Université de Coventry, 2016
5. Déchets de bois PIR et PCR dans le monde en 2020 : FAOSTAT, Forestry Production and Trade, 2020, tinyurl.com/47hseb7m. (consulté en janvier 2023). Bois PCR récupéré converti de tonnes en m³, en partant de l'hypothèse que le poids moyen de 1 m³ de bois est de 1,5 tonne
6. EPD du Contreplaqué NAF PureGlue™ par Panguaneta
7. EPD du MDF NAF Fibracolour par FINSA
8. EPD de l'OSB NAF SMARTPLY par MEDITE
9. EPD du HPL PRINT Thin par Abet Laminati
10. EPD du panneau de liège expansé Amorim

Chapitre 6 : Papier

Recyclage du papier

1. Bureau of International Recycling (BIR), *Paper and Board Recycling in 2019*
2. Ibid.
3. Ibid.
4. Profil du papier Cyclus Pack d'ArjoWiggins
5. Base de données Product Environmental Footprint (PEF), moyenne de l'UE
6. Profil du papier Teknocard d'ArjoWiggins
7. Base de données PEF
8. Base de données Idemat 2022

Papier vierge

1. Division des statistiques de l'Organisation des Nations unies pour l'alimentation et l'agriculture (FAOSTAT), base de données sur la production et le commerce des produits forestiers, 2020
2. Ibid., et FAO, *Pulp and Paper Capacities, 2020–2025*
3. Profil du papier Arctic Paper par Munken Kraft
4. Profil du papier de l'usine UPM Kymi
5. Profil du papier de l'usine UPM Jämsänkoski
6. Étude ACV de PaperWise
7. Base de données PEF, moyenne de l'UE
8. EPD de CrownBoard par Billerud
9. Profil du papier Prime FBB EB MetsäBoard
10. Étude ACV de PaperWise
11. Base de données PEF, moyenne de l'UE
12. Base de données Idemat 2022

Glossaire

Autoclavage Procédé de moulage de matériaux composites thermodurcissables consistant à étaler le matériau sur un moule ouvert et à fixer le matériau à haute température et haute pression dans un autoclave.

Calcin de verre Déchets de verre broyés utilisés dans la production de produits en verre recyclé.

Dtex Méthode de mesure de l'épaisseur des fils textiles.

Enchevêtrement des fibres (procédé) Il existe divers procédés pour lier les fibres textiles entre elles. Exemple le recyclage du cuir : ces déchets sont déchiquetés en fibres et reconstitués par un procédé d'enchevêtrement.

Enregistrement, évaluation, autorisation et restriction des produits chimiques (REACH) Réglementation de l'UE relative à l'utilisation de produits chimiques nocifs. Tous les matériaux, additifs et finitions secondaires entrant dans les produits vendus dans l'UE doivent être conformes au règlement REACH.

Extrusion Procédé de mise en forme qui consiste à faire passer un matériau à travers une filière pour former des profils continus. Ce procédé est compatible avec divers matériaux, dont l'aluminium et le plastique.

Fer à réduction directe (DRI) et fer briqueté à chaud (HBI) Procédé alternatif de conversion du minerai en fer, qui permet d'éviter d'utiliser un haut fourneau traditionnel. Ce procédé peut utiliser l'hydrogène renouvelable comme source d'énergie, ce qui permet d'éviter tout recours aux combustibles fossiles tels que le coke. Le HBI est compacté sous forme de DRI, ce qui facilite manipulation, le transport et le stockage.

Frittage Procédé consistant à lier des poudres en un matériau solide par la chaleur ou par une combinaison de chaleur et de pression.

Matières premières Dans le contexte des plastiques, les matières premières désignent les ingrédients de base utilisés dans la production de plastiques, tels que le naphta dérivé du pétrole brut ou du gaz naturel.

Moulage par compression Procédé de mise en forme formant un matériau par injection d'air sous pression à l'intérieur d'un moule en deux parties, parfois à haute température. Ce procédé comprend des variantes pour de nombreux matériaux différents.

Moulage par immersion Procédé de mise en forme utilisé pour les produits en caoutchouc. Un moule est plongé dans le caoutchouc liquide, puis retiré une fois que le matériau a pris.

Moulage par injection à réaction Procédé de moulage par injection de plastiques thermodurcissables qui ne nécessite pas de chauffer le matériau. En général, on injecte une résine plastique et un catalyseur dans le moule, ce qui déclenche une réaction chimique qui entraîne la polymérisation (solidification) du matériau.

Moulage par injection L'une des méthodes les plus courantes de mise en forme des matières plastiques, consistant à chauffer le matériau pour le rendre liquide, avant de l'injecter dans un moule où il se solidifie pour prendre sa forme finale.

Moulage par soufflage Procédé de mise en forme de thermoplastiques consistant à mouler par injection une préforme qui est ensuite insérée dans une machine de moulage par soufflage, où elle est chauffée et gonflée pour lui donner la forme finale. Souvent utilisé pour la mise en forme des bouteilles en plastique.

Moulage par transfert de résine Procédé de mise en forme des composites thermodurcissables consistant à insérer un matériau de renforcement, ex. une fibre de carbone ou de verre dans un moule en deux parties, que l'on ferme avant d'y injecter une résine liquide thermodurcissable.

Plastique thermodurcissable Matériaux plastiques, souvent sous forme de résine liquide, qui deviennent définitivement durs après avoir « pris » sous l'effet de la chaleur, des rayons UV ou d'un autre catalyseur solidifiant.

Recyclage après consommation (PCR) Matériaux recyclés produits à partir de déchets collectés auprès des consommateurs, de bâtiments démolis ou d'autres sources à la fin de leur durée de vie.

Recyclage mécanique Recyclage des matériaux consistant à désagréger mécaniquement les déchets par broyage, déchiquetage, concassage ou autres procédés pour les recycler dans d'autres matériaux.

Recyclage post-industriel (PIR) Matériaux recyclés produits à partir de déchets d'usine (chutes, pièces défectueuses et autres sous-produits de processus industriels).

Résistance à l'éclatement Méthode de mesure de la résistance des matériaux à base de papier, consistant à enfoncer un instrument de test dans le matériau jusqu'à ce qu'il éclate.

Substances extrêmement préoccupantes (SVHC) Liste de produits chimiques et d'autres substances qui ont des effets graves connues sur la santé humaine et animale et sur l'environnement. Les entreprises et institutions qui utilisent des substances figurant sur la liste des SVHC en Europe doivent obtenir l'autorisation de l'Agence européenne des produits chimiques (ECHA).

Surmoulage Moulage par injection avec plusieurs matériaux dans la même pièce.

Température de service sûre La température peut affecter fortement les performances des matériaux ex. : de nombreux matériaux deviennent cassants à basse température, et souples et malléables à haute température. La température de service sûre correspond à l'intervalle entre la température minimale et la température maximale auxquelles un matériau peut être utilisé sans perdre ses propriétés.

Thermoformage Procédé courant de mise en forme de feuilles consistant à chauffer le matériau puis à le plaquer sur un moule ouvert, parfois sous vide. Ce procédé est utilisable avec divers matériaux, notamment les plastiques, le verre (appelé « verre fusionné ») et l'aluminium (« formage superplastique »).

Thermoplastiques Plastiques qui deviennent souples et façonnables lorsqu'ils sont chauffés, puis se solidifient en refroidissant. Ce processus peut être répété.

Vulcanisation Procédé permettant de rendre plus durs et plus durables les matériaux en caoutchouc souple.

Ressources

Données environnementales et outils d'ACV

Il existe plusieurs ressources gratuites qui fournissent des données environnementales sur une grande variété de matériaux. La base de données IDEMAT (Industrial Design & Engineering MATerials) est une sélection de données d'ICV issues de nombreuses sources compilées par Sustainable Impact Metrics, une initiative à but non lucratif issue de l'Université de technologie de Delft. ÖKOBAUDAT est une base de données gratuite regroupant des données environnementales sur les matériaux et les procédés de construction, disponible auprès du ministère fédéral allemand du logement, du développement urbain et de la construction. Base IMPACTS, de l'ADEME (Agence de l'environnement et de la maîtrise de l'énergie), est une autre base de données gratuite qui couvre de nombreux matériaux.

Il existe de nombreuses autres bases de données commerciales, mais leur accès peut être très coûteux. Le Global LCA Data Access network (GLAD) est un moteur de recherche permettant de trouver les bases de données, gratuites ou payantes, contenant des données environnementales sur les matériaux.

OpenLCA est un logiciel libre et gratuit pour la réalisation d'études ACV. Il existe plusieurs bases de données compatibles, dont certaines gratuites, comme la base de données Product Environmental Footprint (PEF), qui fait partie de l'initiative « *Single Market for Green Products* » de la Commission européenne.

Pour les déclarations environnementales de produits (EPD) de matériaux individuels, le portail ECO de la plate-forme ECO est une base de données contenant plus de 4 000 EPD provenant de diverses sources.

Ressources sur les plastiques

Les éco-profils de Plastics Europe fournissent des données environnementales sur un très grand nombre de matériaux plastiques et sur les ingrédients qui entrent dans leur fabrication. Le site propose graphisme interactif qui retrace l'ensemble du processus de fabrication de chaque matériau présenté.

Plastic Recyclers Europe, une organisation professionnelle, publie régulièrement des rapports contenant des informations détaillées sur le recyclage dans l'UE, tandis que European Bioplastics publie des rapports sur les plastiques renouvelables.

Design for and from Recycling: Practical Guidelines for Designers est une vue d'ensemble des approches de design circulaire avec des plastiques par PolyCE, une initiative lancée par la Commission européenne pour promouvoir le recyclage des plastiques.

Ressources sur les textiles

Textile Exchange est une organisation à but non lucratif qui a lancé plusieurs certifications pour une production textile responsable, ainsi que plusieurs rapports, notamment le rapport annuel *Preferred Fiber and Materials Market Report*, qui donne un aperçu du marché mondial des textiles et présente un grand nombre d'initiatives et de matériaux durables. OEKO-TEX est une association suisse à l'origine de plusieurs certifications de textiles et de cuirs durables, ainsi que du guide d'achat OEKO-TEX, une base de données visant à aider les créateurs et les marques à s'approvisionner en matières textiles responsables.

Ressources sur les métaux

La World Steel Association et WorldStainless sont des organismes de l'industrie sidérurgique qui proposent des données environnementales sur divers matériaux issus de la sidérurgie, ainsi que de nombreux rapports sur l'industrie sidérurgique en général.

L'Institut international de l'aluminium propose des rapports sur l'impact environnemental de l'aluminium, ainsi qu'une vue d'ensemble du recyclage de l'aluminium et d'autres thématiques liées au développement durable.

Ressources sur la céramique et le verre

Cerame-Unie, l'association européenne de l'industrie céramique, publie chaque année l'*Inventory of Research and Innovation Projects in the Ceramic Industry*, qui donne un aperçu des projets menés dans l'UE pour réduire l'impact environnemental des céramiques grâce à des procédés plus efficaces, au recyclage et à d'autres initiatives.

La Fédération européenne du verre d'emballage (FEVE) publie régulièrement des rapports sur cette industrie européenne et fournit des données environnementales. Glass for Europe, l'organisation professionnelle des fournisseurs européens de verre plat, propose des rapports et des données similaires pour l'industrie du verre plat.

Ressources sur le bois

Le Forest Stewardship Council (FSC) propose une base de données publique de ses membres, permettant de rechercher des fournisseurs de bois ou d'autres produits forestiers comme le liège et le caoutchouc.

La liste rouge de l'Union internationale pour la conservation de la nature (UICN) comprend des espèces de bois menacées qui ne devraient pas être récoltées pour la production.

Ressources sur le papier

Outre le bois, le FSC propose la certification du papier. Les fournisseurs de papier certifiés FSC sont répertoriés dans la même base de données que les fournisseurs de bois et de produits forestiers. Canopy, organisation canadienne à but non lucratif, dispose d'une base de données sur le papier écologique qui regroupe un grand nombre de fournisseurs de papier qui utilisent des matières premières d'origine responsable et du papier recyclé.

La Confédération européenne des industries papetières (CEPI) propose des rapports sur la production et le recyclage du papier en Europe, ainsi que des instructions pratiques sur le design circulaire avec du papier et d'autres thématiques.

Autres ressources

Le Bureau international du recyclage (BIR) publie un rapport annuel qui fournit une présentation synthétique des industries mondiales du recyclage, ainsi que de nombreux rapports qui détaillent le recyclage de divers matériaux : plastiques, métaux et papier.

Index

Les numéros de page en *italique* renvoient aux légendes des illustrations.

Remerciements

Avant tout, je tiens à remercier ma femme Anne-Charlotte – merci de m'avoir encouragé et d'avoir été si patiente pendant les innombrables heures que j'ai passées à travailler sur ce livre. Merci à Liz, Angela et Jane pour leur travail acharné et pour avoir permis à l'élaboration de ce livre d'être moins solitaire et de ressembler davantage à une collaboration. Merci à Gianni pour les superbes photos – tu es le meilleur photographe sicilien du Surrey. Un grand merci à tous les designers, marques et fournisseurs de matériel qui ont généreusement donné de leur temps pour faire des suggestions afin d'améliorer mon texte, et pour m'avoir permis d'utiliser des images et d'autres ressources. En particulier, je voudrais remercier toutes les personnes que j'ai interviewées pour ce livre – les entretiens ont été un moment fort et je suis sûr que les lecteurs trouveront vos idées tout aussi fascinantes et précieuses que moi. Enfin, je tiens à remercier Chris pour son excellente préface et pour m'avoir encouragé à écrire ce livre.

Crédits photographiques

AARK Collective Pty Ltd : 61
Abbie Hughes (Finisterre) : 71
Alex Hamstra : 218
Aljoud Lootah Design /Cosentino Group : 151
Aljoud Lootah Design : 187
Arctic Blue Beverages (propriétaire du produit), Eeva Mäkinen (photo), Luova Työmaa (conception graphique), Metsä Board (conception pour la production) : 209
Arthur Arbesser pour Abet Laminati : 181
Avec l'aimable autorisation de LAYER : 161
Bergans : 99
Bjørnar Øvrebø : 15, 129
Brain of Materials, Envisions ; Ronald Smits (photographie) : 76, 77, 79
Chaise Röhsska (produite par Blå Station), Fredrik Paulsen (design), Anders Norrsell (photo) : 175
Charlotte McCurdy : 94, 95, 97
Daniel Liden : 33, 65, 85, 107, 125, 155, 159, 193, 201
Daniel Schvarcz : 24, 25
Dim Balsem : 140, 141, 143
Edelrid: 231, en bas
Electrolux : 35
Emmaljunga : 135
Established & Sons : 67
eVBox : 63
© Fairphone: 37, 41, 83
© Fiskars ; Risto Vaurus (photographie) : 131
FORÉT X NALGENE BOTTLE – BLUE 32 oz (www.foretstudio.dk) : 227 gauche
Gantri (Ian Yang, John Thatcher, Craid Aucutt, Louis Filosa) : 59
Gianni Diliberto : 43, 55, 57, 81, 91, 103, 105, 111, 179, 195, 203, 207, 213, 215, 229 haut et bas, 231 haut
Gibson Karlo (Sarah Gibson & Nicholas Karlovasitis ; design), Pete Daly (photographie), DesignByThem (maison de design) : 31
Hans Boddeke : 219, 221, 223 milieu
HAY : 89, 157
Housse Unisk pour l'enceinte Bookshelf Symfonisk d'IKEA (uniskdesign.com) : 109
Installation utilisant LanzaTech
Jake Curtis : 183
Jan Snarski (@janmatthewsnarski) : 225 en bas à droite
Jhom Bouwens : 45
Jonas Bjerre-Poulsen : 113
LanzaTech image de Shougang
Lena Bergström (conception) pour SSAB : 137
Maremosso/Edoardo Delille / Giulia Piermartiri : 189
Materiom : 50, 51, 53
Mobilier de bureau Lensvelt : 116, 117, 119
Montana Furniture : 177
Nick Rochowski : 149
On Running ; © On AG (on-running.com) : 23, 223 haut
Orkla Home and Personal Care AS : 197
Paper Factor: 186
Pelle Wahlgren : 127
Plastic Energy Ltd : 227 droite
Pleasant (Marc Berliner) : 87
Positive Plastics : 27
Pot à herbes Grönska : forme développée par Grönska, design d'impression par Saga Maria Sandberg : 211
Rasmus Densøe Studio : 164, 165, 167
Schneider : 69
Seaman Paper : 205
StoneCycling : 147, 225 haut
Technologie : 223, en bas
Unfold by Studio van Deursen : 225 en bas à gauche
Vaude : 101
Vestre : 123
Vitra : 29
Wikimedia Commons (Anonimski CC0) : 171
Zettle/Paypal : 39